U0145744

启笛

巴西之根

Raízes do Brasil

Sérgio Buarque de Holanda

[巴西] 塞尔吉奥·布阿尔克·德·奥兰达 著

陈晨 译

北京大学出版社

PEKING UNIVERSITY PRESS

编委会

一、国际学术顾问委员会

(按姓氏拼音排序)

郭长刚　　韩　琦　　王晓德

徐世澄　　袁东振　　郑书九

Aldo Marchesi　　　　Antonio Zapata

Enrique Krauze　　　　Fortunato Mallimaci

Karina Batthyány　　　Lilia Schwarcz

二、国际编辑委员会

(按姓氏拼音排序)

崔忠洲　　郭存海　　金晓文

林　越　　楼　宇　　万　戴

张　琨　　张伟劼　　章邵增

为什么要"理解拉丁美洲"？

2009 年，委内瑞拉总统查韦斯在美洲峰会上送给奥巴马总统一本乌拉圭作家爱德华多·加莱亚诺（Eduardo Galeano）的经典著作《拉丁美洲：被切开的血管》(*Las Venas Abiertas de América Latina*)。这本书曾风靡整个拉丁美洲，是人手一册的"红宝书"。查韦斯的这个举动被认为是暗讽和警告奥巴马不要忘记美国在西半球的帝国主义行径。正当我为此感到"大快人心"时，一位拉美朋友却留给我长长的一段话：

当我读到《拉丁美洲：被切开的血管》的时候，我更多想到的是中国而不是奥巴马和美国。中国将是西方之外第二个给拉丁美洲带来重大影响的国家。中国在拉丁美洲过去 500 年的掠夺史中没有扮演任何角色，不过她很可能是未来 500 年的领导者。假如有任何外国在 21 世纪的拉丁美洲需要对"掠夺"和"商业投资"之间的细微差别保持警惕的话，那么这个国家就是中国。因为你永远不知道迎宾曲能持续多久。尽管拉丁美洲和中国长期存在贸易赤字，一些中国（矿业）公司也存在劳工和环境风险，但拉丁美洲并没有将中国同《拉丁美洲：被切开的血管》中的无赖国家视为一丘之貉，不过中国必须谨记西班牙、英国和美国在拉丁美洲的遗产。如果中国像以前的那些"外国前辈们"一样贪婪，眼睛里只有资源，那么可以肯定未来她也会成为同一主题的书籍的主角……

十多年来，这段话犹如一把"达摩克利斯之剑"，让我警醒，让我铭记，驱使我不懈努力以增进我们对这片充盈着"丰饶的苦难"的地区的认识……

进入 21 世纪以来，中国和拉美相向而行，联系日益紧密，但潜藏一种风险：如果彼此了解太少，接触越频繁，引发摩擦的概率越高。目前，中国已是许多拉美国家的第一或第二大贸易伙伴和重要的外国直接投资来源国。这充分说明，中国和拉美虽有山海之隔，但已紧密相连。然而，这种"天涯咫尺"并没有同步拉近中拉民众之间的心理距离。20 世纪 90 年代初，李慎之先生就曾说过，"我们对拉丁美洲的认识往往是抽象的概念多于具体的知识，模糊的印象多于确切的体验"。三十年过去了，这种窘境迄今虽未有多大改观，但为改变这种窘境的准备却已充分。截至 2021 年底，中国开设西班牙语和葡萄牙语专业的高等院校分别达到 156 所和 57 所，从事拉美相关研究的机构高达 65 个。中国对拉美经济、政治与文化方面的影响越强，我们也就越需要敞开心扉走近拉美、俯下身子理解拉美。

作为新一代知识分子，推动拉美知识在中国的生产和传播是一种义不容辞的使命。当前国内有关拉美的图书总体相对偏少，而国内目前译介过来的一些拉美主题图书，多数是基于美国和欧洲的视角，而非拉美学者自身的视角。如此，拉美人看中国本就借由"欧美折射的目光"，而今中国"了解"拉美又再度经过欧美的折射。现在的中国不想，也无需经过他人的视角来看拉美。中国希望与拉美一起，彼此进行直接的审视与坦诚的交流。而要达到这一目标，就要满足两点：一是要尽可能多方面地了解拉丁美洲，在国内多是翻译西方作者有关拉美著作的今天，多译介一些拉美作者的著作无疑有助于这一目标的实现。二是在多方面了解拉美的过程中，中国需要，也必然会形成自己对拉丁美洲的"理解"。这一主客观相互影响的"理解"过程便构成了"理解拉丁美洲"文库选书的标准：一方面，译著倾向于选取拉美的经典通俗作品译介，希望能够向中国读者介绍拉美人眼中的拉美；另一方面，原创作品则以专业素养与田野经验俱备的中国学者作品为主，希望能够在不断"了解"的过程中，表达出中国自身对拉丁美洲的"理解"。

这一愿景得到了中国和拉美学界的广泛共鸣。基于此，我们成立了两个委员会：一个是由中国拉美研究新一代学者组成的编委会，一个是由中拉学术界颇有威望的老一辈学者组成的国际顾问委员会，以合力为中国大众奉献一套"轻学术"风格的拉美人文丛书。

是为序。

郭存海　张　琨

2022 年 8 月 5 日

目　录

前言：在左右互搏中看清巴西
——《巴西之根》的意义[①]

安东尼奥·坎迪多（Antonio Candido）

到了人生某一阶段，我们终于能够回顾往事，总结过去，又不至坠入自满骄傲的迷思，我们的证词成了许多人，乃至属于所谓同一代的所有人的生命经历的记录。这些往往年轻时自认为彼此各异的人，随时间流逝逐渐变得越发相似，甚至最终彻底失去个性，消融在那个时代的普遍特征之中。由此，记录过去并不是谈论自己，而是谈论那些在我们希望唤醒的特定时刻享有某种利益或持有某种世界观的人。

今天 50 岁上下的人通过阅读以下三本书学会了思考并关注巴西，尤其是巴西的过去：我们读初中时出版的吉尔贝托·弗雷雷

[①] 本译文所依据的《巴西之根》80 周年纪念版，在正文之后收录了此前所有版本的前言，我们从中选择了安东尼奥·坎迪多的这篇《〈巴西之根〉的意义》作为此中译本的前言。本文的主标题为中译本新添加。——编按

（Gilberto Freyre）的《华屋与棚户》（*Casa-grande & senzala*），升高中后出版的塞尔吉奥·布阿尔克·德·奥兰达（Sérgio Buarque de Holanda）的《巴西之根》（*Raízes do Brasil*）和接受高等教育时出版的小卡约·普拉多（Caio Prado Júnior）的《当代巴西的形成》（*Formação do Brasil contemporâneo*）。这是几部我们认为至关重要的书，因为它们似乎传达了与 1930 年革命后爆发于知识界的激进主义和社会分析的气氛相关联的一种心态，这种气氛之强烈，即便"新国家"（Estado Novo）① 亦无能压制。与以上几本书相比，奥利韦拉·维亚纳（Oliveira Viana）② 那些在很多方面颇具穿透力与预见性的作品就已经显得过时了，因为他的作品中充满了意识形态偏见和试图用传统观念规范并解释现实的过度渴望。

356　　　在我们看来，正是一种反传统的意图激发了《华屋与棚户》那种极度自由的书写方式，直言不讳人们在父权家长制下的性生活，并坦率承认奴隶在巴西人最亲密的存在方式的形成过程中所起的决定性作用。今天的年轻读者可能无法理解这部伟大著作曾产生过的革命力量及其对奴隶解放运动的推动作用，若再考虑到作者本人日后所选的道路便更是如此。此外，该书采用的描述技巧为读者提供了前所未见的庞大信息量，在这些信息的冲击下，各种新颖的想法如现场即兴演出般在吉尔贝托·弗雷雷笔下不断自发萌生，通过对

---

① "新国家"又称"巴西第三共和国"，是由热图利奥·瓦尔加斯（Getúlio Vargas，1882—1954）于 1937 年 11 月 10 日建立的独裁政权，一直延续到 1945 年 10 月 29 日。该政权的特点包括集权主义、民族主义及威权主义，是巴西史上被统称为"瓦加斯时代"的一部分。——译者注

② 弗朗西斯科·若泽·德·奥利韦拉·维亚纳（Francisco José de Oliveira Viana，1883—1951）是巴西教授、法学家、历史学家和社会学家，以其对巴西社会科学系统化整理的贡献而著名。——译者注

当时巴西知识界而言可谓前无古人的视角，自信且自如地掌控着庞杂的史料。就这方面来讲，《华屋与棚户》是巴西社会老一代阐释者，诸如西尔维奥·罗梅罗（Sílvio Romero）①、欧克利德斯·达·库尼亚（Euclides da Cunha）② 甚至奥利韦拉·维亚纳所持有的自然主义理念与 1940 年之后学界兴盛的、更具社会学特征的观点之间的桥梁。我之所以这样讲，是考虑到吉尔贝托·弗雷雷对与生物学相关问题（种族、家庭生活中的性生活、生态平衡、饮食）的特别关注，这些问题受到了北美文化人类学理论的启发，并被他用来作为在巴西推广该理论的重要理据。

三年后，《巴西之根》问世，其构思和写作方式与上述任何一部著作都不相同。该书短小精悍，并不诉诸旁征博引，因此或许激不起青年读者过多的想象。然而，它实质性的学术价值立刻就显现了出来，从出版一刻起便成为旷世经典。我们将在后文详述其巨大成功的原因，现在需要强调的是，这本书的灵感来源独具一格，分析视角也极具特色。由于对传统自由主义信心的动摇，那时的巴西年轻人急切地想找到化解社会困局的新方案。右翼开始向整体主义靠拢，左翼期待在社会主义与共产主义中寻求答案。然而，无论对何种政治倾向的年轻人而言，《巴西之根》都为理解他们的政治立场提供了重要的线索。作者的态度看似超脱，甚至几乎可以用主动"疏离"来形容，但实际上却严重地受到当下种种紧张态势的左右，

---

① 西尔维奥·罗梅罗（1851—1914）是巴西 19 世纪下半叶出现的"神鹰派"（Condoreirismo）诗人之一，散文家、文学评论家、教授、记者、历史学家和政治家。他参与创立了巴西文学院并于 1897 年担任学院第 17 任主席。——译者注

② 欧克利德斯·达·库尼亚（1866—1909）是巴西记者、社会学家和工程师。他最重要的作品是《腹地》，一部关于巴西政府发动的对反叛村庄卡努杜斯（Canudos）进行军事远征的行动（亦即"卡努杜斯战争"）的非虚构记述作品。

357　作者之所以选择聚焦历史，正是为了更好地理解当下。他的理论基础包括法国新社会历史学、德国文化社会学和当时巴西学界还非常陌生的一些社会学和民族学概念。通体而言，全书用语精炼优雅，行文节奏自如，时而出现荡出主线的微妙离题，但隐藏在这一切看似不经意之下的，却是整体严谨的结构。享读之际，不禁让人联想起格奥尔格·齐美尔（Georg Simmel）[①] 的风格，对于国人语言臃肿的病症不失为一剂良药。

　　比《华屋与棚户》晚 9 年、《巴西之根》晚 6 年出版的《当代巴西的形成》，与前两部著作又不相同。它问世之时正值"新国家"那个充满压抑与变革的时期。《当代巴西的形成》为读者呈现的，是一位言辞既不掩饰雕琢也不关心美感或风格表现力的作者，他将殖民地时期最扎实、最实际的各类经济指标摆在首位，从而创造了一个从生产、分配和消费这些基本现实的运作及功能出发来阐释历史的学术典范。作者小卡约·普拉多不附加任何浪漫色彩，也不接受任何带有定性意味的概念分类（例如"封建主义"或"父权家长制家族"等），而是将自己的历史叙述赤裸裸地整个建立在物质的基础之上。故此，《当代巴西的形成》实际上是一种通报类的史实陈述，彻底脱离了前两部著作中非常鲜明的散文文体，将其期待赢得的信服力与感染力全部依托于大量的数据收集与陈列，以及作者对数据详尽的分析与论述。这部著作为历史唯物主义的阐释手法在巴西学界开了先河，其取得的成功也使得历史唯物主义这种颇具创新精神、承诺能够摆脱党派利益或短期实用主义的研究方法

---

① 　格奥尔格·齐美尔（1858—1918）是德国社会学家和哲学家，主要著作有《货币哲学》和《社会学》，是形式社会学的开创者。——译者注

逐步被史学界广泛采用。此外，该书作者还为我们留下了一部篇幅不长但揭示力惊人的著作，即首部用马克思主义综合分析巴西历史的《巴西的政治演化》。

　　提及这些 1933 年至 1942 年出版的经典著作对同时代青年人的智识冲击时，我也许很狭隘地仅仅着眼于那些如我一样持左派立场的同道之人：一贯激进的共产主义者和社会主义者，或那些至少对这两种思想表示过认同的人。对我们来讲，前文提到的三位学者的著作中都包含了符合我们自己政治取向的成分。他们谴责种族偏见，主张提高有色人种的社会地位，批判"父权家长制"和农业制度的社会根基，区别细化经济条件的历史作用，揭露传统自由主义的缺点。然而，需要指出的是，这三位学者在右翼青年当中激起的影响却不尽相同。如果我没记错的话，右翼青年一般对他们有所拒斥，对其作品对巴西社会的分析也普遍持保留态度，或者按照他们自己的理解去解读作品，使其符合或接近右派理念，至少在面对吉尔贝托·弗雷雷和他的《华屋与棚户》时所采取的就是这种态度。整体而言，当时的右翼青年偏爱以自然主义或（广义上的）实证主义方法论为指导的前一辈学者，如奥利韦拉·维亚纳和阿尔贝托·托雷斯（Alberto Torres）[①]，倾向于从他们的著作中寻找用等级制与威权制的视角分析社会的依据，而这正是奥兰达在《巴西之根》中所批判的。

³⁵⁸

---

① 阿尔贝托·托雷斯（1885—1917）是巴西政治家和社会思想家，他关注的议题包括巴西国家统一和社会组织构成。在其作品中，托雷斯反对社会主义，认为这种思想与巴西现实无法相容，并指出正是社会主义使得巴西的国家统一在现实中困难重重。——译者注

在此，我们有必要对这些通常支持国家"一体化"①的同代右翼青年进行一番冷静的思考。尽管我们非常尊重与敬佩他们当中一些人的人品，同时也十分欣赏他们的坚持与天赋，然而，在当时属于左派的我们看来，他们宣扬的社会政治哲学是有害的，甚至可以说是法西斯主义在巴西的表现。但随着时间的推移，事实证明，于许多年轻人而言，巴西的一体化主义不仅仅是狂热与反动的表现形式，而实际上更意味着他们对巴西现实的热忱与兴趣，他们试图创造一种更富勃勃生气的东西以取代呆板僵化的传统自由主义。这就是为什么在第二次世界大战期间及以后，那么多的一体化主义者转而加入了左派阵营。从早期杰昂瓦·莫塔（Jeová Mota）②与右翼的决裂到 1940 年代大批右翼分子左转的事实中，我们可以找到无数例子作为证据。众所周知，不少当时处于优越地位的原一体化主义者参与了被 1964 年政变扼杀的社会改革尝试。在那些后来选择加入左派阵营的原一体化主义者当中，既有被他们当中最杰出的一个冠名以"实证左派"的温和左翼，也有激进到公开主张拥护暴力革命的极左人士。与此同时，另一方面来讲，原属左翼的奋进青年

①　一体化，也译为均质化、同质化等，是一个纳粹术语（德语：Gleichschaltung），指纳粹政权将整个公共生活和私人社会政治化、统一化、同步化，以建立可被统一安排部署并加以绝对控制的社会改造过程。该运动在 1933 年纳粹党夺权后发动，目标是到 1934 年终止国家和社会的多元化状态，尤其必须消灭 20 世纪 20 年代以来兴起的自由主义、国际主义、开放社会以及同性恋正常化等社会文化现象。一体化的目的在于使全民参与到执政党建立的社会组织当中。国民参与一体化的相关组织往往是非强制的，但通常会面临来自威胁到工作职位或晋升的体制压力。这一运动限制了个人独立人格及自由思想的发展，通过建立规则和秩序将大众统一起来，听从执政党的调度、组织与安排。——译者注

②　杰昂瓦·莫塔（1907—1992）是巴西政治家，著名历史学家卡皮斯特拉诺·德·阿布雷乌的侄子。1934 年，莫塔开始出任塞阿拉州（Ceará）的联邦议员。——译者注

中，也有不少在日后改变了政治主张，加入了积极反对革命的右翼阵营。但愿这些记载足以阐明代代人随历史洪流不断颠簸的命运轨迹和《巴西之根》出版时巴西社会的智识氛围，以及该书在其中所起的历史作用。

在拉丁美洲思想中，对社会现实的反思从萨缅托①起就展现出深刻的对比甚至对立的意味，具体表现在对分别左右人类行为史和社会机制发展史的相互敌对的现实条件的呈现之上。"文明与野蛮"构成了《法昆多》（*Facundo*）②的情景框架，几十年后也同样构建了欧克利德斯·达·库尼亚的《腹地》（*Os Sertões*）的文本结构。思想家们先分别详细描写文明与野蛮这两种社会的运作秩序，为的就是在下文中更好地展现由此产生的矛盾与冲突，读者也能从中看到书中角色是如何依据他们在两种秩序中扮演的不同角色来生活、行为与抉择的。在浪漫主义文学中，上述这种对立关系往往会被做反面诠释，亦即，故事中象征人类自然与本能的角色（土著印第安人是此类人物极其典型的代表）常常被描述为真实存在的典范；而在倡导现实主义的区域主义文学中，作家通常会跟随思想家的脚步，以象征文明的一方取得最终胜利来为故事结

①　多明戈·福斯蒂诺·萨缅托·阿尔巴拉辛（Domingo Faustino Sarmiento Albarracín，1811—1888）是阿根廷第 2 任总统，共济会会员、政治家、作家、教育家、社会学家。——译者注

②　《法昆多》全名《法昆多：文明与野蛮》（1854），是多明戈·福斯蒂诺·萨缅托的一部非虚构小说，被认为是拉丁美洲文学的基石。作者在其中主要讨论了地区发展、现代化、权力与文化等重要的社会议题。耶鲁大学文学评论家罗伯托·冈萨雷斯·埃切瓦里亚（Roberto González Echevarría）称这部作品是"拉丁美洲人在任何学科领域或流派中所写出的最重要的书"。——译者注

尾，就像罗慕洛·加列戈斯（Rómulo Gallegos）① 在平实琐碎但颇具表现力的《芭芭拉夫人》（*Doña Bárbara*）② 中做的那样。

《巴西之根》建立在令人钦佩的矛盾方法论之上，拓宽并深化了拉丁美洲社会反思中惯常采用的旧有二分法。在讨论现实的各个层次及面相时，我们看到作者总将自己的分析建立在对对立概念及观点的解析之上。奥兰达并不像萨缅托或库尼亚那样，分别阐述正反两方立场的最终目的是选择支持一方或另一方的理论或实践，奥兰达在《巴西之根》中做的，是为读者呈现一场正反双方的辩证博弈。严格来讲，奥兰达对历史现实某一方面的看法，是通过同时考虑两种相反观点的声音而获得的：他让一种声音引出另一种声音，两种声音相互交织渗透，如此阐述辨析之后得来的结论必定有很强的解释力。在分析过程中，奥兰达采用了马克斯·韦伯（Max Weber）的类型学标准，但也对其进行了因时制宜的修改：奥兰达放弃了对多元观点的详述，只强调两种对立观点的辩证。这一决定使他可以将心思从过多繁杂的描写叙述中抽脱出来，集中于对两种对立观点的深度呈现与探讨，着重强360 调它们在历史进程中的相互作用。这样一来，由于部分采用了黑格

---

① 罗慕洛·加列戈斯（1884—1969）是委内瑞拉小说家、政治家，曾于1948年获选出任第48任委内瑞拉总统，成为该国历史上首位通过民选方式上台的总统。加列戈斯被认为是20世纪最重要的委内瑞拉小说家，也是拉丁美洲文学中的杰出代表人物。——译者注
② 《芭芭拉夫人》是委内瑞拉作家罗慕洛·加列戈斯的小说，于1929年首次出版，被《西裔评论》（*Hispanic Review*）杂志于1974年评价为"最广为人知的拉丁美洲小说"。该小说以农村为背景，采用区域主义的视角，展现了文明与野蛮的对抗在村民生活各方面所激发的矛盾，开创了文学作品对委内瑞拉平原居民的心理学式探究，强调了他们既是受害者，又能保持坚强勇敢的性格特征。——译者注

尔式的立场，书中对正反两方观点的整体呈现使得针锋相对的互斥命题显得不再那么势不两立，"人类历史从未给我们提供过一个'不包含其自身反面的社会运动'的实际案例……对一种思想的否定必须以这种思想本身为依托"（第236页）。

奥兰达用上述研究方法分析了众多巴西历史命运走向的基底性因素，亦即书名喻指的"根"。他流动不居的散文式笔法，尽管时而离题插话，时而直接引用，却成功地保持了通读全文后不难发现的严谨结构，行云流水般从方方面面向读者展现了这一历史隐喻中"根"的含义。劳作与冒险，讲究方法与随心所欲，农村与城市，官僚主义和考迪罗主义，客观规律与感情冲动，这些都是作者为分析和理解巴西与巴西人而例举的生存方式或社会政治结构中长期存在的互斥概念。

作者在第一章"欧洲的边界"中已经展示出了自己对上述这种动态聚焦对立概念的研究方法的偏爱，同时也让读者了解到这种分析方式的复杂性。第一章讨论的是"伊比利亚"这个同时囊括西班牙与葡萄牙的整体概念。此概念在随后章节中被部分解构，例如，在分析西葡两个国家殖民美洲所采用的不同方式时，奥兰达就在先前以整体形象出现的"伊比利亚"的核心处制造了裂痕，呈现出一种同一且多样的完整视角。在作为全书前奏的第一章中，作者追溯了后续章节所要分别详论的各类议题与概念最遥远的起源，例如，致使巴西社会组织松懈且欠缺凝聚意识的人格主义。在此，作者迫使我们对现今那种追忆美好且秩序井然的往昔的怀旧情绪予以反思，因为那些被视为我们这个时代特有缺陷的社会问题，实际上并非时代病，而是自古就相续传接的遗传病，奥兰达指出，"真正有活力的时代从来都不是在深思熟虑后依旧选择故步传统的结果"（第7页）。

同样值得我们反思的，还有伊比利亚半岛历史上缺乏严格等级制度的事实以及社会对与特权相关的个人名望的过分推崇。如此一来，贵族身份便向所有人开放，任何个人都可以凭借一己功勋或成就顷刻赢得贵族头衔；而恰因为贵族身份如此容易获得，伊比利亚岛上的居民便人人做起了贵族梦。卡洛斯·弗拉迪克·门德斯（Carlos Fradique Mendes）①曾在一封信中提道："在葡萄牙，我们人人都是贵族。"在提及这一古老且致命的传统时，奥兰达首次引出了本书的一个基本主题：伊比利亚人对普通工种的厌恶，以及对以追求效益为目标的活动的蔑视。这种价值观加剧了伊比利亚社会组织散漫的特性，因为伊比利亚人绝不会为了维护群体的现实利益或理念原则而放弃追求个人心血来潮又华而不实的鲁莽妄念。遵循他不偏废一面的研究方法，奥兰达随即便向我们展示了过分推崇人格主义对社会造成的另一种后果：在被迫放弃一己人格的时候，盲目顺从就变成了唯一可行的选择，这是因为大众的服从并非建立在普遍认同的契约之上，而接受领导或执行命令也当然与民众的社会责任感毫无关系。"发号施令的渴望和执行命令的意愿同样都是他们显著的特点。独裁政府和宗教裁判所似乎都塑造了他们典型性格的某些特征，例如对无序混乱的天然倾向和对无政府状态的向往。"（第16页，本书页码，下同）

---

① 卡洛斯·弗拉迪克·门德斯是由19世纪葡萄牙现实主义小说家艾萨·德·克罗兹（Eça de Queiroz，1845—1900）及其文学同盟虚构出来的一位葡萄牙冒险家。——译者注

在第二章"劳作与冒险"中，奥兰达列出了两个基本的概念分类，即劳作者和冒险家。这两类人被两种完全相反的道德标准所规范：冒险家崇尚新体验，满足于得过且过的临时状态，比起投入精力与资源巩固既有领地，更愿意持续探险开拓；劳作者则更在意安稳，相信持续努力必能带来报偿。"事实上，冒险与劳作这两种原则既谈不上绝对对立也并非彻底无法融通，二者都或多或少参与着现实世界的各类集体生活。与此同时，众所周知，无论是典型的冒险家抑或纯粹的劳作者，都只存在于观念世界当中。"（第 23 页）"在征服和殖民新世界的壮举中，本书定义的'劳作者'起了非常有限的作用，甚至可以说他们的作用几乎为零。"（第 24 页）在那些轻视锲而不舍又籍籍无名的劳作美德的冒险家当中，有西班牙人和葡萄牙人，当然也有一部分英国人（英国人是在 19 世纪才有了我们今天所熟识的民族形象的）。鉴于当时巴西的实际情况，奥兰达认为冒险家特性所起的作用可以被认为是正面的，尤其考虑到荷兰人在北部地区小范围的殖民经验绝无可能被复制推广到巴西全境的话。而葡萄牙人展现出的适应能力却是非凡的，即便我们不得不承认那其实更多得益于他们"懒散且有些漫不经心"（第 22 页）的基本心态，在面对几乎一整片大陆上千差万别的现实境况时，冒险精神"发挥了卓越的协调作用"（第 26 页）。在这种意义上，甘蔗种植园可以被形象地看作冒险精神施展其占领能力和欲望的现实体现，并不构成"典型的农业文明"（第 29 页）之表现形式，毋宁说是葡萄牙人在适应新环境时，因技术能力不足而不得不屈从臣服于自然的、近乎本能的原始反应。而奴隶制则很自然地成为这种原始反应得以有效开展的必要条件，但却同时加剧了葡萄牙人厌恶普通劳作和缺乏组织协调能力的固有特质，与此同时，也无可避免地使他们无从也或许根本无意抵抗来自美洲原住民的影响。

第三章"农村遗产"从与农业有关的线索入手，分析了农村生活方式在巴西社会形成过程中所起到的深刻影响。殖民时代巴西的农村生活建立在奴隶制之上，当奴隶制日趋式微、溃散匿迹后，农村生活方式也随之无以为继。然而，在城市兴起并逐渐取代农村于巴西社会生活中所占的主导地位以后，农村专政下形成的普通民众的价值观与行事方式仍根深蒂固，难以瞬时撼动，从而引发了与城市思维模式的一系列冲突。也正是在这里，奥兰达引入了本书第二组基本的对立概念，即城市与农村，或言，在巴西社会多层次多方面依然拉锯不清持续博弈的城乡关系。

长久以来，巴西的一切都依赖于农村文明，连具备先进观念的知识分子和政治家们也不能否认自己与其作为农村种植园主的父辈们的紧密联系，当然，也正是他们最终"奢侈地"推进了一场自我反对的反传统浪潮。巴西社会取得的大多数进步都仰赖这批知识分子和政治家的不懈努力，而社会的进步却反过来摧毁了他们这一特殊阶层得以存续的基础（即奴隶制），从而自我毁灭地从历史上彻底抹除了他们所属的社会阶级。19 世纪 50 年代巴西取得的巨大物质进步就是这一反传统浪潮的最佳例证。那时，《欧塞比奥·德·凯罗斯法案》（*Lei Eusébio de Queirós*，1850）禁止了跨大西洋的奴隶贸易，大量因此闲置的资本流向了城市文明发展所特有且急需的技术革新领域，从而促成了迈向"城市商人与投机者的最终胜利"的第一步。此次的进步浪潮之所以同马瓦男爵的倡议（O caso de Mauá）一样以失败告终，是由于"马瓦男爵倡议的失败充分说明了，从社会发展进程较巴西远为超前的国家那边复制而来的生活方式，与几个世纪以来土生土长于我们这里的家长制和人格主义之间，存在着无可化解的根本矛盾"（第 73 页）。

363

支撑在巴西历史上长期占主导地位的农村掌权阶层的，是这个国家封闭的经济圈和自给自足的种植园大家族模式。这样的现实使得这些掌权群体格外重视与智识活动密切相关的个人"才能"，而对与物质生产相关的劳作全没有兴趣，对他们而言，同与生俱来的贵族头衔一样，智识活动才是他们施展才干天经地义的领域。在这一点上，奥兰达揭示了曾推动多项巴西经济制度改革的若泽·达·席尔瓦·利斯博阿（José da Silva Lisboa）的极端反动立场，从而试图说明很多人将他视作一位进步主义思想家其实是个误会。

巴西自然与社会景观的特点是农村主导城市，后者只是前者的附庸。种植园不光与贵族的概念相关联，还会使人想起熙熙攘攘的农村图景，和冷清空寂的城市形成鲜明的对比。农村压倒城市的局面并非自然或客观环境使然，而是殖民者有意为之的结果。

提及城市，我们便顺势谈谈本书的第四章"播种人与铺路人"。这一章首先讨论了从古到今城市作为统治工具的重要性，以及在这种角色定位下确立的城市布局形态。如我们之前提到过的，在第一章中，作者将西班牙与葡萄牙共置于"伊比利亚"的概念之下，而第四章最明显的不同之处就是开始对西班牙和葡萄牙进行有区别的对比探讨。

作为"铺路人"的西班牙人特别强调城市作为理性殖民事业中极其重要一环的作用，所以在建造美洲城市时，西班牙人不惜花大代价改变地势地貌也要严格执行以直线型道路为主导的规划方案，并且绝大多数情况下在内陆区域选址建城。西班牙人对美洲城市规划的考量与实践，体现了他们意图将美洲殖民地变成宗主国有机海外延伸的基本心态。相较之下，指导葡萄牙人在美洲建城的原则却是海外贸易站的政治逻辑，这也就是葡属美洲城在 18 世纪之前全部紧贴海岸线而建的原因。此外，被冠以"播种人"的葡萄牙殖民者，因对抽象思考与刻板规划的反感，拒绝在选址或动工之前花精力去勘测设计。因此，一些葡式美洲城市聚居点"甚至可以勉强同地势与自然景观融为一体"（第 121 页）。

364　　　在奥兰达看来，葡萄牙人的这种做法似乎源于他们文化中由来已久的强烈现实主义情节，这使得葡国人对抽象思维与规则设置丝毫提不起兴趣，只有当某些原则或规范已经约定俗成融入传统时，他们才会因无需多花心力去维持或强化而顺应接受。这就解释了为什么葡萄牙的殖民扩张相较之下往往显得谨小慎微步步为营，缺乏那种征服者惯有的狂热与激情。我们认为，这一特征为奥兰达在第二章提及的冒险家精神注入了一种颇为矛盾的成分，同时也通过强化"懒散"的特点让播种人随性而为无所拘束的一面变得越发突出且形象。葡萄牙人对征服活动的主要兴趣在于获得无需长期辛勤劳作就能迅速发家致富的机会，事实上，勤恳沉默的长期劳作从来就不是葡萄牙人的强项。社会地位因功勋成就便得以迅速迁升的可能，使得卢西塔尼亚资产阶级产生了加入贵族阶层的愿望，他们模仿贵族言行举止，按贵族用度规格装束自己，渴望与贵族平起平坐，因此，与我们在其他国家看到的不同，在葡萄牙一直没有形成一种贵族特有的心态或思维模式。

　　　"热情的巴西人"一章阐述的是由前文所论多方面文化特征影响所催生的我们独有的典型性格。一般意义而言，在家族结构框架内成长起来的巴西人受"亲族关系"影响颇深，很难正常融入其他类型的社会群体。因此，作为现代国家和社会特征之一的非私人关系会让巴西人感到异常不适与陌生，这也就是为什么我们总会自觉不自觉地将非私人关系转化成诉诸个人交情的私人关系。遍观全球，凡是受家族文化特别是那种传统父权家长制的家族文化影响深的地方，现代意义上的城市公民社会就很难形成。在巴西，城市化进程造成了一种"社会失衡，其影响至今仍然存在"（第185页）。论及这点时，奥兰达采用了马克斯·韦伯提出的"世袭制"与"官僚制"（据我所知，这是巴西学界首次使用这组概念来分析我们的社会），为更加详尽地阐明从诗人、小说家里贝罗·科托（Ribeiro Couto）那里借来的"热情的人"的概念提供了一个社会学依据。

被称为"热情的人"并不需要首先是良善的，"热情"强调的仅是一个人外表呈现出来含带情感的举止言行，包括过分亲切乃至或许有失儒雅的外部行为表现。此种行为风格并不一定意味着行为者是真诚的，也不代表他所表现出来的情感必定是深刻的，在奥兰达看来，这与真正的礼貌与礼节本质而言是不同甚至恰好相反的。父权家长制家族文化下产生的"热情的人"，可以说从骨子里便与现代社会要求的非私人人际关系格格不入，非私人关系以个体的社会角色与职位为依托，而非建立在个人原生家族或家族内部的私人情感之上。 365

第六章"新时代"探讨的是葡萄牙王室被迫移迁里约热内卢对巴西社会结构造成的重大影响：王室南迁使巴西已运行几个世纪的旧殖民体制第一次受到了严重冲击。

可被称作"热情的人的心态"与几个重要的特征有关，其中之一便是表面看上去良好的社交能力；而它既对个体构不成强制，也对集体秩序的组建产生不了任何积极影响。这种浮留表面且不具社会约束力的社交能力催生了个人至上主义。与真正的个体主义①不同，这种个人至上主义最明显的特征便是个人对一切不利于一己私利的法规的抵触或漠视。与个人至上主义紧密相关的，是个人缺乏投身于某一特定外在目标或超越价值的能力。

在这一章中，奥兰达再次谈到了知识分子问题。在他看来，巴西当时的知识分子对待知识的态度堪称肤浅，他们满足于对单纯知识本身的追求，而不关心将获得的知识应用于某一具体的外在对象，追求知识对他们而言更是一种为自己赢得知识分子声望的途径。由于实现外在目标或超越价值被置于次要地位，他们往往会频繁地更换职业，而这种行为又恰好证明了他们追求满足纯粹个人欲求的目的。在这种情况下，自由职业受到推崇，因为自由职业不光彰显了不用受雇于人的独立性，更有助于他们凭借知识赢得社会声望。由于原有农业制度的危机，旧统治阶级的成员很容易便过渡到自由职业，因为这可以使他们远离那些会让人联想起受奴役状态的实际劳作。

---

① "个体主义"又译"个人主义"，是强调个体内在价值的道德立场、政治哲学、意识形态、社会观与价值观。个体主义提倡个体目标和愿望的实现，重视个体思想与行动的独立和自主性。个体主义经常被与利己主义或个人至上主义相混淆，但事实上个体主义与利己主义大不相同：个体主义与古典自由主义关系密切，通常与极权主义、集体主义和其他社团主义社会形式形成对比；因为个体主义主张对个人经济（财产）和政治（自由）等权利予以认可、维护，对个人奋斗和成就予以尊重与鼓励，反对以国家、君王或上帝的名义，对个人权利进行干涉侵害。个体主义是一种人道主义思想，是对极权主义、君本主义和神本主义的一种拒斥，而非自私自利的体现。——译者注

与上述境况联系紧密的，是巴西传统对宏大场面的崇拜，对炫耀的欲望，对即兴表现而非日久磨炼或预先设计的热情，以及对实际应用与操作的反感。值得提及的是，作者将实证主义在巴西的流行归因于我们传统上对实际工作的厌恶，因为实证主义就建立在对不容争议的教条的绝对信心之上，实证主义者则将理论的完美置于可操作性之上。

在政治生活中，与上述情况相呼应的是我们装饰性的自由主义以及真正民主精神的匮乏。"民主在巴西其实只是一桩令人颇感遗憾的误会。最初将民主制度引入巴西的是来自农村的半封建贵族，为的是将他们自己在旧世界中享有的、与城市资产阶级利益相冲突的权利与特权尽可能多地保留下来。"（第208页）我们经历的那些表面看上去像是改革的社会运动，实际都是自上而下在统治阶级的强制下进行的。

第七章"我们的革命"结构相当紧凑，作者将史实陈述性内容压缩到了最低限度，因此顺利阅读需要很强的会意和理解能力。本章的行文态势与节奏也非常独到，主要目的是尝试提出（而非展示）传统体制的解体如何导致了一系列没有被妥善解决的矛盾（此类矛盾既出现在社会结构层面，也体现在政治体制和理念方面）。

本章的假设之一，也许是其最基本的假设，是从农村到城市的转变，即巴西由农村主导的社会变为由城市主导的社会，而这种转变的结果是巴西社会从仰赖旧有农业制度的伊比利亚传统生活方式过渡到一种全新的生活方式。这一转变过程是"文化上的除旧迎新，亦即铲除伊比利亚文化根源并接纳开启一种新的文化风格：我们可能会幻想认定它就是美洲风，因为其影响正迅速席卷我们的南半球"（第 225 页）。值得提及的是，这种转变过程的一个重要环节是从甘蔗种植到咖啡种植的变化，咖啡种植业显然与现代生活方式的联系更加密切。

殖民地时期依托农村种植园组建的政治体制只能勉强继续维持，因为在以咖啡种植为基础的新经济体系中，旧有政治体制已经明显找不到恰当的立足之地。然而即便如此，较之既没有广泛社会基础又缺乏真正与之相适应的经济基础的第一共和国，帝国时期的巴西相对而言拥有一个称得上还算和谐的国家架构。无可否认的是，面对从帝国走向共和过程中出现的现实难题，我们找到的解决方案仅仅是单纯更换统治者或制定看上去无懈可击的完美法律体系。在我们从中央集权的一端如此摆荡到共和制的另一端后，才发现自己实际上离理想政治组织形式距离更远了，本应自动发挥无上权威效用的法律体系实际掌控在统治者手中，本应随法治建立而销声匿迹的极端人格主义持续步步瓦解着纸上共和所能寄期望取得的一切大小成绩。

367

讲到这里，奥兰达完成了他有关巴西民主生活所需条件的思考。也正是这一思考大大提高了本书的当下性，使它不光从 1936 年后出版的众多传统社会研究著作中脱颖而出，更使奥兰达在与曾帮助我们更好认清当前现实的其他作者如维吉尼奥·桑塔·罗萨（Virgínio Santa Rosa）① 比肩时亦丝毫不显逊色。

————————

① 维吉尼奥·桑塔·罗萨（1905—2001）是巴西的铁路工程师和政治家，曾任帕拉州联邦议员，被巴西学界普遍认为是 20 世纪 20 年代出现的巴西中低级军官叛乱现象（Tenentismo）的首位阐释者。——译者注

奥兰达认为，自 19 世纪 70 年代中期开始的"我们的革命"，是被废奴运动斩断根基的巴西旧农业社会解体过程中最具活力的阶段。在这一时期，人们力图终结过去的农村体系，开启城市体系主导巴西的新篇章，并为唯一有能力让社会重现活力并赋予政治生活全新意义的社会新兴阶层的出现提供有利条件。在论述过程中，奥兰达参照了外国旅行者赫伯特·亨廷顿·史密斯（Herbert H. Smith）十分清晰的思考理路。早在帝国时期，史密斯便提出，与仅限于上层统治阶级的小打小闹相比，巴西更需要的是"一场纵向的彻底变革"，以便"为社会注入更加充满希望与活力的能量，将现在那些早已过时且严重阻碍社会进步的力量永远摧毁"。因为尽管受过良好教育的精英阶层与社会其他阶层在智识修养方面存在巨大差别，但"体力劳作的确使被统治阶级的身体比精英阶层更加强壮，而且如果得到有利的机会，他们在心智上也会变得更好"。此外，奥兰达认为，拉丁美洲在我们当前这个时代所发生的种种事件都朝着打破寡头政治主导地位的方向发展，只有随着新社会阶层的出现，"我们才能最终彻底摆脱旧时代的殖民秩序和父权家长制秩序，以及它们已经造成并持续带来的一切道德、社会和政治的副作用与后遗症"（第 237 页）。他还补充道：

为了反对将这一运动进行到底，怀旧派很可能起来抵抗。此外，由于逝去的昔日美好被时空间隔蒙上了一层田园诗歌般的浪漫面纱，怀旧派的抗争还会变得越来越顽固。依其强度，这种抗争的具体表现可能以一种动人或神秘的书写背景的形式局限于文学领域内部，或稍稍溢出文学书写漫向其他一些领域。然而，我们不该疏忽大意，这股势力并非不可能最终成就大气候，一旦它普遍侵入到社会各个层面，那便绝对会限制甚

368

至扼杀任何深刻变革的希望。（第 238—239 页）

奥兰达认为，怀旧派的反抗也可能发展为南美洲的考迪罗主义（caudilhismo）趋势。考迪罗主义以极端人格主义和领导人独断专行为特征，必定会严重阻碍我们的民主化进程。然而，他也认为拉美社会中也存在一些有利于民主化进程的基本因素，例如，美洲人对一切理性等级制度的反对，他们相对较弱的种族歧视与肤色偏见，以及当代生活方式的到来。

《巴西之根》30 年前就为我们提供了这些思考成果，为进行不可或缺的持续思索做好了准备，特别是奥兰达对动态聚焦对立概念的研究方法的使用，既防止了教条主义的泛滥，也为辩证式思考开拓了更广泛的领域。

本书出版之际，奥兰达的同仁们忙于用从进化论者那里继承来的、看似反对种族主义的各种生物自然论述角度去解释巴西在其历史上所经历的一切，然而，这种解释方式实际上是一种对种族主义的隐性迷恋。奥兰达与众不同之处就在于他在着重强调社会结构的同时，将有关巴西过去的研究引向了心理学与社会历史学的范畴。在那个还处处充斥着父权家长制怀旧情绪的时代，本书独特的研究方法提醒我们对过去的研究与分析应该与当前面临的社会问题联系起来。从政治视角讲，奥兰达认为，既然过去对我们的民主化和现代化进程而言是一个障碍，那么变革文化基底的"除根"活动对历史发展而言就是势在必行的。此外，通过饱含深情地对葡萄牙文化深刻影响的详尽分析，本书得出了巴西现代化进程必定意味着越来越多地摆脱伊比利亚特征的坚定结论。奥兰达认为，巴西现代化的实现要求我们必须抛开狭隘的传统文化包袱，朝建立城市文明与融入世界文明的路途前进。而这也正是这个移民国家最近这四分之三个世纪以来面貌有所改变的原因。最后，本书为我们持续讨论理解历史的同时不至于陷入赞成专制主义的误区提供了不可多得的工具与理据。当时，无论对一体化主义者（很显然，本书的一部分就是专门为反驳他们而写）还是一些其他政治倾向的人而言，考迪罗主义与不久后"新国家"时期成为现实的法西斯国家主义一脉相承。为了驳斥这种观点，奥兰达对考迪罗主义做了更贴近在地现实的重新解析。他斩钉截铁地指出，1936 年，巴西进入了传统社会彻底瓦解最关键的阶段。1937 年政变的发生以及随之而来既严格又同时具妥协色彩的危机化解方案，携手将巴西的经济结构改革引上了工业化的道路。如今，从历史之根中不断汲取养分的巴西，正逐渐长出自己新的枝干。

圣保罗，1967 年 12 月

安东尼奥·坎迪多

第一章

欧洲的边界

Tarsila do Amaral
《距离》（*Distance*）
1928

- 新世界与旧文明
- 对人格主义①的过分强调及其后果：匮乏组织精神、欠缺团结意识、轻视世袭特权
- 缺乏凝聚力的社会生活
- 回归传统，一种臆想的传统
- 对非理性的特权与社会等级的意识
- 伊比利亚人在何种意义上预见了现代思维

---

① 人格主义是强调人类个体重要性的一个哲学流派。"人格主义"一词出自拉丁语 persona，具有人格、个人等含义。基督教神学家往往从人的道德价值和尊严、人的存在即实在性的意义上使用"人格"一词，人格主义者正是在这种意义上建立自己的哲学的。"人格主义"作为一个哲学概念，早在18世纪末就已出现在歌德与施莱尔马赫的著作中。"人格主义"作为一种哲学理论体系，形成于19世纪末，主要创始人是美国哲学家鲍恩（Borden Parker Bowne），代表人物有弗卢埃林（Ralph Tyler Flewelling）和布赖特曼（Edgar Sheffield Brightman）等人。20世纪30年代法国的代表是穆尼埃（Emmanuel Mounier）。人格主义的不同代表人物各有其理论特色，但他们的共同之处是认为人的自我、人格是首要的存在，整个世界都因与人相关而获得意义；人格具有纯粹的精神性，它所表现出来的精神特质包括自我意识、主观意识、内在目的性等；人格是具有自我创造和自我控制力量的自由意志，作为独立存在的精神实体，"人格"是创造人所面对的外部世界的精神力量；人的认识是由人格内在地决定的，认识只能凭借直觉，不能凭借概念和推理；人格是一种道德实体，其内部存在着善与恶、美与丑等不同价值的冲突，这种冲突是一切社会冲突的根源，为了解决社会问题，就要调解人格的内部冲突，促进人的精神自我修养和道德再生，而修养与道德得以存续的终极依托在于信仰上帝。——译者注

- 手工和机械劳动，人格的敌人
- 作为纪律之本的服从

39　　参与塑造巴西社会最主要且引发了最多面影响的事实，莫过于尝试将古老的欧洲文化植入与其原生土壤自然条件全然迥异的，甚至可以说是充满敌意的广袤土地。我们共有的生活方式、制度和思想观念全都来自遥远的国度，这些寄希望于克服种种困难逆境在新大陆上复制欧洲的所有努力，时至今日仍旧让我们觉得自己不过是一群被流放于祖国土地上的异乡人。在这里，我们当然可以大显身手，借助以往未知的新经历丰富我们的人性，完善我们所代表的老文明。然而不可否认的是，所有我们勤劳或懒惰的经验成果，似乎都只是根源于另一种气候和景观演化系统的一部分。

　　因此，在询问这次移植实验多大程度上可以取得成功之前，有必要先弄清楚，我们自己到底多大程度上能够代表我们所继承的那些生活方式、制度和观念。

40　　首先，这份遗产是我们从伊比利亚国家那里获得的，这是极其重要的事实。与俄罗斯及巴尔干各国（或某种意义上的英国）一样，西班牙和葡萄牙是欧洲与其他世界文明交流的桥梁地之一。它们构成了一个边界区，一个过渡带，而这也意味着，尽管欧洲化被作为必不可少的文化遗产继承了下来，但在某些情况下，这两国的欧化程度其实是有限的。

　　事实上，西班牙和葡萄牙是在航海大发现时代才正式加入了欧罗巴合唱团。这姗姗迟来自然深刻左右了两国日后的命运，从众多方面与层次影响着它们的历史走向，塑造着它们的国民精神。于是，可以说几乎是在欧洲的边缘地带，形成了一种相对独立的社会，它既对欧洲各国接下来几百年经历的一切兴趣索然，也没能从自身发展出某种激动人心的变革。

这个从比利牛斯山脉延伸到直布罗陀海峡的、一直在欧洲与非洲之间犹豫不决的地带，它的社会生活方式依什么而形成？我们到底该如何解释这些生活方式，才能免于诉诸各种或多或少含糊不清且必然因此使我们与严谨客观无缘的表征或暗示呢？ 41

将伊比利亚的社会生活方式与比利牛斯山脉以北欧洲的生活方式做个比较，我们很容易就会发现一个伊比利亚人所独有的特征，或至少在强烈程度上使他们明显区别于欧陆邻居的特点。人格文化（cultura da personalidade），这种其他欧洲人并没能发挥到极致的观念，似乎从古至今就在西班牙裔①人的演化过程中发挥着关键作用。西班牙人和葡萄牙人都特别重视个人价值，强调每个人在时间与空间上相对于他同胞们的自主性，可以说这很大程度上其实该归因于伊比利亚人的民族特性。对他们来讲，衡量一个人的价值，首先必须从他独立于他人的程度算起，看他是否不需要任何人，是否能够完全自给自足。每个人都是由他自己塑造而成的，是自己努力的成果，自己德行的结晶……依照这种观念，崇高的美德极其重要，人们相信美德会从一个人的举止甚至相貌中体现出来。此种观念深入人心的最好实证便是，自塞内卡（Séneca）的时代以来，纯正的斯

---

① 在这里，与作品的其他段落一样，作者使用"西班牙裔"一词来指代整个伊比利亚半岛人民的文化，以及他们所殖民的领土。

42　多葛主义（Estoicismo）① 一直都是西班牙人的民族哲学。

　　这种观念还忠实具体地反映在一个非常西班牙的词"sobrancer-ia"（高傲）上，这个词原有"超越、克服"的意思。而以"超越"为目标的斗争及其必然引发的竞争，都得到了社会非常默契的认可与欣赏，被诗人赞美，被伦理学家推崇，甚至被政府合法化。

　　然而，正是这样的"斗争"文化让伊比利亚人对各种社会组织形式和一切彰显团结与秩序的团体都表现出异常冷漠的态度。在一个人人都是贵族的土地上，除非受到某种使人敬畏的外部力量的胁迫，任何集体契约或协定都不可能被长期遵守。

　　事实上，世袭特权在伊比利亚血统的国家中从未产生过巨大的影响，至少不像在那些封建体制根深蒂固的国家中一样起过决定性作用，所以在伊比利亚社会也自然不曾有过为强化个体竞争原则而必须先废除世袭特权这回事。包括葡萄牙和巴西在内，众多西班牙裔国家历史上一些最重要也最独特的事件，往往与它们社会结构松散和等级制度匮乏有直接关系。由于被社会制度与文化习俗认可或
43　宽容，各种无政府主义思想和观念也极易在这些国家开花结果。即便那些以构建社会为己任的自发性变革与倡议，到头来还是免不了以分裂而非团结民众来收尾。政府为遏制或消解社会活动家们短暂

_____

① 斯多葛主义是由芝诺（Zenão，前332—前264）创立的哲学流派，代表思想家还有塞内卡（前4—65）。斯多葛主义主要关注美德的实践，鼓励人们按照宇宙的自然或理性秩序（逻各斯）生活。逻各斯是世界内在的神，渗透整个宇宙，支配主导着一切，哲学家的工作就是借由世上的一切事物去理解它们的本质，即逻各斯。哲学界第一种有关普世道德的讨论就来源于斯多葛学派的思想，建立在人人平等原则的基础之上，从世界主义的角度来看，斯多葛主义者在当时被认为是世界公民。

的心血来潮所颁布的法令，远多于它们为确保各种社会力量长久联合所做的努力。

因此，社会生活缺乏凝聚力在我们这儿古已有之，它并不代表某种现代性。这也是为什么那些相信只要我们回归传统，回到某种抵御现代性混乱不二法门的优秀传统，当下社会所面临的困局就能迎刃而解的人，实在都大错特错了。那些被这类学者创造出来并奉为圭臬的戒律和条令，都不过是他们自己一厢情愿的臆想罢了，与现实世界严重脱节甚至背道而驰。在他们看来，我们的无政府状态，我们无能构建稳固的社会组织，都是因为他们那套唯一必要且绝对行之有效的组织方式，还没被当作现行制度来执行。然仔细推敲便知，恰恰只有我们这种行之有年的无政府状态才能为他们成日里耳提面命的等级制度做辩护，换言之，一个原本就秩序井然的社会绝不可能追捧他们那套说辞。

为了找到一种更好的社会构建方式，不分青红皂白唯古人马首是瞻真的可行吗？这种习惯性崇古难道不正好从反面坐实了我们灵活创造能力低下的事实吗？真正有活力的时代从来都不是在深思熟虑后依旧选择故步传统的结果。中世纪的经院哲学①之所以独具创 44 造力，是因为它能够与时俱进。哲学体系适应并配合了当时有关宇宙秩序的新发现。地球上的人类世界被认为是神圣上帝之城的一种

---

① 经院哲学是指中世纪欧洲大学里讨论与教授的哲学，特点是围绕亚里士多德的作品进行翻译、研究和辩论，力求协调基督教神学与古典和晚期古代哲学，非常强调辩证推理，通过推理来扩展知识并解决矛盾。托马斯·阿奎那（Thomas Aquinas）和邓·司各脱（Duns Scotus）是经院哲学的主要思想家，他们的关注点包括理性与信仰之间的关系，并在逻辑、形而上学、语言哲学和认识论方面取得了理论发展。

单调副本，苍白无力却也反映着上帝的旨意。相应地，在托马斯①哲学中，组成三级九等天使等级第一级的三等天使（智天使、炽天使和座天使），相当于中世纪君主身边的近臣：辅佐君主实行其统治的大臣和顾问。其次，在人间王庭里对应上帝天庭中第二级的三等天使（主天使、能天使和力天使）的，是那些由君主任命负责管理王国不同省份的总督。最后，王权的代理人，即下级官员，在俗世里扮演着天国第三级的三等天使。

　　说中世纪生活所向往的美好与和谐建立在一套等级系统之上，实在是再顺理成章不过的，因为正如贝雅特丽齐②对但丁所言，甚至连天堂里的幸福也是分等级的。自然秩序只是也只能是永恒秩序的一种渺远且不完美的投影，贝雅特丽齐解释道：

> 万事万物
> 其间自有秩序，这使得
> 宇宙与主相似。

45　　因此，地上的人间俗世并不真为自身而存在。人世秩序，即便井然，既不能奢望恒常不变也无意佑护俗世福祉。寻求世界和平的人寄希望于现世财富与特权是不可能成功的。圣徒们在地上不会有归属感，在这场注定短暂的流离中，信仰是支撑他们活下去继续跋涉的唯一动力。圣奥古斯丁曾坦言：所以啊，没有信仰的城市只渴

---

① 托马斯主义学说，或托马斯主义（Tomismo），是从意大利修道士托马斯·阿奎那（Thomas Aquinas，1225—1274）的思想中产生的哲学和神学学派，他是天主教会的圣人和医生，其主要著作是《神学大全》。
② 贝雅特丽齐（Beatriz）是但丁的长诗《神曲》（1320）中的女主角，也是诗人心中的创作缪斯和精神向导。

求尘世的和平，俗世里一切服从与被服从的挣扎努力所能企及的最高目标，不过是在社会成员之间达成某种现世利益的分配共识。

自发改革组建公民社会的愿望在中世纪还没出现。世界被认为是按照一套无可争议的、来自天国主宰一切的神的永恒秩序而组织起来的。可极其吊诡的是，这套组建人世的根本原则说到底却是一种敌对力量，它是反俗世甚至反生命的。当时的思想家和伟大建制者们所做的一切努力，恰恰是设法尽可能掩饰这种精神与生命之间的对立（神的恩典完善且不阻挠自然）。但是，我们的时代已经没有兴趣从本质上理解他们那确实算得上卓有成效且令人尊敬的努力了。那种由神圣永恒秩序激发出来的中世纪热情，今天我们大约只在神学教授们当中才找得到。

老实说，等级观念对于我们伊比利亚人而言从来都不那么重要。一切的等级制度必然建立在特权之上。但事实是，早在所谓革命思潮胜利席卷全球之前，葡萄牙人和西班牙人似乎就已经深切体认到某些非理性特权，尤其是世袭特权，是会造成社会不公的。在伊比利亚国家历史上最辉煌的时代，备受推崇的一直都是与世袭头衔无关的个人威严与声望。

至少在这一点上，伊比利亚人可以问心无愧地自称是现代思维的真正先驱。众所周知，葡萄牙贵族从来都不是一个戒备森严到毫无混迹之机的小圈子。在大航海时期，吉尔·维森特（Gil Vicente）① 就曾惊奇地发现盛行于其他国家的严格社会分级在他自己

----

① 吉尔·维森特（1465—1536）是葡萄牙诗人和剧作家，被认为是葡萄牙戏剧之父，也是世界文学界最知名的人物之一。他用葡萄牙语和西班牙语写作。——译者注

的同胞间竟几乎不存在：

> ……在佛兰德斯与德国，
>
> 在整个法国和威尼斯，
>
> 人们活得明白且从容不迫，
>
> 因为没有谁感觉失意悲伤，
>
> 和我们这儿不同；
>
> 他们那儿农民的儿子
>
> 只娶农家女为妻，
>
> 高兴满足无非分之想；
>
> 绣工的儿子，
>
> 也自然跟绣女结婚，
>
> 门当户对代代循袭。

47

一位杰出的葡萄牙古代史学家在查阅了大量经典文献后指出，无论在特定时期多么位高权重，葡萄牙贵族从没能将自己组建成一个自我封闭的团体。他特别强调，贵族头衔在不同社会阶层中泛化，这对葡萄牙来说不是新鲜事儿，一个人一生中社会地位的频繁转换就能很好地说明这一点：普通人有可能瞬间名声显赫，上位者也保不齐会重新落入市井乡野。

48

据阿尔贝托·桑帕约（Alberto Sampaio）讲，法典汇编①的记载证实了贵族后裔散布于社会的各行各业，无论是做工业领班还是当农产品小贩，只有当他们选择靠体力劳作过活时，贵族身份才会

---

① "法典汇编"（Ordenações）指的是王国的法令，用来管理葡萄牙法律体系的一系列法律命令，包括15世纪的《阿方辛法令》、16世纪的《曼努埃尔法令》和伊比利亚联盟时期（1580—1640）的《菲律宾法令》。

被剥夺。他还提到，大众饭食与贵族绅士的三餐所食几乎无甚差别，上下层级之间也借此一直保持着密切联系；贵族们不光食民之所食，甚至还将自己的子女交由民众哺养，其证据便是当时普遍推行的"保育特权制"，这项制度规定，教养贵族子女的平民可以享受某些特权与豁免。

类似的习俗在伊比利亚各族中确实相当常见，但我们并不能将这看成某种生物学上的必然，或者某种如夜空里遥邈的星星可以不受地球重力牵引而远离尘世的安然熠熠。过往特定的历史已经一再向我们展示了这些生活在半岛上的民族有多么强大的生命力和迅速接纳全新生存方式的惊人适应力。尤其是 15 世纪末，他们甚至走在了其他欧洲国家前面，率先缔造了极具现代性的政治和经济单位。然而，这种转变突如其来的或许还是为时尚早的成功，难道不也正是伊比利亚人固守佐证他们民族特殊性的传统习俗的原因之一吗？

以葡萄牙为例，早在若昂一世"阿维斯"（Mestre de Avis）①治下，参议院自由工人代表的出现与城镇商贩群体的兴起所遇到的阻力，远小于同时期封建制度大行其道的基督教世界。这样一来，由于并没有太多的现实困境需要克服，也由于缺少能够让他们完全无涉贵族利益而独立的经济基础，彼时葡萄牙的商业资产阶级没必要采取一种全新的行为和思维模式，当然也不会想为永久巩固自己的主导地位去创建一套新的价值体系。在寻求与旧有统治阶级联盟之前，新富们最先想到的还是用既有的价值标准规范自己，顺从传

①　阿维斯指葡萄牙国王若昂一世（1357—1433），他是葡萄牙第 10 任国王，1385年继位。——译者注

统，而不是冷酷且自利的理性算计。贵族式作风并没有被彻底摒弃，从中世纪继承的生活方式还为他们部分保留了旧有的社会威望。

不仅是城市资产阶级，就连乡野村夫也受到了贵族头衔与荣誉的感召。

马上就不再有贱民了：

> 大家都是皇亲国戚，都与王室沾亲带故。

50　《赶脚人闹剧》（*Farsa dos muleteers*）① 中的侍者如此大声喊道。尽管看起来古怪，但显摆家族徽章的急切渴望和堆积如山的贵族名录与族谱，实际上是葡萄牙民间走向无等差社会的一种表现，虽然各阶层仍旧堪堪维持着某些经年累月而成的刻板形象。从祖上沿袭下来的贵族排场和架子，即便实质上已与时代脱节，但面子上总还继续撑着。而当时真正名副其实的贵族早已不再逾越个体依附家族了。换言之，能不能实至名归完全取决于你的实力和能力，因为个人的能耐远比继承的头衔更有说服力。丰厚的资产、显赫的功绩、高尚的品德，以及其他一切伟大与崇高的可能来源，都远比血统来得实际有用。伊比利亚人对终极美德的理解，直接关涉他们每个人对自身尊严的感受。不论贵贱高低，这种对自尊的感受符合的是一套不折不扣的贵族伦理，而不是庶民伦理。对于西班牙人和葡萄牙人来讲，自尊所激发的道德价值是普世且永恒的。

---

① 《赶脚人闹剧》是吉尔·维森特于 1526 年在科英布拉首次演出的一部戏剧。

　　建立在这种终极美德之上的个人成就向来对他们至关重要。类似的观念甚至在 16 世纪的神学讨论中再次引燃了有关伯拉纠主义（Pelagianismo）① 的激烈争辩，此次论战最淋漓尽致的结晶便是西班牙神学家莫利纳的学说②。在这场大辩论中，宿命论思想③最决绝的反对者便是地地道道伊比利亚的、从特利腾大公会议（Concílio de Trento）④ 开始就积极在天主教世界传布其精神主张的耶稣会⑤。

　　毋庸置疑，西班牙人和葡萄牙人从来就轻蔑反感一切否定自由意志的理论。在个人功绩成就不被肯定、责任义务不受追究的世界里，他们永远都不会感觉自在。

51

---

① 伯拉纠主义是以英格兰神学家伯拉纠（Pelágio da Bretanha，350—423）命名的教派，此教派认为人性是恶的，否认人有原罪和人对神圣恩典救赎的需要，认为可以靠自己的力量活到无罪之境。当时公开的讨论和争议涉及了教宗依诺增爵一世（O papa Inocêncio I），导致其思想被判为异端邪说。

② 莫利纳主义（Molinismo）是文艺复兴时期西班牙耶稣会士路易斯·德·莫利纳（Luís de Molina，1535—1600）阐述的学说。在他对神圣眷顾的定义中，他试图调和人类可能拥有的有意义的自由与绝对自由意志之间的矛盾，他认为人是否得救，既由各人的自由意志所决定，又为上帝所预定。

③ 宿命论是一种神学讨论，早在 5 世纪奥古斯丁时代就有记载，在 16 世纪新教改革中，约翰·加尔文和马丁·路德也都对宿命论的世界观进行了阐述。依据这种思想，一切人都受到上帝的庇护和左右，无论个体面对的是荣耀抑或炼狱，一切都被上帝预先决定，因此救赎或诅咒将独立于人类的意志。

④ 特利腾大公会议是天主教会于 1545 年至 1563 年间在北意大利的特伦托与波隆那召开的大公会议。促使该会议召开的原因是马丁·路德的宗教改革，也有人把这次会议形容为反宗教改革的方案，代表了天主教会对宗教改革的决定性回应。——译者注

⑤ 耶稣会是天主教会的主要男修会之一，1534 年由依纳爵·罗耀拉（Inácio de Loyola）与方济·沙勿略（Francisco Xavier）、伯铎·法伯尔（Pedro Fabro）等人共同于巴黎成立，重视神学教育、对教会的忠诚度以及向青年传教，发愿守贞、神贫，并要求会士对修会及圣座的命令绝对服从。——译者注

然而，也正是这种心态使他们对新教信徒尤其是加尔文主义者念兹在兹的自发组织精神提不起丝毫兴趣。竭力宣扬自由意志和个人责任固然有其百般益处，但物极必反之害，即其对人际联系与组织的削减作用，也是无可否认的。在伊比利亚各民族中，由于缺少那种一些新教社会早就经历过的社会生活理性化转变，为团结与统一辩护的一直只有政府。但伊比利亚民族的政治组织从来都只是一种心不甘情不愿的刻意联合，只能靠某种外力施压来续命，而这种外力最具代表性的现代版本便是军事独裁。

52　　审视伊比利亚人心理时不能忽略的一个事实是，他们近乎本能地抗拒所有以劳动崇拜为基础的道德价值。面对劳动，他们普遍采取的态度恰好与中世纪那种在理论上契合手工劳作体系的、为推崇体力劳动而将逐利贬低为可耻的态度南辕北辙。直到很晚近，北欧模式在全球的风生水起才使劳动道德在伊比利亚人心中占据了一席之地。然而，考虑到这种新观念已经遭遇和正在面临的种种顽强阻力，我们完全有理由怀疑这一席之地的稳固程度。

葡萄牙诗人弗朗西斯科·罗德里格斯·洛博（Francisco Rodrigues Lobo）①笔下为高贵盾牌增光添彩的"正直""自觉""严肃""谈吐得体"和"举止谨慎"，代表的其实都是一些静态的内向美德，促使人们自省而非积极行动去改变世界。对事物或说物质世界采取行动，会迫使人臣服于外物，接受一种不被个体意志左右的定律。而这种外向行动本身却不是上帝的旨意，丝毫无益于增加他的荣耀，也更不会提升个人尊严，甚至可以说反而会伤害和贬低

---

① 弗朗西斯科·罗德里格斯·洛博（1580—1622）属于继卡蒙斯（Camões）之后的第一代葡萄牙诗人，受西班牙诗人贡戈拉（Góngora）的影响，是巴洛克风格进入葡萄牙的主要引荐人之一。

它。手工或机械劳动聚焦的都是身外之物，期待借由人力实现外物的完美。

由此便很容易理解为什么现代社会对劳动和实用主义宗教式的 53
推崇与赞美绝无可能在西班牙裔人那里激起共鸣。对一个真正的葡萄牙人或西班牙人来说，宠辱不惊的闲散永远比为一日三餐埋头苦作更值得追求，甚至更高尚。二者都向往一种贵族式的理想生活，无需付出任何努力，也不用为任何事操心。的确，当新教徒们不遗余力地赞美宣扬体力劳动之时，伊比利亚人依旧留留恋恋撇不开他们那早已不合时宜的古典偏见。在绝大多数人的春秋大梦里，赋闲比买卖更要紧，以身外之物为目标的生产活动也远不如沉思与爱情更有价值。

劳动道德匮乏对社会组织能力低下的加剧作用也不难理解。诚然，坚忍谦卑、默默无闻和慷慨无私的劳动从来都是团体利益得以确定和实现的有力推手，这样的团体利益反过来又能激发并维系人们理智且长久的凝聚联合。如果某种形式的劳动道德在一个地方能被广泛接受，有序安定的市民氛围几乎就是必然，因为二者互相促进，都是保障集体利益和谐的必要条件。但可以肯定的是，在西班牙和葡萄牙，劳动道德自古就是舶来品，也难怪他们两国各自民众的团结意识一向都岌岌可危。

严格来讲，团结意识在这两个国家也还是存在的，但却往往出 54
现在一些超越单纯利益关系的群体当中，比如家族内部或朋友之间。这类本质上强行排外、道德上特殊主义的小圈子，对既有更广泛层面上的社会组织，如工会或国家，是有百害而无一利的。

面对伊比利亚社会屡见不鲜的个人独裁，对个体人格的极端虚夸与推崇，以及由此导致的整个社会充斥着毫无协商妥协能力的原始激情，绝大多数人只剩下一个选择：为保住更多实际利益彻底放弃自己的人格，以便更好地配合在位者与当权派被无限放大的个体人格。正因如此，尽管无序与混乱占据了伊比利亚民族大多数的历史时期，然而在少数造反失败、争斗无门的特殊历史阶段，服从几乎一夜之间就能不容置疑地变成最高美德。毫不奇怪，这种服从本质上是一种盲目的顺从，与中世纪和封建时期的忠诚原则毫不相干，但却时至今日依然是对伊比利亚人真正奏效的唯一政治信条。发号施令的渴望和执行命令的意愿同样都是他们显著的特点。独裁政府和宗教裁判所似乎都塑造了他们典型性格的某些特征，例如对无序混乱的天然倾向和对无政府状态的向往。在伊比利亚人看来，纪律唯一可能的形式就是在过于集中的权力面前选择绝对服从，仅此而已。

耶稣会士比其他任何人都更好地向我们呈现了伊比利亚式的服从纪律原则。即使在我们南美洲，他们也通过征服和宣教留下了至今还活生生的例子。没有一种现代暴政，或任何一个极权国家理论的构造者，能够对耶稣会神父们在传教活动中完美实现的将绝对服从彻底合理化的人间神迹望其项背。

今天，简单服从，因其显得过时且不切实际，已不再会被当作一种纪律原则去遵守了，而这种改变与我们最休戚相关的后果便是社会生活的持续动荡。失去了借助单纯服从制约社会的可能性，我们一直以来的所有努力都只能以失败告终，包括寻求从其他现代国家引入先进制度，也包括尝试自主创造某种可以替代现行体制的社会组织方式以驯服我们从娘胎里带来的躁动与纷乱。经验和传统都告诉我们，一般只有那些能在当地生产生活模式中找到合适生长土壤的外来文化元素，才有可能被本地文化吸收、同化或完善。这里，我们很自然便想到欧洲文化被移植来新大陆后所发生的一切。即便是与多民族印第安人和众多外来种族的频繁接触与融合，也没能使后世的我们如偶尔所愿，变得明显不同于我们远在大洋彼岸的祖先们。就巴西而言，无论真相多么让一些爱国者失望，谁也不能否认我们与伊比利亚半岛，尤其是与葡萄牙之间的联系，这种绵密深刻的联系来自悠久且至今很大程度上仍在延续的共同传统。无论各自面对着多么异样的外部世界，这传统依然缔造着我们共有的灵 56魂。毫不避讳地说，今天巴西文化的基底是葡萄牙的；至于上面剩下的那部分，则是或多或少、或深或浅依附这基底的历史沉积。

参考文献

（1）*Jean de Saint Thomaz*. Tradução de M. Benoit Lavaud, O. P., Paris, 1928, p. 91 e seg.

（2）Gil Vicente, *Obras Completas*. Reimpressão fac-similada da edição de 1562, Lisboa, 1928, fl. 231.

（3）Alberto Sampaio, *Estudos históricos e econômicos*, I, Porto, 1923, p. 248.

第二章

劳作与冒险

Tarsila do Amaral
《渔人》（*An Angler*）
1925

- 葡萄牙与热带殖民
- 以不同方式规范人类活动的两种原则
- 葡萄牙人的社会可塑性
- 农业文明？
- 缺乏种族自豪感
- 微贱工种的恶名
- 工匠组织和其在葡属美洲的相对弱势
- 无能自主长期联合
- "棚屋道德"与其影响
- 荷兰经验的挫败
- 第二章说明：掠夺性农业的延续

在征服热带并将其领入文明进程的历史壮举中，作为先驱的葡 61
萄牙人肩负了他们最伟大的历史使命。尽管此一壮举频遭各方质疑
与反对，然无可否认，葡萄牙人的确是这一使命最卓有成效且最义
不容辞的承当者。旧世界的其他民族没有一个比他们更有能力对赤
道附近的广袤土地进行连续且深入的探索。16 世纪的欧洲人普遍相
信，人待在热带就会迅速退化，而且，据当时一位法国旅行家讲，
"热带空气里蕴含的强大热量会将人身上的天然热量吸走并随即将
其消释，因此，住在热带的人身体总是外暖内凉"，而寒地居民则

不同，他们的"天然体热会被外部冷空气收锁封闭，这让他们变得强壮且勇敢，因为人体各部位的力量和机能都取决于人的自然体热"。

事实上，葡萄牙人对热带的探索并非一项有序进展的理性事业，也不能说是出自一种建设性的雄心壮志：葡萄牙人面对这一历史壮举的态度毋宁说是懒散且有些漫不经心的。不夸张地讲，这项**62** 事业甚至可以说是自我完成的，与参与其中的实践者关系甚微。承认这一事实并非旨在弱化葡萄牙人做出的巨大努力。如果按当下流行的道德与政治标准来衡量，我们的确很容易发现此种努力的众多严重过失。然而，任何疏失都不足以证明屡屡贬低葡萄牙人在巴西作为的偏激主张是合理的。很多持有这类观点的人毫不避讳自己对荷兰殖民成功经验的认同，深信假如巴西的主要殖民者是荷兰人，这个国家必将走上一条更好、更光辉的道路。但是，在涉及这个问题之前，我们最好先来正视一个非常有启发性、在葡萄牙探索我们美洲的活动中起过举足轻重作用的心理因素。

在人类集体生活的各种形式中，有两个明显相互对抗并以不同方式调节人类活动的原则。这两种原则同时也体现在两种不同的人身上：冒险家和劳作者。在原始社会中，依据此两种人的聚集多寡，上述两个原则刚好分别表现在渔猎采集民族与农业民族身上。对一些人来讲，行动的终极目标，亦即指引一切努力前进方向的那个终点，往往显得如此重要以至于他们漠视中间过程，认为那是次**63** 要的，甚至是多余的。换言之，他们的理想是不用自己种树就能收获果实。

此种人无视界限。世上的一切都慷慨蔚然呈现于他们面前，无论遇上何种阻滞其勃勃雄心的障碍，他们都知道如何迅速将阻碍变成跳板。无垠的空间、宽泛的计划以及遥远的地平线是他们得以如愿存续的前提条件。

劳作者则相反，他们首先看到的是有待克服的困难，而非即将取得的胜利。通过惯常缓慢、回报甚微但坚持不懈的努力，劳作者可以清晰探见一切诱发浪费的可能，他们知道如何充分利用最微不足道的东西，将有限资源利益最大化是他们非常明确的生存准则。所以，很自然，他们视野褊狭，于他们而言，部分大与整体。

冒险家有一套冒险伦理，劳作者也一样有一套他们认同的劳动伦理。因此，个体的劳作者将积极的道德价值仅赋予遵循这套劳动伦理并付诸实践的行为；而诸如胆大果敢、奋不顾身、不虑后果、自由随意和流浪逍遥等一切与取之不尽用之不竭的"广阔"世界相关的冒险家品质，在劳作者看来，全是不道德甚至是可憎的。

另一方面，意在获得立竿见影报偿效果的投入和努力则受到冒险家们的一致赞誉；相反地，那些着眼于稳定、和平、人身安全和不期迅速得到物质收益的努力，于他们而言都是可鄙的恶习。对他们来说，没有什么比劳作者的理想生活更愚蠢和可悲的了。

事实上，冒险与劳作这两种原则既谈不上绝对对立也并非彻底 64
无法融通，二者都或多或少参与着现实世界的各类集体生活。与此同时，众所周知，无论是典型的冒险家抑或纯粹的劳作者，都只存在于观念世界当中。然而，毋庸置疑，这两个概念可以帮助我们具体且更加系统地整理我们有关人类和社群的既有知识。也正是在这种超个体的层面上，它们对研究社会的形成与演化有着不可估量的重要意义。

在征服和殖民新世界的壮举中，本书定义的"劳作者"起了非常有限的作用，甚至可以说他们的作用几乎为零。那是个崇尚勇猛者姿态和伟业功绩的时代，高度褒奖实践飞跃性创举的冒险家。所以，致力于此一新世界壮举的主要是那些劳作者在其本国不被尊重且频遭排挤的国家，并非偶然。

如果说葡萄牙和西班牙都可以被归类为这样的国家，那么英国其实也一样可以。上世纪冲击英国的强大工业繁荣，创造了一种距离当时普通英国人现实生活相当遥远的观点，同时也是一种从未被他们的祖先所认同的观点。事实上，典型的英国人并不以勤奋著称，也不具备他们邻近的欧陆居民所特有的那种经济意识。恰巧相反，以疏懒奢靡得名的英国人最渴望过上"良好的生活"。这是维多利亚时代之前到访英国的外国人几乎一致的主流看法，同时也是不懈努力为该国长期以来在竞争对手面前处于劣势的局面寻求解决方案的道德学家和经济学家们的观点。1664 年，托马斯·孟（Thomas Mun）在名为《英国得自对外贸易的财富》（*England's treasure by foreign trade*）的小册子中指责他的同胞们缺乏远见、喜欢无谓浪费、醉心享乐与奢华且耽溺于一种游手好闲的生活方式，他说这"与上帝的旨意和其他民族的习俗南辕北辙"，同时还将英国人无能与荷兰人正面较量的事实归咎于这些恶习。在我们当前这个时代，非常了解英国民族性格的优秀历史学家威廉·拉尔夫·英奇（William Ralph Inge）也表达过类似的看法。这位圣保罗大教堂的主任神父在一本充满有趣见解的书中指出："不难看出普通英国人对德国人孜孜不倦的勤勉毫无兴趣，也不打算向法国人学习如何谨节操持。"他还接着提出了一个可能会让很多人感到惊讶不安的新观点："怠惰是我们与一些热带地区原住民的通病，但北欧人全无这个毛病。"

65

懒于劳作，至少不愿参与那种不能带来即时回报的劳作，也就是英奇神父所说的"怠惰"，显然丝毫无助于刺激冒险行为，但却同时不容置疑又是催生宏功伟业必不可少的一种消极动力。要不然，我们又该如何解释伊比利亚人在攫取其他大洲的自然资源时所表现出来的那种不知餍足的贪婪天赋呢？正如一位 18 世纪末的旅 66 行家说的那样，"比起骑马从里斯本去波尔图的路程，葡萄牙人更精熟于驾船从巴西运货回葡萄牙的旅程"。

今天我们国民身上展现出来的众多性格特征，如对不劳而获财富资源的渴望，对荣誉头衔的期盼和对投机取巧得到地位与资源的向往，难道不正是葡萄牙人冒险精神时下最活生生的继承与体现吗？时至今日，很多与我们朝夕相处的同胞的祖先们都受过冒险精神的深刻影响，比如那位埃施韦格（Eschwege）① 时期五音不全却不耻索要宫廷乐团一席之位的军人，那位不顾法理颜面托关系拍马屁弄到行政官职位的抄写员，还有那位对现代医学一窍不通却仅凭与国王的私人交情就当上帝国首席外科医生的拔火罐师傅……我们的实操能力往往就在这类无休无止寻找捷径的过程中被耗尽，根本不需要任何外来暴力的摧残或为抵御外力而做出的剧烈挣扎去帮忙削弱；毋宁说我们有种未遇阻挠就偏转航向、初达顶峰便自我毁灭、毫无缘由就主动退避的能力。

对冒险精神的偏爱，不但是诱发上述民族性格弱点的祸首，更 67

---

① 埃施韦格指的是威廉·路德维希·冯·埃施韦格男爵（Baron Wilhelm Ludwig von Eschwege, 1777—1855），他是一名德国军人、采矿工程师和地质学家，于 1802 年受葡萄牙王室聘用，在葡萄牙开展采矿勘探业务。1808 年葡萄牙宫廷迁往里约热内卢之际，应摄政王若昂六世的邀请，埃施韦格也来到了巴西，并且从 1810 年一直待到了 1821 年，其中大部分时间都在米纳斯吉拉斯。

在我们国民生活中起了决定性影响（当然，有必要说明，并不是唯一的决定性影响）。在所有参与构建国民生活的因素中（例如，互相摩擦不断的各种族、异国输入的习俗与生活方式以及需要长期适应的生态与气候条件），对冒险精神的偏爱发挥了卓越的协调作用，在促进社会流动的同时，也鼓励人们勇敢面对自然条件的严酷与阻挠，并为征服新世界的壮举创造了有利的条件。

正是在这一点上，葡萄牙人和其直系后代的作为至今无人能出其右。他们轻而易举便在美洲大陆重建了自己的故乡，这很可能是史上绝无仅有的例子。在没有小麦面包的地方，他们学会了吃一种当地面包，而且挑剔精致到如加布里埃尔·苏亚雷斯（Gabriel
68 Soares）① 所言，"够讲究的人只用当天制作的新鲜木薯粉做食材"。他们也习惯了像印第安人那样睡在吊床上。据当时的目击者回忆，有些人，如圣埃斯皮里图（Espírito Santo）殖民区的受赠人瓦斯科·科蒂尼奥（Vasco Coutinho），已经到了吞嚼烟草的地步。他们还学会了使用印第安人的狩猎和捕鱼工具，乘着用树皮或挖空树干制成的船在河流与沿海水域航行，并且沿用了印第安人放火烧林开垦土地的原始耕作方式。葡萄牙人在巴西建造的房屋也不像他们远在伊比利亚半岛上的建筑那样严肃拘谨、内向阴冷，他们为在热带建造的房屋增设了一个连接外部世界的通道——阳台。在美洲，这种从东南亚引进的新布局成功地取代了葡萄牙人传统的摩尔式庭院，成就了巴西最早的建筑风格，并且被住在热带的欧洲人延承至今。在美洲的甘蔗种植园中，葡萄牙人做的极可能只是把在马德拉

---

① 加布里埃尔·苏亚雷斯全名加布里埃尔·苏亚雷斯·德·索萨（Gabriel Soares de Sousa），是一位葡萄牙农民和商人，他于 16 世纪下半叶移民到巴伊亚，并撰写了《巴西新闻与条约》，该著作于 1587 年在葡萄牙出版，是巴西史学研究的开山之作之一。

和其他大西洋岛屿乡村地区早已由几内亚黑人①充分发展完善的劳　69
作流程大规模地在巴西推广开来。

　　我们不能说在巴西被推广的大庄园耕作模式是葡萄牙人的发
明，或说是他们自由意志灵机一动创造出来的成果。采用这种农业
模式在很大程度上源于偶然，并时时受到生产与市场双方利益最大　70
化原则的支配。此外，说巴西采用的耕作制度是根据当地环境条件
因地制宜的结果也同样不恰当，原因是几乎所有美洲的热带和亚热
带地区全都出奇一致地选用了同样的生产模式。而这种毫无个性可
言的广泛复制其实与大航海时代欧洲国家的实际需求有关：在工业
化进程之前，欧洲各国的农业生产基本能够做到自给自足，因此，
殖民者实际上只希望从热带地区获得他们本国不出产的热带产品。

　　就这一点而言，北美英属殖民地的情况一样很能说明问题：在
这些地区，相同的耕作模式只盛行于种植烟草、稻米和棉花等典型
的"殖民地产品"的地区。在几乎完全依靠自由劳动力的商业和制
造业蔚然成风之前，北美中部地区和新英格兰地区不得不满足于简
单的自给农业。所以，应当说热带地区的气候和其他一些特殊的物
理条件只是促成这种模式复制的间接因素。

　　单一作物种植园模式后来在美洲大陆各地区被大面积推广，无
疑是受到了此一潮流的主要先驱葡萄牙人的影响，当然在一定程度
上西班牙人也起了带头作用。巴西东北部的土壤条件非常适合种植
能带来极高收益的甘蔗，因此甘蔗种植园模式被率先在这里推行并

---

①　"几内亚黑人""几内亚土著"或"几内亚奴隶"是巴西传统史学界用来代指非
　　洲奴隶的术语，原因是最初被贩卖到巴西殖民地的奴隶大多都来自这个地区。

经历了相当长时期的试错而日趋完善。这种农业组织形式日后风靡几乎所有欧洲热带的殖民地。大片尚待开垦的肥沃土地使得农村大型庄园理所当然成了殖民者们首选的经济单位。至此，对殖民者而言，可谓万事俱备只欠劳力。在初期雇役土著印第安劳力的尝试失败以后，殖民者很快发现最经济的解决方案便是从非洲引进奴隶。

毫无疑问，黑人的参与一直都是殖民地大庄园经济得以存续发展的必要条件。美洲大陆的印第安人至多只在日后的采矿、狩猎、捕鱼、一些机械行业和养牛业中扮演了于殖民者而言非常有利用价值的合作者角色，原因是印第安人很难适应发展大型庄园甘蔗种植所必需的精细且有条不紊的体力劳动。自由的天性使得印第安人只适合从事屡迁不居、组织松散且不被异族人时时监视刻刻检查的活动。对单一重复劳动的极端厌恶使他们完全无法接受对欧洲人来讲几乎是第二天性的秩序、恒久和精益求精等理念，但在欧洲人看来，这些理念是社会生活和公民生活得以建立维持的基本前提。结果便是，印第安人和欧洲人完全无法相互理解，印第安人也几乎自始至终都顽强抵抗着后来已经处于绝对统治地位的葡萄牙人，即便很多时候他们只能保持沉默进行消极抵抗。类似的情况也发生在法国人和安的列斯群岛土著阿鲁阿克人之间，法国人在拿阿鲁阿克人与黑人做比较时曾说："盯着一个土著野蛮人看就相当于打他，打他和杀了他差不多；而对黑人来说，挨打是家常便饭，他们不介意。"

在一个半资本主义的外向型生产活动中，量化指标，即便只是一种较为粗简的量化，无疑会被广泛采用。事实上，在谈论被甘蔗糖厂生产方式的广泛引入而带动的土地开垦过程时，我们只能很小心地使用"农业"一词，原因是在这个过程中，欧洲先进生产技术的引进反而使得印第安人在其原始生产活动中所使用的耕作方式变得比以前更具破坏性。如果说定居巴西的葡萄牙人对土地开垦情有独钟，那并不是因为他们像地道农耕民族的乡下农夫般对土地有着极其特殊且强烈的感情。事实是，巴西从过去到现今一直持续进行的、不断造成巨大浪费的粗放式土地开垦方式，不光是农业生产的重要组成部分，也是采矿业必经的一道关键工序。假如没有源源不断的黑人劳力，和看似用之不竭因而被滥用糟践，不被爱惜保护的庞大土地供应，这种原始的土地开垦方式就不可能成为巴西的现实。

归根结底，葡萄牙人来巴西寻求的是一种仅凭有胆冒险就能快速攫取的财富，而不是那种需要投入辛勤劳作才能获得的财富。简而言之，这和他们从印度谋取香料与贵金属时所抱的心态一样。从种植甘蔗到制成蔗糖并运去欧洲市场这一过程所需的投入，与其为葡萄牙人带来的利润相比简直小到可以忽略不计，更别说当中的累活脏活还全是黑人奴隶帮他们完成的。然即便这样，为了确保利益最大化，葡萄牙人始终极尽所能最大程度简化生产过程的每一道工序，不愿多花哪怕一分在他们看来不与获利直接相关的钱。

因此，葡萄牙人在巴西建立的甘蔗种植园并不是典型的农业文明。首先，促使他们远渡重洋来到美洲的冒险精神原本就与主导农业文明的精神扦格；其次，葡萄牙本国人口稀少，没有引发农村劳力大规模移民巴西的现实动因；最后，农业生产活动在当时的葡萄牙并不受到重视。

73

1525 年，也就是杜阿尔特·科埃略（Duarte Coelho）抵达他在伯南布哥的殖民区的同一年，人文主义者克莱纳多（Nicolas Clenardo de Brabant) ①从里斯本写信给他的朋友拉托尼奥（Latônio）时，描述了当时葡萄牙农村劳力所面临的悲惨实况，他总结说："如果说有任何地方蔑视农业，那无疑就是葡萄牙了。您首先需要知道的是，葡萄牙人的民族精神极度孱弱；此外，如果说世界上还有比葡萄牙人更加懒惰的民族，那我真不知道他们是谁。我说的主要就是我们这些住在特茹河以南整天呼吸从邻近非洲飘来的空气的人。"一段时间以后，在回应塞巴斯蒂安·明斯特（Sebastião Münster）②对西班牙半岛居民的批评时，达米昂·德·戈伊斯（Damião de Góis）③承认，与海上冒险和战争与征服所能带来的荣耀相比，农业生产对他的同胞没有丝毫吸引力。

当我们叹怨巴西农业长期囿于陈腐理念，没有经历过任何有助于提高生产力的技术革新时，千万不能忘记将这类因素考虑在内。除此之外，我们还应当记得热带环境频繁给农业技术进步带来的强大且不可预测的众多现实障碍。如果说一些情况下葡萄牙人在巴西采用的农业技术与欧洲相比是种名副其实的退步，甚至在很多方面简直可以用"原始"来形容，那我们也不能否认源于大自然的阻力

---

① 尼古拉·克莱纳多·德·布拉邦是 16 世纪初比利时研究西方古典文学与东方文学的学者。他曾在巴黎大学和萨拉曼卡大学任教，之后被葡萄牙若昂三世邀请辅导他的弟弟、当时任布拉加大主教的恩里克。克莱纳多从 1533 年到 1538 年住在葡萄牙，在此期间，他与其他欧洲知识分子保持通信，其中包括比利时鲁汶的神学家、人称拉托尼奥的蒂亚戈·拉托莫（Tiago Latomo）。

② 塞巴斯蒂安·明斯特（1489—1552）是德国数学家和地理学家。他曾在海德堡大学和巴塞尔大学任教，并以《宇宙的宇宙学》（*Cosmografia universal*, 1544）一书而闻名，该书首次从地理学的角度将地球描述成多个大陆的集合。

③ 达米昂·德·戈伊斯（1502—1574）是葡萄牙历史学家和人文主义者，葡萄牙文艺复兴时期的重要人物。在政府担任过外交和商务方面的官员后，戈伊斯专门致力于人文主义事业，与路德、梅兰希通以及并且主要是伊拉斯谟进行了密切的交流沟通。他出版了《幸福之王圣曼努埃尔》（1566—1567）和《圣若昂》（1567）两部编年史。

毫无疑问加剧了这种状况。巴西与欧洲迥异的自然条件为殖民地农业发展带来的阻碍丝毫不亚于葡萄牙人怠惰且被动的民族性格。例如，我们的传统农业中很少用到犁，这很大程度上是因为繁茂森林植被的残留物往往让犁的使用变得非常困难。因此，尽管犁在巴西农耕活动中被首次尝试使用的时间比我们今天公认的犁传入巴西的年代要早很多，但它终究从未被广泛采用也是可以理解的。

有资料显示，巴伊亚雷孔卡沃（Recôncavo Baiano）一带富有的糖厂主们在 18 世纪末已经普遍采用了犁。然而，有必要指出，犁的使用仅局限于那种为确保固定收成而已经预先平整过、翻过且除过草的种植园甘蔗地。即便这样，我们还是可以从那个时代的记载中得知，为了拉动每一台犁，种植园主们不得不一次就用 12 头甚至更多头牛，这不仅因为巴西的牲口耐力普遍很小，也因为这里的土壤实在太硬，很难犁开。

当地的惯例是农民们每隔几年就去丛林深处寻找适合耕种的新土地，所以很少有同一个庄园在两代人的时间里不搬迁或不易主。 75 这种高流动性实际上是庄园主们从印第安人原有的耕作习惯继承而来的。由于没有人认为需要通过施肥让经年贫瘠的土地恢复生机，因此任何改良土壤的方法都未受到过重视或鼓励。在我们这里的土地上耕作只能使用木锹（saraquá）① 和锄头的观念很快就被人们广泛接受了。与巴西其他地方的情况相似，在殖民时代的第二个世纪甚至更早，一些不那么原始粗放的耕作流程就已经在圣保罗地区被尝试推行过。例如，在一份 1637 年有关巴纳伊巴（Parnaíba）农民财产的清单上，我们看到了"一个铁犁"这样的记载。然而，在巴

---

① 木锹，木质农具，样子像铁锹，耕作时用来挖洞。

西土地上耕作只能使用木锹和锄头的观念，马上就在头几批殖民者的后代中不胫而走，一位殖民区上将在 1766 年写给奥埃拉斯（Oeiras）伯爵①的信证实了这一点。这封信中说：所有人都认为巴西的土地只有表层养分，"所以不能用犁，之前有人试过，但结果很糟，他全白忙活了，现在大家终于众口一词都这么认为了"。

这样的事发生在葡萄牙人身上一点都不奇怪，我们知道，即使到了今天，定居巴西的纯日耳曼血统农民仍旧沿用着这类造成巨大浪费的侵略式耕作方法，不光在圣埃斯皮里图低地的热带地区如此，在气候相对温和的地方如南里奥格兰德州也一样。无论如何，我们应当记得，定居巴西的移民绝大多数来自商业气息浓厚的城76 市，他们人数不多，当然从旧世界带来新世界的资源物资也有限，这在很大程度上解释了他们为何如此轻易便接受了卢西塔尼亚血统的巴西人在当地已经长期使用的农业技术。可以说，在农业经济中，坏方法，即粗放的、造成巨大破坏浪费却因其特别着眼于种植园主们贪婪的短期利益的方法，往往劣币驱逐良币，使好方法全无用武之地。此外，巴西的情况更为特殊，当地的自然条件至少在殖民时代初期几乎强迫耕种者一律采用"坏方法"；而这种方法一旦普及，日后若想推进技术换代，需要的就不仅仅是耐心，更是系统性的全面革新。

然而，可以肯定地说，葡萄牙人和他们的后裔从没体验过促进技术革新的紧迫感。很多殖民者后来都在其殖民区采用推广了同样

---

① 奥埃拉斯伯爵的原名是塞巴斯蒂昂·若泽·德·卡瓦略—梅洛（Sebastião José de Carvalho e Melo，1699—1782），他是葡萄牙外交官和政治家，在若泽一世（D. José I）统治期间担任国务卿，这使他在 1759 年获得了奥埃拉斯伯爵的称号，并在 1769 年获得了庞巴尔（Pombal）侯爵的称号。

建立在奴隶劳动和单一作物种植园体系基础之上的农村经济模式，但即便与他们相比，葡萄牙人对巴西土地那种无节制索取又舍不得投入的态度也一样绝世无双。除非严格按单一的量化标准来看，葡萄牙人在巴西推行的耕作方法与之前该国土著印第安人所采用的原始劳作方法相比，并无任何实质性进步。

巴西农业在上世纪后半叶面临的一般境况与同时期美国南部的情况相比，简直可以说是一个地下一个天上，但一些自满骄傲的历史学家却喜欢一味夸大二者之间的相似性。1866 年左右，据说是受到圣保罗农村地区使用诸如犁、耕耘机、刮刀和耙子等农具的事实的吸引才从美国移居巴西的庄园主们，绝对不会同意这些历史学家的讲法。而史实恰巧相反，那个时代遗留下来的一些记载显示，这批从美国来的移居者当中，有很多人看到圣保罗农民当时仍使用着非常原始的耕作方式后简直目瞪口呆。其中一份资料提到，巴西奴隶种植棉花的方法与美国印第安人种植玉米的方法并无二致。 77

自殖民时代伊始，主导巴西一切财富创造活动的核心原则从不曾在农业生产领域失去效用。人人都想在不付出巨大投入牺牲的情况下永无止境地从土地中攫取源源不断的好处。恰如我国首位历史学家所言，每个人都想极尽所能最大限度地让土地为自己服务，但这并不意味着他们都争先恐后想做地主，恰恰相反，他们更愿意将自己仅仅看作广袤土地的天然权益人，"全都只顾着享用，不惜以将土地彻底摧毁为代价"。

在这种情况下，尝试改良印第安人以尽可能省事省力为原则的粗放耕作方式就被看成脱离实际的愚蠢之举，毕竟省事省力也是大生产模式的终极追求。如此一来，葡萄牙人几乎无意识地自愿变成了受这套原始农耕体制支配的工具，不但任由自然条件摆布，更毫无戒心、入乡随俗，全盘接受了原住民们旧有的老办法，从未有过变粗犷落后为精细先进的野心或动力。即便与同样来自伊比利亚半岛的西班牙人相比，葡萄牙人这种逆来顺受懒于创新的怠惰也仍然特别突出。西班牙人在其大部分美洲领土上，从未像葡萄牙人那样轻而易举地或臣服于自然环境，或倚赖这环境原先的主人：虽然他们也不曾同时克服这片土地上的自然和人，但却常常至少能凌驾于一方之上。但在巴西，欧洲殖民者的统治总体上可以说是平淡且温和的，与主动介入、施加人为规则与机制相比，这些殖民者更倾向于省事省力地屈从自然法则。他们在巴西的生活似乎安详轻松得无与伦比，宽容放纵一切社会面、种族面和道德面的不和谐。这片土地的殖民者最擅长的莫过于不断深信不疑地自我重复或因循守旧。他们安逸得过分脚踏实地，没有要追求的梦想，也没有要遵循的道德法则，天国和上帝对他们来说太遥远、太具精神性，死后现实完全无涉于他们当下的日常生活。

78　　　除此之外，在讨论葡萄牙人采用粗放农耕模式的原因时，还必须提及他们超凡社会可塑性的另一个非常典型的方面：他们完全或几乎完全没有任何种族自豪感，至少没有北美人特有的那种顽固的、绝不妥协的自豪感。这种性格模式让殖民巴西的葡萄牙人与其他拉丁美洲民族十分相似以外，更使得他们与非洲穆斯林民族的个性极其接近，这种共同特征源于一个简单的基本事实，即早在发现巴西之前，葡萄牙人在一定程度上就已经是一个混血民族。即使在当今，一位人类学家还是从种族的角度将他们与他们自己的邻居和兄弟西班牙人区别开来，原因是他们拥有更多的黑人血统。对此，他认为东非的土著民族几乎将葡萄牙人视为自己人，对他们的尊重也远低于对被称为文明人的其他民族。因此，他还强调说，为了指称不同的欧洲民族，讲斯瓦希里语①的人总是把欧洲人分成两类区别对待：欧洲人和葡萄牙人。

在这种情况下，巴西发生的一切就毫不新奇了。与有色人种的 79 混血在宗主国就已经大规模开始。早在 1500 年之前，葡萄牙本国为建造新村镇开辟道路的一系列措施，如扩大耕地面积、清理森林、改造沼泽、将荒地变成良田等，仰赖的就是从海外领地带回去的黑人劳力。黑人劳动带来的众多直接好处使得葡萄牙对被视为物质进步工具的奴隶的需求量不断增加，这同时也让葡萄牙社会越来越从整体上歧视卑微的体力劳动。

1536 年前后，一位叫加西亚·德·雷森迪（Garcia de Resende）的人发出的悲叹似乎很好地印证了这种在暗中悄无声息进行的基因入侵在谨慎的人当中引起的警觉，在他们眼中，这种入侵正在彻底改变传统葡萄牙社会赖以存续的生物性基础：

> 在王国我们有目共睹，
> 　引进的奴隶日益增长，
> 可当地人却纷纷离开，
> 　照这样下去，在我看来，
> 他们一定会比我们还多。

前面提到过那份克莱纳多写给拉托尼奥的信也向我们描述了差 80 不多同一时期葡萄牙本国奴隶骤然剧增的情况。所有的活儿都是由

---

① 斯瓦希里语是使用人数最多的班图语。它是肯尼亚、坦桑尼亚和乌干达的官方语言之一。尽管最早使用这一语言的民族仅起源于印度洋沿海地区，斯瓦希里语目前是非洲联盟的工作语言之一。

被捉来的黑人和摩尔人完成的,除了长得像人以外,没什么能将他们与驮畜区别开来。"我相信,"克莱纳多指出,"里斯本的男女奴隶加在一起比葡萄牙人还多。"很难找到连一个女黑奴都没有的寓所。最富的人家里男女黑奴都有,而且还有很多人靠变卖黑奴子女获取丰厚利润。"在我看来,"这位人文主义者补充道,"他们养奴隶就和别人养鸽子一样稀松平常,随时都可以带去市场出售,他们对冒犯女奴的流氓行径一点都不介意,甚至会鼓励这样的行为,因为他们的收成与女奴肚子的情况直接相关:住在隔壁的神父和我都不知道从非洲逮来的奴隶究竟有没有权利抱怨这事儿。"

尽管有关葡萄牙引入黑人的统计数据大都缺年少月也毫不精确,但值得注意的是,在 1541 年,达米昂·德·戈伊斯曾估算说,每年约有 10000 到 12000 名来自非洲大陆(Nigrícia)① 的奴隶被带到葡萄牙。不得不说,他留在历史上的这个估算数据为葡萄牙人和西班牙人在明斯特的批评前挽回了颜面。10 年之后,克里斯托旺·罗德里格斯·德·奥利韦拉(Cristóvaão Rodrigues de Oliveira)在他的《摘要》(Sumário)中提到,里斯本总计 18000 户的人家拥有 9950 个奴隶。这意味着奴隶约占当地人口的五分之一。从 1578 年至 1583 年间在葡萄牙旅行的菲利波·萨塞蒂(Filippo Sassetti)的记录来看,同样的比例一直稳定保持到了 16 世纪末。

随着时间的流逝,这种外来血统的入侵并没有减少,相反还在继续蔓延,而且范围也不仅限于城市地区。1655 年,曼努埃尔·塞韦林·德·法里亚(Manuel Severim de Faria)为大多数农家都使

81

---

① "Nigrícia"是巴西文学和史学中经常出现的术语,指的是"黑人的领土"或"黑人的土地",亦即"非洲大陆"。

用着几内亚奴隶和黑白混血奴隶而倍感唏嘘。18 世纪末，里斯本著名的耶稣受难圣像游行①的盛况，几乎是可以与当时任何一个拥有更高黑人比例的巴西城市的节日游行相媲美的奇观。一位外国游客在 1798 年说，参加了里斯本游行的有 "四五千人，其中大多数是男女黑人和混血儿"。另外，此前 70 年的另一份资料将葡萄牙人偏暗的肤色归因于气候和甚至起了更大作用的、"在底层民众当中极其常见的黑白混血现象"。

因此，可以理解的是，巴西的统治者与由有色人种组成的劳动群体之间的距离感在殖民时代就非常有限。在田里和矿场劳作的奴隶并不只是生产所需的劳力来源，不是等待被工业时代化石燃料代替的 "人肉煤"。很多时候，奴隶与奴隶主的关系介乎依赖与被保护之间，有时甚至可以用风雨同舟或休戚与共来形容。奴隶对奴隶主的影响往往蜿蜒曲折着渗入家庭内部，溶解了任何拿种姓（casta）②或种族做缘由的分级区等观念，也使基于此类观念而生的等级区隔措施无用武之地。当然，上述情况是当时的通则，不排除曾出现过旨在遏制有色人种过多影响殖民地生活的个别尝试。例如，1726 年那个禁止四代之内混血人在米纳斯吉拉斯殖民区政府担任公职的皇家敕令，这项禁令甚至波及了那些与有色女人结婚的白人。据传，导致这项措施的是几年之前黑人和混血人在这个殖民区策划

82

---

① 耶稣受难圣像游行自 1587 年以来一直在里斯本举行，时间是四旬期的第二个星期天，以纪念耶稣基督走过的十字架之路。游行由位于上帝恩典教堂（igreja da Graça）的耶稣受难皇家兄弟联盟（Real Irmandade de Nosso Senhor dos Passos）组织，是葡萄牙规模最大、最传统的宗教庆典之一。

② casta 是伊比利亚人在其殖民的美洲地区建立的社会等级体系，是依照每个社会成员的出生地、肤色、种族、民族或白人血统多寡等因素来判定其社会地位的制度。这种制度不仅仅是社会种族的分类，它对人们生活的各个方面都有影响，包括经济、服役和税收。巴西人也用这个词来指印度的 "种姓"。——译者注

的一场阴谋活动。然而现实是，类似的决策注定只能停滞于笔端纸面，无能实质左右公众惯常摒弃白人和有色人种、自由人和奴隶之间所有的社会、政治和经济藩篱的整体趋势。

有时，王室本身会毫不犹豫地压制一些不太赞成这一趋势的官员。例如，1731 年，王室命令伯南布哥殖民区行政官将总检察长的职位交给提名候选律师安东尼奥·费雷拉·卡斯特罗（Antônio Ferreira Castro），尽管据称他是一个混血儿。若昂五世在敕令中说："卡斯特罗是黑白混血这一缺陷并不妨碍他担任这个职位，很明显，您们的这次偶然安排将由我任命的、拥有正规法律学士学位的人选排除在外，去安插或留用一个并无学位的人。在有学士人选的情况下，您们的这种做法是法律绝不允许的。"

83 必须承认，像这样慷慨的态度并不是惯例；无论如何，正如人们今天说的那样，对于旨在为纯白人保留某些工作职位的措施而言，"种族性的"排他主义从未成为决定性因素。传统上来讲，比这类排他主义更具决定性影响力的是社会对卑贱劳动的歧视，这种歧视不但巩固强化了奴隶制的施行，更使得从事卑贱劳动的奴隶连同他们的子孙后代都一直抬不起头来。这也一定程度上解释了为什么葡萄牙人一直对"种族裁定"（habilitaçãoes de genere）① 特别介怀。

此外，同样是因为这个原因，印第安人和他们与白人所生的后

① 种族裁定是个体在被赋予某些职位、权利或荣誉之前必须接受的一个由教会掌控的裁定程序。此程序主要用于证明这个人"血统纯洁"，即没有犹太人或其他特定种族的祖先。"habilitaçãoes de genere"一词来自拉丁语，意思是"与祖先、生活和习俗有关的"。——译者注

代往往被认为有能力承担一些黑人和黑白混血人被认为不适合从事的职务。对印第安人公民自由权——即便只是一种被谨慎的法学家们巧妙定义为"受监护"或"受保护"的自由权——的承认，有助于帮他们脱离奴隶阶层必须承受的社会耻辱。通常情况下，印第安人被赋予以下这些特点：闲散懒惰，厌恶一切被纪律约束的活动，不虑后果，不知节制，对掠夺性而非生产性活动兴趣极高。因此，葡萄牙人认为，与黑人相比，印第安人比较不适合做该由奴隶承担的卑贱劳动。然而，有趣的是，上述那些他们赋予印第安人的特点恰巧可以被借来很好地形容葡萄牙传统贵族阶层的生活。这就是为什么上世纪的作家，如贡萨尔维斯·迪亚斯（Gonçalves Dias）和阿伦卡尔（Alencar），在试图将典型欧洲浪漫主义的中世纪主题引荐并转译到我们自己的民族语言时，会将古代贵族和骑士的传统美德挪移到印第安人身上，而黑人至多只能扮演或顺从或反叛的受害者角色。

葡萄牙政府从未谴责过土著印第安人与白人的通婚，反而不止一次地试图鼓励他们。众所周知，1755 年授权令规定，在印第安人与白人的婚姻关系中，配偶双方"都不用承担任何名誉风险，而且都非常适合在其居住地担任公职，这两项也完全适用于他们的子女和后代。此外，其子女和后代甚至可以不经任何特殊授权便优先获得任何职位、荣誉称号或有尊严的社会地位"。除此之外，禁止用"土著杂种"（caboclos）或其他任何类似的污蔑性语汇称呼他们，否则依法论处。但黑人和黑人后裔的情况则非常不同，依据至少一部分的官方文献，他们只能从事受歧视的卑贱工作，亦即所谓的"黑人活计"，而此类工作的污名会让从事者本人和其整个族群一同受辱。因此，不难理解，巴西殖民地大总督在 1771 年 8 月 6 日的饬令中撤销了一名印第安人的殖民区首席军事官的职务，原因是"他流露了太过低贱的情感，与一个黑人女子结婚，不惜玷污自己的血统，所以不配担任上述职务"。

在我们的殖民经济结构中，大庄园种植模式的过度扩张和奴隶制使得其他各类生产活动之间几乎没有形成任何实质上的合作关系，而这与发生在其他前殖民地国家的情况恰好相反，包括那些前西属美洲殖民地国家。一位秘鲁历史学家提到，在利马被征服的第一个世纪，西班牙人推行的一系列促进手工业行会的管理措施在当地催生了大批的土著印第安人工匠，这类措施包括设立法官、陪审团和检察官等公职，确定工匠日薪，实行从业能力考核与登记制度，以及创办帮助不同专业人士群体的志愿者基金会。但上述这种堪称欣欣向荣的发展图景在巴西却很少有。今天我们还可以在秘鲁首都公益会看到一份当时手写的雷斯市的银匠行会章程。参与这个行会的银匠大多数是印第安人或混血人，主要在圣奥古斯汀教会主教堂左中殿的一间小礼拜堂活动，行会甚至为会员家属提供养老金和女人们打算进入修道院时所需的捐赠物品。除此之外，我们还知道雷斯市的鞋匠行会和皮匠行会于 1578 年成立，分别占据主教堂内圣克里斯平和圣克里斯尼安两间礼拜堂，在那里进行他们的日常活动并举办节庆聚会。巴西也有过类似的行会，但组织规模要小很多。雷斯的一些工匠行会甚至直接为其成员主要的活动区与居住地的街道和广场命了名，例如纽扣匠、四角帽匠、席子匠、毛毯匠、成衣匠、酒馆老板、阔边帽（用驼毛或巴拿马草编织）匠、制剑匠、吉他匠、陶匠、肥皂匠和铁匠。另外，生产用来戴在肩上绑定武器的皮制或纺织挂绳的主要是白人、印第安人和混血人；外科医师和理发师则一般由黑人和黑白混血人担任。除了上面提到的这些行业以外，各自拥有行会的职业还包括鞍具匠、首饰匠、铸造匠、细木匠、木匠、建筑师、泥瓦匠、皮匠、鞣革匠、制蜡工、手套工、女式厚底鞋匠、参与圣方济兄弟会白人的裁缝、糖果师和糕点师。尽管殖民区的采矿业频遭坎坷，西班牙帝国也随即走向衰落，但秘鲁总督弗朗西斯科·托莱多（Francisco de Toledo）经过多年努力为该殖民区建立起来的这些行会保证了当地的繁荣、富足和稳定。　86

葡萄牙人在巴西也模仿本国旧有体制设立了行会组织，但其影响力却受挫于殖民地特殊的实际情况：占绝对优势的、囊括各类工种的奴隶制和遍布的小作坊工业固然保证了社会富裕阶层相对的独立地位，但另一方面来讲，也严重阻碍了商业的发展，并最终使得巴西绝大部分城镇极度匮乏自由工匠。

在留存至今的殖民时代市政文书里，我们频繁看到对工匠的控诉，抱怨他们依靠某些仁慈法官的祖护，或违反行业规则却逍遥法外，或顺利避开法律规定的从业考核。即便在违规的情况下，仅凭一张有担保人签名的特许准照就可以从事任何职业，这样一来，表面上看起来非常严格的法令条文里就生出了无数漏洞。一旦设法积攒下一些财富，工匠们就会马上选择金盆洗手，与先前的身份划清界限，以便得到匠人阶层通常无缘享用的社会特权。比如，圣保罗一个叫曼努埃尔·阿尔维斯（Manuel Alves）的人就是这样，为了荣升"贵族"阶层，他1639年放弃了马鞍匠的职业并在当地政府谋到一个负责公共事务的职位。　87

尽管法律并没有明文规定在不同种类的体力劳动之间存在任何等级制度，然行业等级却无可否认也无法撼动地存在于人们的观念当中，那些声誉最低的工种持续受到来自社会各界的一致鄙夷。1720年，当马拉尼昂（Maranhão）行政官贝尔纳多·佩雷拉·德·　88　88

贝雷多（Bernardo Pereira de Berredo）以"远非贵族，做过佣人"为理由，下令让某个已被选为市级食品度量衡与价税检察官的叫作曼努埃尔·加斯帕尔（Manuel Gaspar）的人应征入伍时，参议院很快就同意了这一决定，除此之外，还一并取消了一个"出售沙丁鱼和拨铃波琴"的人的参选权。

巴西农村特有的对快钱与眼前利益的迷恋和职业与阶层间高度的流动性同样主导着城市的各行各业。殖民时代末期有人留意到，商人帐篷里陈列的货品简直可以用千奇百怪来形容，从药店里买到马蹄铁就像从铁器店里购得止吐药一样容易，这一事实很好地印证了当时巴西城市的实际情况。很少有人能抗拒其他看似更易获利的行当的诱惑而终其一生坚守某种特定的行业。更罕见的是一家人能连续两代持续从事同一种职业，但这样的现象在拥有稳定社会分层的地方却是常态而非特例。

我们这种城市与农村劳动者共同习染的态度，不但阻碍了精湛手工技艺的传承，更使得我们的社会很难养成需要坚定投入和长期训练的熟练工匠。除此之外，巴西手工业发展的另一个阻力无疑来自那些大量存在且被称为"赚钱的黑人"或"赚钱的小伙子"的劳力，他们拿着主人搞到的从业许可完全为主人的利益辛苦劳作。这样一来，任何一个与贵族沾边的人都可以从最卑微的工作中获得好处，而他本人的社会地位不会因此降低，当然手上也不会长老茧。斯皮克斯（Spix）和马蒂乌斯（Martius）曾指出，巴西的这种传统完全背离了欧洲中世纪行会制度的原则，这种制度在上世纪初欧洲很多地方依然非常活跃。

欧洲的传统即便在宗主国葡萄牙也从未被严格遵循，鉴于我们这里各种不利的现实条件，能被原汁原味完整无缺保存下来的便更少了。然而，由于殖民地社会对虚张声势的排场和花花绿绿的表演情有独钟，很容易想象，巴西最完好保留的欧洲传统莫过于工匠们有举着行会旗帜、带着行业徽章参加王室庆典游行的义务。

无论是上文提到的手工业行会或是其他任何形式的生产性活动之所以没有在巴西取得成功，最重要的原因便是我们社会中各类有助于创业的元素无法自由且长久地联合在一起。诚然，一些能够满足集体情感或情绪需求的集体性劳动也能够让巴西民众主动接受自愿承担，比如某种程度上与宗教崇拜相关的活动便不愁没人参与：17 世纪末建造伊瓜佩圣母院旧址时，当地的显贵和民众就齐心协力将石头从海滩运送到工地；1679 年竣工的伊图圣母院旧址也是在当地居民的协助下完成的，他们以朝圣的方式头顶着建造圣母院围墙所需的大量鹅卵石，经历了长途跋涉才使竣工成为可能。这些事例中我们不难看到宗主国习俗的影子，至少在托梅·德·索萨（Tomé de Sousa）时期建造萨尔瓦多城时，这种习俗就已经在巴西扎了根。

除了与宗教相关的集体活动以外，被叫做"群作"（muxirão）或"集体劳作"（mutirão）的活动也能吸引来许多自愿参与者。这 90 些活动通常由土著印第安农人们参加，在诸如清理丛林、播种、收割、建造房屋、纺棉花等劳作中互帮互助。但这类活动是在主动参与者期待日后在自己需要帮助时同样也能受到别人的帮助的预期下，才得以持续在民众中激发出参与热情的，当然，我们还不能忽略受帮助者按习俗有义务提供的一些连带红利，如晚餐、舞会、现场演唱和对唱等所带来的诱惑力量。一位 18 世纪的观察者指出，农人们之所以互相帮助，"与其说他们是出于对劳动的热爱，不如说是被甘蔗酒鼓动起来的"。很明显，类似的解释只有在揭示了真

相中最反常和最异常的部分时，才可以说是准确的：是种粗线条或
漫画式的现实主义。

另一方面，仅凭上述这种集体劳作就认为巴西民众拥有参与有
纪律约束的、可被自发稳定维持的合作活动的倾向，也是不符合实
际的。实际上，在群作式活动中，帮助一个需要帮助的邻居或朋友
这一事实，给提供帮助的人或集体所带来的情感和意愿的满足，远
比他们共同拥有的、期待通过集体劳动获得的物质目标要重要。

为了确定群作式劳动的确切含义，我们有必要借鉴最近发表的
一些人类学研究，在考察和比对了几组土著居民的行为模式之后，
这些研究对真正的"合作"与"帮助"（helpfulness）做了区分。
某种程度上，这种区别类似于先前的研究在"竞争"和"敌对"
之间做出的分别。

竞争也好，合作也罢，尽管形式不同，但都是面向同一个物质
目标的行为：让人们各自选择分离或聚合的，是他们与这一物质目
标的关系。与"帮助"的类型相似但也恰恰对立，在"敌对"关
系中，共同物质目标本身是次要的；最重要的是一方为另外一方带
来的损伤或利益。

在像我们这样明显根植于人格主义理念的社会中，人与人之间
最基本的联结方式，并不依循甚至实际上完全排斥能够促进独立个
体之间真正合作的联结原则，但毫不意外的是，长久以来，这种排
斥个体合作的人际联结方式形塑着几乎一切巴西社会的互动模式。
往往并不稳固的人际关系与聚合，和与其相反的或家族或宗教之间
的对抗，使我们的社会变成了一个毫无向心力的畸形整体。在那个

时代，典型的巴西式生活似乎异常强烈地重视私人情感、非理性和转瞬的激情，但对秩序、纪律和理性这些概念的兴趣却不增反退。换言之，这与一个政治成熟的群体所该表现出的必要品质完全背离。

这里的黑人不只是黑人，更是奴隶，受他们的影响，巴西人也养成了逆来顺受的个性。温顺且甜蜜的柔情很早就浸入到殖民地生活的各个层面。这份柔情主要是从 18 世纪和洛可可时期开始在艺术和文学领域找到了其自我抒发的方式。这类艺术作品对异国情调的好奇、轻浮性感的追求、求爱撒娇的颂扬和对多变感性的歌咏为巴西柔情提供了天赐良壤，也让黑白混血艺术家卡尔达斯·布拉伯萨（Caldas Brabosa）在大洋彼岸的里斯本带着伦杜节拍和莫迪尼亚的忧郁唱出：

> 遥远巴西的我们
> 我们的温柔
> 蜜糖一般，
> 甜沁心扉。
> 哦，甜，真甜。
> 我们的温柔是蜜糖
> 真的很好，很甜美。
> ……
> 啊，姑娘，来听
> 纯洁真切的爱，
> 懒懒的甜蜜，
> 是来自巴西的爱。

甜蜜柔情的背后是一种"棚屋道德"，它让人即使面对暴力也自甘卑鄙，混淆否认所有社会美德，消减麻痹一切真正的生产动力，但在当时人们的行政、经济甚至宗教信仰中占统治地位的，也正是这种道德。就连创世本身也被时人认为是种遗弃，是上帝漫不经心而为之。

与此相反，类似荷兰人那种殖民方式的成功，很可能有赖于由
93 征服者社会建立的、可以有效抵制侵蚀性理念和原则的社会制度。但是，类似的制度在我们当中行得通吗？荷兰人在可塑性方面的不足，无疑可以被有条不紊协调有序的企业精神、工作能力和社会凝聚力超额弥补。只可惜在统治巴西北部的那一整段时间当中，荷兰人能向我们派来的典型殖民者并不适合那时正在形成的巴西。荷兰从欧洲各国的各种冒险家中招募的，是那种"厌倦了迫害的人"，这些人来到巴西只为了发横财，从没想过要在这片土地上长久地扎下根来。

荷兰在 17 世纪美洲大陆的几次殖民经历的最终失败，或许可以被合理地部分归因于其母国境内缺乏诱发大规模移民的不满情绪。根据历史学家约瑟夫·普利斯特里（H. J. Priestley）的讲法，这种失败实际上恰好证明了荷兰共和国作为一个民族共同体所取得
94 的非凡成功。而且，据一个荷兰的巴西历史学家介绍，独立战争胜利后成立的七省联合共和国的经济政治状况的确已经达到了非常繁荣的程度，这使得去西印度公司各办事处应聘持证士兵以获得去海外殖民地船票的，只有那些因三十年战争无家可归的人，例如巴莱

乌斯①笔下的德国难民（germanorum profugi）、小手工业者、学徒、商人（部分是有葡萄牙血统的犹太人）、旅店老板、教师、妓女以及"其他各种失落迷茫的人"。该公司在伯南布哥作战的部队主要由德国人、法国人、英国人、爱尔兰人和荷兰人构成。

该部队里最著名的将军，一个是据说因为他的苏西尼主义（Socinianismo）②和反耶稣会思想受到迫害而逃离祖国的波兰贵族克里斯托旺·阿奇谢夫斯基（Cristóvão Arciszewski），另一个是生平背景至今不为人所知的德国人西吉斯蒙德·冯·施科普（Sigismund von Schkopp）。

这群四海为家、漂旅不定的人身上有很强的城市居民特点，他 95
们涌向累西腓或安东尼奥瓦兹岛上正开始形成的毛里斯塔德。这样

---

① 巴莱乌斯全名卡斯帕·巴莱乌斯（Caspar Barlaeus, 1584—1648），是荷兰的人文主义者、神学家、历史学家和制图师，他对荷兰人在巴西东北部的定居进行了重要的数据汇编，写成了《巴西东北部：奥兰治王子在巴西的八年间的新近作为史》（*Nordeste do Brasil, a História dos feitos recentemente praticados durante os oito anos no Brasil do príncipe de Orange*），于1647年在阿姆斯特丹出版。该书最初用拉丁文写成，他在其中提到了"德国难民"一词。

② 苏西尼主义是一种被许多教会视为异端的基督教教义，其思想由意大利思想家和改革家福斯托·苏西尼（Fausto Socino, 1539—1604）传播。一般而言，苏西尼主义拒绝基督教三位一体的教义，认为上帝以单一个体的人的形式存在，拿撒勒的耶稣在出生之前并不存在。对于苏西尼派来说，没有地狱，只有肉体死亡后灵魂的灭绝，而救赎在于灵魂的不朽，这是上帝赐予信徒的恩典。这一教义进一步提倡对圣经和福音书的理性诠释，鼓励信徒们提高自己辨别真理的能力，将理性看作一条道路、一种教义、一种通向上帝的方法。苏西尼反对任何形式的战争，坚决主张和平，认为官方教会应该反省其对不从国教者进行镇压的历史。苏西尼主义于16世纪末在波兰广泛传播，《拉寇问答书》（*Catecismo Racoviano*, 1609）对其教义做了详尽的解释，影响一直持续到17世纪、18世纪。

一来，甘蔗园与城市，以及农村地主与累西腓小贩之间的典型划分就被过早地激发成型，而这种区分后来贯穿了几乎整个伯南布哥的历史。

这种城市化在当时的巴西是史无前例的，有助于更加明确地区分"弗拉芒"（flamengo）①式和葡萄牙式两种迥异的殖民过程。弗拉芒模式主导下的伯南布哥大都市完全可以脱离周遭环境自立门庭，而在巴西其余的所有地区，城市仍然只是广大农村地区粗陋穷窘的附庸。在伯南布哥，有像斯洪齐赫特宫（Schoonzicht）和弗里伊堡（Vrijburg）这样雄伟的宫殿，在它们富丽堂皇的公园中能看到最多样化的本地动植物群。正是在这些公园中，学者威廉·皮索（Willem Piso）和格奥尔格·马克格拉夫（Georg Marcgrave）不费吹灰之力便得到了他们撰写《巴西自然史》（*Historia Naturalis Brasiliae*）所需的资料，画家弗兰斯·波斯特（Franz Post）也是在这里练习将热带大自然的壮丽炫彩呈现于画布之上的。科学和文化机 96 构、各种援助机构以及重要的政治和行政机构（最明显的例子是史上有载首次西半球的议会会议就是于 1640 年在累西腓召开的）为在美洲深重苦难中独树一帜的新荷兰殖民区政府所在地增添了耀人光泽。为了完整地呈现当时的情况，我们当然也不能避谈那些在所有时代传统城市生活中都必然存在的社会阴暗面：早在 1641 年，一些狂热的加尔文主义者便认为累西腓海港区是名副其实的"堕落巢穴"。

然而，无可否认的是，荷兰人在其非凡的殖民事业中表现出来

---

① "弗拉芒"是一个日耳曼民族，以使用荷兰语为特征，主要分布在佛兰德斯地区。弗拉芒人亦称佛兰德人或佛莱明人，属欧罗巴人种，与讲法语的瓦隆人一样，是比利时的两个主要民族之一。在历史上，"弗拉芒"一词指的是中世纪佛兰德斯郡的所有居民，无论他们说什么语言。

的那种鼓舞人心的热情，几乎无法穿透城市的围墙，也因此无法植
入我们东北地区的农村生活，除非它有能力将乡村生活的基本性质
彻底改变，或它因受到乡下风俗影响而主动被动地自身扭曲变质。
如此一来，新荷兰便呈现出两个截然不同的世界，两个被极具欺骗
性地黏合在一起的区域。荷兰殖民者的努力仅仅局限于建造一个雄
伟的正面，将另一面严峻的经济现实堪堪遮挡起来，然事实是，只
有粗心大意的人才会因此上当受骗。

荷兰人想将巴西建设成自己远在欧洲的祖国的一个热带延伸
区，然而这种努力却惨遭失败，原因是他们无法在当地特殊自然条
件的约束下灵活变通地创造出属于当地的独特繁荣，而这一点，葡
萄牙人可以说或好或歹做到了。从各种表面迹象来看，葡萄牙人成
功的原因正在于他们没想过或没法将自己与殖民地世界明确区分开
来。他们的弱点也成了他们的强项。

在巴西的农耕生活中，荷兰人不遗余力地与先他们而来的葡萄
牙殖民者竞争。只可惜荷兰人自身的特点使得他们无法适应这种生
活。极少有荷兰殖民者愿意冒险离开城市搬去农村的甘蔗种植区过　97
活。1636 年由于新荷兰殖民区巨大的财富来源都掌握在葡萄牙人尤
其是葡裔巴西人手中，区政治委员会的成员们感到了一种空前的失
控压力，为了解决这一问题，他们试图从远在欧洲的祖国引进大量
的农民家庭。这的确不失为一种避免滋生未来繁难的方法。1638 年
1 月，荷兰省督和西印度公司理事会理事都提到："只有当乡下有
大量的荷兰后裔居住在葡萄牙人中间时，才可以说我们对民众当中
存在的不安因素的控制得到了有效保证。"为此，他们紧急要求阿
姆斯特丹派 1000 至 1300 名农民到巴西。然而，他们的焦急等待却
成了徒劳。农民们选择留在祖国，眷恋着自己的家园。前途未卜和

疑患重重的冒险于他们而言并不是抛家弃子的好理由。

荷兰经验在巴西的失败实际上又一次证实了今天在一些人类学家中流行的观点，即北欧人之于热带地区可谓方枘圆凿。一位这方面的权威专家指出，一个孤立的个体有可能适应这样的地区，但一整个民族肯定不行；北欧民族甚至连南欧地区都无法完全适应。与荷兰人的情况不同，葡萄牙人早就开始与有色人种有了密切且频繁的接触。葡萄牙人比其他任何欧洲人都更容易对土著人和黑人的习俗、语言与宗教派别在殖民地民众中享有的实际声望做出现实的妥协让步。他们根据现实需要将自己或者美洲化，或者非洲化。正如一句非洲海岸的俗谚所言：他们逐渐变成黑人。

与荷兰语相比，葡萄牙语似乎更加容易被殖民地的粗俗人所接受。几个世纪后一个叫马蒂乌斯（Martius）的人指出，对于我们的印第安人来讲，北欧语言实际上有着他们先天无法克服的发音困难，而葡萄牙语和西班牙语一样，他们学起来就要容易得多，最初的入侵者们应该很早就注意到了这一点。跟随各自教派组织来到巴西的新教传教士们很快便发现，用荷兰语进行宗教教学往往收效甚微，不光对非洲人如此，对当地土著居民来说也一样。年长的黑人，他们绝对是学不会荷兰语了。但相比之下，葡萄牙语却对他们当中的许多人来说并不陌生。最终的实践经验表明，在讲经布道时使用葡萄牙语要比使用荷兰语的效果好很多。同时，在与黑人和土著印第安人的交流中，荷兰殖民者有时也会使用对方的语言，正如耶稣会士使用由古图皮语演化而来的通用语（língua geral）向印第安人甚至是不说古图皮语的塔普伊亚族（tapuias）印第安人来传教一样。

除此之外，极其重要的是，与天主教不同，由荷兰人带给巴西的改革宗宗教并没有给这里的黑人和土著印第安人的感官或想象带来任何刺激，因此也没有为他们的宗教信仰提供任何向基督信仰过渡的有利空间。

如前所述，我们无法将定居在巴西新荷兰殖民区的荷兰加尔文主义者与去到北美洲的清教徒进行比较。北美清教徒被认为是受到了圣经启示的鼓励，所以特别认同以色列人的做法，以至于清教徒们将当地不同种姓、信仰和肤色的其他人都看成如《旧约》中的迦南人一样，是神吩咐作为选民的信徒去毁灭并征服的对象。定居巴西的荷兰加尔文主义者们的做法则恰好相反，众所周知，这些加尔文主义者为将当地黑人与土著人召集到自己身边做出了许多不懈努力，而且这些努力基本上都是成功的。然而，在与当地人接触的过程中，这些加尔文主义者们缺乏的，是与新教相比无疑更富普世精神因而更加不会排外的天主教会所擅长的极具妥协和沟通能力的同情心，尽管外表看起来天主教会与当地人之间的关系也绝非和谐到了无可挑剔的程度。

正因如此，荷兰加尔文主义者似乎并未能为自己的信仰在巴西吸引到够多够虔诚的信徒，但葡萄牙耶稣会士却易如反掌地为天主教增加了许多忠诚的美洲信徒。安的列斯群岛的一些殖民者长期从定居巴西的荷兰人那里购买被俘获或被奴役的印第安人，这一特殊的经历使得这些安的列斯群岛的殖民者见证了上述加尔文派与耶稣会在巴西布道成绩的差异。据当时记载："将在葡萄牙人那里皈依的印第安人与那些从累西腓来、受了荷兰人影响的印第安人区别开来非常容易，在教会中前者往往表现得更具怜悯心与奉献精神，经常参加圣事；即便仅从外表看去，他们也比后者显得持重且谦虚

100

很多。"

除了上述这些无可估量的有利条件以外，前面提到过那种没有种族自豪感的特点也是葡萄牙人的优势之一。拥有这一切益处的结果便是，那毋庸置疑象征着扎根热带的明显因素，即不同种族间的通婚，在葡属美洲并不是零星的偶然现象，恰好相反，是一个再正常普遍不过的过程。而葡萄牙人能够在远离母国的美洲大陆无需天佑神助便轻而易举地建起新的家园，也部分得益于长期遍在的异族通婚。

163　第二章说明
掠夺性农业的延续

美国观察家 R. 克利里对巴西农耕方式的历史描述具有重大意

101　义。在巴西君主制最后的 20 多年里，他因美国南北战争移居圣卡塔利娜的拉赫斯，并在那里行医为生。在一部尚未出版、手稿存于华盛顿国会图书馆的作品中，克利里描述了定居在巴西圣莱奥波尔多的德国人的耕作方式，他说，德国人没有给收养他们的国家带来任何新东西，他们仅限于种植巴西人已经世代种植的作物，并且沿用了那种原始且粗放的耕作方式：

> 我在阿雷格里港遇到了一位爱尔兰人……他曾试图在德国人当中推广犁的使用，但没有获得任何结果，因为这些定居巴西的德国人更喜欢使用锄头或铁锹，并且在绝大多数情况下，使用简单的木制铲来挖种子洞。有必要对最后这个细节加以说明：如果我对我们自己国家的农民说，巴西阿雷格里港农村的

惯例是用木棍刨坑播种，一些觉悟较高的农民为了抵制这种落后的传统，在耕作时通常换用锄头，但仍然很少用到铁锹的话，爱尔兰农民一定会感到非常震惊。诚然，如上所述，的确有极少一部分农民会使用铁锹，但铁锹本身也不过是（救世主）土八·该隐（Tubal-Cain）① 遗言中象征伟大文明的犁的可怜替代品。

采用先进技术意味着颠覆从土著印第安人那边继承的原始作业流程，然而，时至今日，这一换代过程仍旧没有按照预期顺利进行。可以说，技术革新一般主要着眼于省力，而非提高土地生产力。102

在开创性的伊始阶段，原始耕作流程几乎是摆在所有外来移民面前绕不开的宿命。然而，另一方面来讲，我们也必须承认，初始阶段之后，德国与意大利移民的后裔一般来讲比葡裔巴西人更乐于接受改进过的集约农业生产方式。

上述观察结果向我们提出了一个与本文内容密切相关的问题。在巴西，甚至整个拉美地区，欧裔定居者虽然没有径直延用土著印第安人的原始耕作模式，但却普遍从犁耕退回到了锄耕，其原因何在呢？

本书内容的安排试图阐明上述差异之所以出现，很大程度上是由于伊比利亚移民严重缺乏从事农业活动的主观意愿。但是，即便

① 土八·该隐是《旧约》中人物的名字，在《创世纪》中被提及为邪恶的拉麦（Lameque）和洗拉（Zilá 或 Sela）的儿子之一，因此是该隐（Cain）的后裔。圣经认为土八·该隐是第一个在建筑中使用铜和铁的人。

如此，欧洲其他国家的定居者在农业技术革新上并没有表现出比葡萄牙人和西班牙人更进步主义的态度，而这一事实无疑证明除了上述单纯的主观意愿之外，还存在其他促使技术退步的关键因素。赫伯特·威廉米（Herbert Wilhelmy）博士于战争年代在德国发表的详尽研究中探讨了这一问题，但却没能赢得应有的反响。

该研究很好地阐明了烧荒对于定居原始森林的殖民者而言有多么重要，以至于根本没人想过要用其他的开垦方法。对于这些森林定居者而言，放弃烧荒改用砍伐带来的生产率提高，并不足以弥补他们砍伐开荒所需要的人力投入，特别是考虑到在当地就近出售木材的可能性微乎其微。

然而，威廉博士认为这些定居者简直鼠目寸光，原因是在他看来，促使人们选用这种或那种劳作方式的经济原因，并不应该单单取决于使用某种方式所必需的前期花费。更具决定性的因素应该是比较几块采用不同开垦方法的土地的单位产量。而只要比较便不难知道，以玉米为例，"未用烧荒开垦的土地的产量比用火开荒的土地要高出两倍"。

除了损害土壤肥力之外，烧荒极容易大面积破坏自然植被，还会导致其他负面影响，例如，剥夺鸟类筑巢的可能性。"鸟类的消亡意味着一种有效消灭各类虫害的因素的消失。事实上，在森林遭遇严重破坏的众多地区，螟虫会迅速侵占马黛茶树，钻入树干和树枝内部，致使灌木丛大面积死亡。随着森林的减少，毛毛虫本身会大量繁殖。"

尽管如此，60 年前便已采用了比烧荒破坏性更小的开荒方式的德国人最终依然不得不屈从于巴西传统的耕作制度，因为，依据一份当时的记载，当他们为清理土地而刨土挖出原始丛林的树根时，露出地表的是妨碍农作物生长的矿物颗粒。 104

初期的土地清理工作完成以后，犁的使用就不该再遭逢什么其他阻力，这是外来定居者依据其本国耕作经验所得的知识。然而在巴西，除了少数特别情况以外，这种经验之谈并没派上用场。威廉博士能够在其研究中详细记录的特殊案例也只有 1927 年至 1930 年间定居在巴拉圭查科平原地区的德裔加拿大和俄罗斯门诺派信徒。他们初来美洲时便已决心在这片大陆上实践犁耕，并且出于宗教原因极力反对放火清地的开垦方法。而这样的坚持也使得他们不得不放弃后来出现的移居巴西圣卡塔琳娜州森林地区的机会。

威廉博士认为，解释巴西南部德裔定居区最终屈从原始耕作方式的原因有两个。其一，这些定居点大都沿山脉地带分布，背靠山坡，面朝河谷。这样一来，特定的地形地貌便让犁的使用变成了虚妄。此外，虽然一部分定居在平原地区的殖民者最终的确选择了从欧洲引进的耕作方式，但即便在平原上的定居区也不是普遍现象。许多人从过去甚至到现在一直坚持使用锄头，并且仅用锄头。原因在于（这也是威廉博士解释原始耕作方式之所以被延续的第二个原因），一些农人的实践经验表明，在某些热带和亚热带的土地上用犁耕种往往适得其反。许多最具进步主义心态的欧裔定居者不得不为他们技术革新的试验付出高昂的代价，例如，1887 年在巴拉圭北部成立的新赫尔马尼亚（Nueva Germania）定居点就发生了这种情况。此地那些没被折腾破产的德裔定居者不得不重新扛起锄头，且从此不打算放下，因为他们坚信**能够降服美洲森林土地的不只有 105 火，还有犁**。

然而，此类失败案例不该被理解为合理化逆来顺受和墨守成规的理由，而是应当被看作在美洲引入农业技术改良之前对每种土壤的特性进行的前期验查。上述实验似乎只能说明，用犁把土地翻得太深，以至于将表面薄薄的腐殖层埋在下面贫瘠的土壤中的做法确实是有害的，因为深层土壤中没有微生物和植物发育生长一般所需的有机物质。

世界其他大陆进行的研究也倾向于证实卡尔·萨珀博士和威廉博士在热带美洲观测到的情况。例如，莱比锡的一家大型纺织厂试图使用现代方法在中非萨达尼推广棉花种植园时，农人们用犁将土地挖到了 30—35 厘米的深度，结果立即导致了单位产量灾难性下降。

认识到失败的原因之后，人们转而开始用犁浅耕，效果当然也转好了。但是，如何解释去到巴拉圭的西班牙耶稣会士从一开始便采用了犁耕而且大获成功呢？原因应该是西班牙人带到其美洲领地的犁通常头很短，只适用于浅耕。萨珀博士告诉我们，这种西班牙犁与古代克丘亚人使用的"脚犁"（taclla）或立式犁没有太大区别：是前哥伦布时代美洲最先进的农业技术。在同样的工作时间内，使用这种犁可以使耕作面积扩大两到三倍。

根据 18 世纪中叶的记载，我们知道巴拉圭的西班牙耶稣会传106 教士所使用的粗糙木犁仅能穿透土壤四分之一巴拉①，而无论传教士们在那里种什么，都长得很好。弗洛里安·波克神父（Florian Paucke）坚持认为，和欧洲当时的普遍情况相比，巴拉圭的单位面

① 巴拉（vara），古代西班牙的长度单位；1 巴拉约等于 110 厘米。——译者注

积产量实际上更高；但如果使用的是铁犁，土地肯定会被挖得更深，则"一定会重蹈德国人在巴西南部的覆辙"。

可惜的是，西班牙传教士带给西属领地印第安人的技术福利并没来到葡属的巴西。我们这里的农业活动延续着烧荒毁林的恶习。1766 年，圣保罗殖民区上将唐·路易斯·安东尼奥·德·索萨（d. Luís Antônio de Sousa）谈到当地农民时曾说，他们"不停深入丛林，当年离圣保罗市 7 里格远的科蒂亚教区的教徒，现在已经成了离这里 20 里格远的索罗卡巴教区的教徒了"。这是因为教徒农民都像土著印第安人一样，只知道"往原始丛林更深处迁徙，哪里有原始林他们就搬去哪里建屋定居"。

参考文献

André Thevet, *Les Singularitez de la France Antarctique*, Paris, 1879, p. 408 e seg.

Robert E. Park e Ernest W. Burgess, *Introduction to the science of sociology*, Chicago, 1924, p. 488 e seg.；William I. Thomas e Florian Znanieck, *The Polish peasant in Europe and America*, Ⅰ, Nova York, 1927, p. 72 e seg.

Thomas Mun, "England's Treasure by Forraign Trade", J. R. McCulloch（ed.）, *Early English Tracts on Commerce*, Cambridge, 1954, p. 191 e seg.

William R. Inge, *England*, Londres, 1933, p. 160.

James Murphy, *Travels in Portugal, through the Provinces of Entre-Douro e Minho, Beira and Além-Tejo in the years 1789 and 1790*, Londres, 1795, p. 208.

Jean B. du Tertre, *Histoire Générale des Antilles*, Ⅱ, Paris, 1667, p. 490.

M. Gonçalves Cerejeira, *O humanismo em Portugal. Clenardo*, Coimbra, 1926, p. 271.

Anais da Biblioteca Nacional do Rio de Janeiro, XXXⅥ, Rio de Janeiro, 1916, p. 16.

Inventários e Testamentos, X, São Paulo, 1912, p. 464.

Documentos Interessantes para a História e Costumes de São Paulo, XXXⅢ, São Paulo, 1896, p. 3 e seg.

Dr. Ernst Wagemann, *Die deutsche Kolonisten in brasilia nischen Staate Espírito Santo*, Munique e Leipzig, 1915, p. 72 e seg; Otto Maull, *Vom Itatiaya zum Paraguay*, Leipzig, 1930, p. 98 e seg. ; Dr. Hans Porzelt, *Der deutsche Bauer in Rio Grande do Sul*, Ochsenfurt am Main, 1937, p. 24 e seg.

Rev. Ballard S. Dunn, *Brazil, the home for the Southerners*, Nova York, 1866, p. 138.

Frei Vicente do Salvador, *História do Brasil*, 3ª ed. , São Paulo, s. d. , p. 16.

Dr. Hans Günther, *Rassekunde Europas*, Munique, 1926, p. 82.

Carrere—*Voyage en Portugal*, Paris, 1798, apud "*Hábitos e Costumes dos Portugueses segundo os Estrangeiros*" —*Revista Lusitana*, Lisboa—vol. 24, de 1921-22, p. 39.

Costa Lobo, *História da Sociedade em Portugal no Século* XV, Lisboa, 1904, p. 49 e seg.

Garcia de Resende, "Miscellanea", *Chronica dos Valerosos, e Insignes Feitos del Rey Dom Ivoam II de Gloriosa Memoria*, Coimbra, 1798, p. 363.

J. Lúcio de Azevedo, *Novas Epanáforas*, Lisboa, 1932, p. 102 e seg.

Filippo Sassetti, *Lettere di*, Milão, s. d. , p. 126.

José Pedro Xavier da Veiga, *Efemérides Mineiras*, Ⅰ, S. I. , 1926, p. 95.

Frei Gaspar da Madre de Deus, *Memórias para a História da Capitania de S. Vicente*, Lisboa, 1797, p. 67.

Anais da Biblioteca Nacional do Rio de Janeiro, xxviii, Rio de Janeiro, 1908, p. 352.

João Francisco Lisboa, *Obras*, Ⅲ, São Luís do Maranhão, 1866, p. 383 e seg.

J. de la Riva-Agüero, *"Lima espannola"*, *El Comercio*, Lima, 18/1/1935, 1ª secão, p. 4.

Afonso d'E. Taunay, *História Seiscentista da Vila de São Paulo*, Ⅳ, São Paulo, 1929, p. 325.

Martim Francisco Ribeiro d'Andrada Machado e Silva, "Jornaes das Viagens pela Capitania de S. Paulo (1803-4) ", *Revista do Instituto Histórico e Geográfico Brasileiro*, ⅩⅣ, 1ª parte, Rio de Janeiro, 1882, p. 18.

Gustavo Beyer, "Notas de Viagens no Brasil, em 1813", Revista do Instituto Histórico e Geográfico de São Paulo, ⅩⅡ, São Paulo, 1908, p. 287.

"Diário de Juan Francisco de Aguirre", *Anales de la Biblioteca*, iv, Buenos Aires, 1905, p. 101; Dr. J. B. von Spix e C. F. Ph. von Martius, *Reise in Brasilien*, Ⅰ, Munique, 1823, p. 133.

Ernesto Guilherme Young, "Esboço histórico da fundação da cidade de Iguape", *Revista do Instituto Histórico e Geográfico de São Paulo*, Ⅱ,

São Paulo, 1898, p. 89.

Documentos Interessantes, XIV, São Paulo, 1915, p. 196.

Margaret Mead, *Cooperation and Competition among Primitive People*, Nova York, 1937, p. 16.

Viola de Lereno: Coleção das suas cantigas, oferecidas aos seus amigos, II, Lisboa, 1826, no^0 2, p. 5 e seg.

Herbert J. Priestley, *The Coming of the White Man*, Nova York, 1930, p. 297.

Hermann Wätjen, *Das holländische Kolonialreich in Brasilien*, Gotha, 1921, p. 240.

Eugen Fischer, *Rasse und Rassenentstehung beim Menschen*, Berlim, 1927, p. 32. Cf. também A. Grenfell Price, *White Settlers in the Tropics*, Nova York, 1939, p. 177.

Arnold Toynbee, *A Study of History*, I, Londres, 1935, pp. 211-27.

Crônicas Lajianas, or a Record of Facts and Observations on Manners and Customs in South Brazil, extracted from notes taken on the spot, during a period of more than twenty years, by R. Cleary A. M. ... M. D. , Lajes, 1886. Ms. da Library of Congress, Washington, DC, fl. 5 e seg. ; Dr. Hans Porzelt, op. cit. , p. 23 n.

Recenseamento do Brasil, 1920, III, "Agricultura", t. 3, p. xii e 6-7.

Herbert Wilhelmy, "Probleme der Urwaldkolonisation in Südamerika", *Zeitschrift der Gesellschaft für Erdkunde zu Berlin*, n. 7 e 8, Berlim, outubro de 1940, pp. 303-14.

Prof. Dr. Karl Sapper, *Die Ernährungswirtschaft der Erde und ihre Zukunftsaussichten für die Menschheit*, Stuttgart, 1939, p. 85.

Universidade de São Paulo, Faculdade de Filosofia, Ciências e Le-

tras, *Boletim* XLI, *Botânica*, n. 4, Felix K. Rawitscher, "Problemas de fitoecologia com consideracões especiais sobre o Brasil meridional" (São Paulo, 1944), p. 121.

Karl Sapper, op. cit. , p. 84; K. Sapper, *Geographie und Geschichte der Indianischen Landwirtschaft*, Hamburgo, 1936, pp. 47-8.

Florian Paucke, S. J. , *Hacia allá y para acá* (*Una estada entre los indios mocobies*, *1749-1767*), Ⅲ, 2ª parte, Tucumaã—Buenos Aires, 1944, p. 173.

Documentos Interessantes para a História e Costumes de S. Paulo, xxiii, São Paulo, 1896, p. 4 e seg.

第三章

农村遗产

Tarsila do Amaral
《有桥和木瓜树的乡村》（*Village with Bridge and Papaya Tree*）
1953

- 奴隶制的废除：两个时代的分界岭
- 奴隶制劳作模式与资产阶级文明及现代资本主义之间的扞格
- 从《欧塞比奥法案》到 1864 年危机、马瓦男爵的倡议
- 家长制与派系观
- 赋予想象力与智慧至高无上美德地位的原因
- 凯鲁（Cairu）及其思想
- 贵族的体面
- 农村专政
- 殖民地时期农村兴盛与城市萧索的反差

殖民地时代，城镇从不曾是巴西整体社会结构的核心区域。 119
严肃面对这一事实非常重要，它不光有助于我们理解政治独立之前
持续支配巴西社会几个世纪的众多直接或间接因素，更能促使我们
洞察这些因素直至今天未曾消失的深远影响。

基于前一章的分析，如果我们同意葡萄牙人在巴西建立的并不
是一种严格意义上的农业文明，那也无从否认至少是一种根植于农
村地区的文明。在欧洲占领的最初几个世纪里，殖民地的所有生活
实际上都集中于乡村地区，换言之，城市基本（如果不是"彻底"

的话）只作为乡村的简单附属而存在。可以毫不夸张地讲，这种情况在奴隶制废除之前从未有过实质性的转变。1888 年是两个时代的分界岭：在我们国家的演进过程中，这一年具有非凡且无可比拟的重要意义。

121　在君主制时期，拥有奴隶的农场主和他们受过自由职业（profissões
122　liberais，包括律师、记者、医生、护士、会计师、牙医、心理学家、作家、艺术家、科学家等）教育的后代垄断了政治。他们通过自荐或推举自己信任的代理人把持了各级议会和政府各部门所有掌握实权的岗位，在一种不容置疑的统治氛围中建立并维护着政治体制的稳定。

　　事实上，这种稳固的统治从未受到过来自统治阶层外部的实质性挑战，而得天独厚的安逸竟然使得许多原本代表旧庄园主利益的政治人物频频表现出了反传统的政治倾向，甚至策划并参与了巴西历史上一系列最重要的自由主义运动。某种程度来讲，他们也是促使传统政治垄断格局逐步并最终消亡的实际推手，换言之，消减统治集团阶层声望与动摇支撑此种声望的旧有社会体制（即奴隶制）的力量同样来自统治阶层内部。即便在共和制开始施行之后，我们或许也从未在如此短的时间内卷入一场如上世纪中叶（尤其是 1851—1855 年间）那般激烈的改革浪潮：1851 年，匿名公司
123　（sociedades anônimas）① 正规化的组建运动开始；同年，第二家巴

① 匿名公司指的是某些使用罗曼语作为官方语言的国家或地区的一种特定的有限责任公司模式。在这种模式下，股东可以是完全匿名的，股息支付给持有股份证书的人。股份证书可以私下转让，因此匿名公司的管理层并不一定知道谁拥有公司股份。——译者注

西银行（Banco do Brasil）成立（该银行于三年后重组，统一并垄断了货币发行权）；1852 年，第一条电报线在里约热内卢市开通；1853 年，农业抵押银行（Banco Rural e Hipotecário）成立（该银行不享有与巴西银行同等的特权，因此需要支付的股息也较之高出很多）；1854 年，巴西第一条铁路正式通车，全线从马瓦港（porto de Mauá）到弗拉戈索站（estação do Fragoso）共 14.5 千米；1855 年，第二条铁路线（从首都里约热内卢到当时圣保罗省省会）开始兴建。

此类改革措施的成功推进带来了一系列具有决定性意义的发展成果：1928 年第一家巴西银行破产以来几近匿迹的银行信贷业务重新启动并广泛扩展，个体经济的积极性也随之被带动起来；信息传播速度的提高在缩减贸易周期的同时更增加了贸易总量；现代化的交通工具与网络实现了帝国农业生产区与消费区的直通对接。上述这些改革成果催生了许多全新的交易模式。毋庸赘述，新模式不光动摇了传统农业交易活动的主体性，甚至在很多情况下直接取代了旧有体制。换言之，新模式开辟的道路理所当然侵蚀并瓦解了殖民地时期遗留下来的农村遗产，即建立在奴隶劳作制和过度消耗资源且浪费率极高的粗放耕种制之上的农业经济模式。

由此，在非农业背景商人的推动与引导下，一段专为商业投机者利益服务的贸易活跃期应运而生。而这一贸易活跃期恰好发生在废奴运动迈出第一步（即取缔跨洋奴隶贸易）后的接下来几年中，实在不单单是历史的巧合。

1850 年颁布的禁止跨大西洋奴隶贸易的《欧塞比奥法案》① 无
疑是巴西废奴进程中最关键且英勇的创举，该法案不光沉重打击了
奴隶贩卖体系庞大的商业利益，更正面回击了当时高涨的民族情绪
和根深蒂固的种族偏见。在充分参考了英国议会文件后，卡洛热拉
斯（Calógeras）② 为该法案在当时引发的抵制和反抗活动描绘了一
幅令人印象深刻的画面。为确保法案有效施行，英国舰队不止一次
在巴西港口暴力阻止并扣押继续从事奴隶贸易的巴西商船，而此类
冲突却借助巴西国民的爱国热情反过来强化了国内支持奴隶贸易的
舆论浪潮。此外，不惜一切代价奋力维护君主制并对政治体制改革
可能带来的不确定充满恐惧的爱国者们，也借此机会大肆宣扬自己
保守的政治理念。他们想当然地认为，在巴西这样一个人口稀少的
新兴国家，与劳动力匮乏可能导致的整体萧条相比，延长黑人输入
的做法充其量不过是一种可以忽略不计的、无法避免的必要之恶。

另一方面，奴隶贸易阴影庇护下累积起来的巨额财富大多属于
葡萄牙人而非巴西人这一事实，使得当时为数尚多的**卡拉穆鲁人
（Caramuru）**③ 后裔在热情反对奴隶引进的同时，极力支持一个有
能力当机立断终结奴隶贸易的政府。众所周知，仇葡心理激发起来
的爱国主义直接或间接地在抑制奴隶贸易的运动中发挥过相当重要

① 《欧塞比奥法案》是巴西第二帝国时期由皇帝佩德罗二世（Dom Pedro II，
 1825—1891）颁布的禁止跨大西洋奴隶贸易的法案。该法以其起草者、1848—
 1852 年担任巴西司法部长的欧塞比奥·德·凯罗斯（Eusébio de Queirós Coutinho
 Matoso da Câmara，1812—1868）的名字命名。

② 若昂·潘迪亚·卡洛热拉斯（João Pandiá Calógeras，1870—1934）是巴西工程
 师、地质学家、历史学家和政治家，代表作有《巴西历史》（*Formação histórica
 do Brasil*，1935）。

③ 卡拉穆鲁人指巴西摄政时期的复兴党（Partido Restaurador）成员。该党由若
 泽·博尼法西奥（José Bonifácio）领导，支持佩德罗一世复辟。

的影响。

　　然而，为了确保奴隶贸易能持续畅通无阻地进行，利益相关者 125 们组建了一个覆盖面很广的防备措施网。他们建立沿海信号与警告系统，以通报载奴商船邻近靠岸时可能遇到的所有危险，买通报社，贿赂官员，以各种方式鼓励对支持废奴运动的异己者进行政治或人身迫害。他们以为这样自己就可以长期逍遥法外，黑奴贸易便也得保无虞。卡洛热拉斯还补充道："依据船舶等级，每条船只消支付 80 到 100 万雷斯（réis）① 便可顺利取得巴西和葡萄牙法规要求的所有通航文件。从非洲海岸返航后，黑人会被安排下船，如果船只被发现携带病菌，商人花 50 万雷斯就能让卫生检察官开具入港证明，随后船只会被安排去圣丽塔区（Santa Rita）进行隔离，因为该区维护治安的官员与这些违规商人是一伙的。这样一来，贩运黑奴的一切痕迹就可被妥善清除，再花 60 万雷斯买张新的船舶卫生证书就一切大功告成了。前罪洗刷干净后，这艘船便可被重新开回惯常停靠的码头。在偶尔经过哈扎岛（ilha Rasa）时，船只被要求靠岸接受岛上灯塔看守人的登船检查，即便如此，只需要再花 20 万雷斯便可买到他非常合作的沉默。"

　　不足为奇的是，甚至尤其在 1845 年（《阿伯丁法案》[*Bill Aberdeen*]② 颁布之年）之后，贩奴体系的利益相关者通过上述运作手段

---

① 雷斯是巴西从殖民时代一直沿用到 1942 年 10 月 5 日的旧货币，很长一段时间内同时也在葡萄牙流通。

② 《阿伯丁法案》是英国议会于 1845 年颁布的一项法案，授权英国海军拦截开往美洲大陆的贩奴商船，并有权将其船员送交给英国海军部法院。该法案引发了巴西社会的多方愤慨，被认为是对国家主权与利益的严重损害，也因此导致了几起外交事件。然而，巴西政府始终没有采取军事手段直接阻止英国海军的拦截行为。

126　将奴隶贩卖变成了一项利润越来越高的交易，这也使他们迅速成为巴西帝国真正的金融巨头。从下列 1845 年到 1850 年的年奴隶贩运总量的对比数据中，我们可以清楚地了解到《欧塞比奥法案》给予奴隶贸易的沉重打击：1845 年共 19463 人；1846 年共 50354 人；1847 年共 56172 年；1848 年约 60000 人；1859 年约 54000 人；1850 年约 23000 人。此外，最后一年，即 1850 年，贩奴总量的锐减除了受到该年 9 月 4 日颁布的《欧塞比奥法案》的影响之外，也是英国日益加强对奴隶贸易严查重击的结果。

上述两项抑制手段在随后两年带来了立竿见影的效果，1851 年贩奴总量直降到了 3287 人，而 1852 年则仅为 700 人。此后，只有少量黑奴被零星运抵，例如，当局曾在伯南布哥（Pernambuco）的塞林尼安（Serinhaém）和圣埃斯皮里图的圣马特乌斯（São Mateus）截获过 500 多名非洲黑人。

黑奴贸易是巴西当时体量最大且获利最稳定的商业活动之一，它的迅速没落迫使巨额闲置资金急需找到新的用武之地。头脑灵活的商人们自然没有错过这个为其他商业领域引资的绝好时机。1851 年巴西银行的建立似乎恰好与一个利用此类资金创办信贷机构的倡议有关。近 30 年后，该倡议的发起人马瓦男爵（Barão de Mauá）[①]在他的《告债权人书》中写道："我长期密切关注此一难题的解决过程。我知道，只要'国家意志'持续站在严格禁止贩运黑人的政

① 马瓦男爵原名伊里内乌·埃万热利斯塔·德·索萨（Irineu Evangelista de Sousa，1813—1889），是巴西实业家、银行家和政治家。他是巴西多个经济领域的先驱人物，其最大实业成就包括主持修建了巴西第一家铸铁厂、第一家造船厂和第一条铁路线。作为巴西工业化的先驱，马瓦男爵常常被当做 19 世纪巴西企业家与资本家的象征。——译者注

府一边，猖狂的走私活动就不可能死灰复燃。当我确信黑奴贸易不可能有机会卷土重来时，首先想到的出路便是将突然从非法贸易中流散到资本市场上的各类资金聚集起来，并投向一个有利于促进国家生产力的核心领域。"

因此可以说，一个巴西商业史上前所未有的繁盛局面将诞生于奴隶贸易被击毁后的残存废墟之上，而这种突如其来转变的最好见证便是随后几年帝国对外贸易的相关数据。直至 1850 年，巴西帝国的年进口额从未达到过 600 亿雷斯。然而，这一数据在 1850 年到 1851 年之间急速攀升到了 769.18 亿雷斯，且于 1851—1852 年直接飙升到了 928.6 亿雷斯。从那之后直到 1864 年，虽也有过几次回落，但都未能实质性影响贸易总量与金额整体持续上升的大趋势。

过分便利的信贷资源使得社会各个阶层都弥漫着强烈的致富欲望，这变成了此一"繁荣"时代的显著特征之一。在一个财富概念还与直接拥有具体财物紧密相关，持有可被随时买卖转让的银行票券或企业股份多少给人感觉欠稳妥的社会里，这种景象实属太阳下罕有的新鲜事。因常年从城市购买奴隶而负债累累的农场主们对这些新生事物疑心重重，担心这些打着疗治短期病痛新药幌子的金融产品会变成自身传统威信和地位的持久威胁。在圣保罗，当人们谈到某个组建农业抵押银行的项目时，甚至提到了社会主义。一名省议会的议员曾坚持认为，社会主义者是"不动产的死敌，因为他们认为这会将单纯的财产变成可被运作的资本"。

与凭借无限信贷自由机制迅速致富之人毫无忌惮的乐观情绪相比，那些承受了奴隶贩运终结经济后果的人们却饱受惶恐与落寞之苦。在纳布科引用的一份史料中就可以看到类似下面这样的记录，其中保守者对伴随新商业浪潮而来的新传统的强烈不满表露无遗：长久以来，良善的非洲黑奴不光在巴西找到了他们的归宿，更为巴西人的福祉做出了贡献。然而，英国人无节制地广布善心，终结了这桩让黑人与巴西人双方获益的好事，其结果便是让实质上变成了没有奴隶主怜悯的可怜奴隶的大量白人兄弟活活饿死。而站在英国慈善家们一边的人却还在为我们幸福黑奴的命运流着或虚伪或愚昧的眼泪。我们欢迎来自非洲海岸的良善黑奴耕种巴西肥沃的土地，拒绝奥维多路（rua do Ouvidor）上那些五花八门追随法国风潮的新玩意，拒绝花 150 万雷斯给自己的女人们买衣服穿，拒绝花 20 雷斯去买在这国家可以遍处随意采摘的天然甜橙，拒绝玉米、大米以及其他一切从国外进口的生活必需品。最关键的是，我们拒绝那些对巴西国情一无所知的商贸公司，它们所拥有的社会影响力已经严重过度，扰乱了我们国家正常的社会关系，造成劳动力流散和劳动性质的转变，并最终导致了所有生活所需物品的稀缺和大幅度溢价。

在新商贸体系中累积的财富稍遇逆境便可能瞬间蒸发，这种不稳定的特性为那些期盼恢复旧时代农村遗产和家长制的巴西人恰好提供了口实。新旧两个时代不仅象征着大相径庭的两个世界，更反映出两种判然有别的心态与思维方式，理性与传统对峙，抽象含混与具体可感对立。此外，还折射出两种迥异的世界观，即旧时代对地方性与教区化的强调和新时代对城市化与国际性的追求。此类矛盾的出现似乎暴露了成长于奴隶制下的巴西的致命弱点，换言之，这个国家还远没有成熟到有能力通盘深刻改变自身面貌的程度。奴隶贸易的终结的确已经为城市商人与投机者的最终胜利扫清了初步障碍，然而，这项开启于 1850 年的变卦是直到 1888 年才真正被实现的。在其间的 40 年当中，阻碍变革的力量不光来自一意孤行公开为奴隶制及其相关社会机制辩护的落后派，来自主张在新旧体制间找到某种紧张平衡的妥协派的力量也是不容小觑的。在一个渴望经历深刻改革却同时固执维系传统秩序赖以存续的社会机制的国家，真正的变革如何可能？只要从殖民时代继承下来的、主要依赖奴隶制大种植园农业的经济和社会模式保持不变，或虽遭抵制却实际屹立不摇，再负壮志雄心的变革也只能流于肤浅或因水土不服早早流产。

鉴此，我们可以说 1860 年 8 月 22 日颁布的、招致猛烈抨击的，同时也被时人冠以"信贷紧缩的杰作"的《费拉兹法》实在反映了非常明确的现实诉求。若将巴西帝国有史以来第一次商业危机（即 1864 年大危机）归因于该法案显然有些夸张，但说它拉开了这场完全无涉内政骚乱或国际影响的典型商业动荡的序幕却无可厚非。为一个仍深陷奴隶制经济泥沼的国家穿上伟大的资产阶级民主现代外衣的尝试，无可避免会因缺乏现实基础而难以为继，1864 年大危机正是此一大胆尝试碰壁现实后招致的必然结果。

某种程度上来讲，马瓦男爵倡议的失败充分说明了，从社会发展进程较巴西远为超前的国家那边复制而来的生活方式，与几个世纪以来土生土长于我们这里的家长制和人格主义之间，存在着无可化解的根本矛盾。许多由伊里内乌·埃万热利斯塔·德·索萨提议的伟大进步举措，只要不危及传统制度和观念，都得到了容忍甚至赞许。然而，进步与传统间的冲突总是不可避免的，在冲突发生时，容忍极易变质为怀疑，而怀疑又大半会诱发强烈反对。

作为巴西工业化先驱的马瓦男爵，在 1872 年支持由维护农村奴隶主精英阶层政治地位的帝国保守党（Partido Conservador）组建的里奥布兰科部（o ministério Rio Branco）①时，将自己的"商业利益"置于了党派忠诚之上，这招致了代表农村领主和城市中产阶级利益的自由党党人西尔维拉·马丁斯（Silveira Martins）的激烈抨击。然而，马丁斯对马瓦男爵的谴责却又明显带着一种广义上的保

130 守主义和传统主义倾向。此类守旧观念为正在崛起中的城市资产阶级越来越避之若浼。据之要求，一个人在加入某一政党后就必须长久受其政治身份和随之而来的责任与义务的严格约束，换言之，如果他日后有了退出该党的想法或行为就很难摆脱众人的指摘和"叛徒"的恶名。这种旧观念古板地认为一切领域的一切派别都是家族这种小共同体模式的移植或扩大。在家长制理念主导的社会团体中，团体成员与团体领导间的关系和大家庭里的差役、亲戚、儿孙与一家之长之间的关系并无二致，也就是说，团体成员与团体领导的私人关系应该如家族成员间的血缘亲情关系一样紧密不可撼动。受此种观念的影响，人们相信有能力将一群非亲非故之人组织在一起的必须也只可能是私人交情和责任义气，而非共同的利益、理想或思维模式。

不少外国人对我们的政治体系和机制中的很多特点疑惑不解，毫无疑问，这是因为巴西的政治传统与深受工业革命影响的国家（尤其是盎格鲁–撒克逊国家）的政治体制间存在着本质的差异；尽管假若单从表面文辞看来，今天巴西采用的也是一套现代的政治制度，与盎格鲁–撒克逊国家的体制并无太大差异。然而，巴西政治

---

① 里奥布兰科部即帝国保守党于 1871 年 3 月 7 日组建的里奥布兰科内阁（Gabinete Rio Branco），由里奥布兰科子爵（Visconde do Rio Branco）若泽·玛丽亚·达·席尔瓦·帕拉尼奥斯（José Maria da Silva Paranhos）领导，是巴西帝国的第 21 届内阁，于 1875 年 6 月 25 日解散，历时 4 年又 110 天。——译者注

表象与实际矛盾的深层原因并没逃过北美博物学家赫伯特·亨廷顿·史密斯的法眼。史密斯在 1885 年写道："在巴西，人们普遍认为一个人离开他所属政党的做法是极其不光彩的，那些最终做出此种决定的人会被贴上永恒的叛徒烙印。"他还补充说："的确，这种忠诚精神本身是好的，但在实际应用中却出了问题；当一个人抛弃亲人、朋友或崇高的事业时，当然应该受到谴责；然而，一个人选择退出自己先前所属的政党并不一定是坏事，很多时候，选择不退出才是懦弱或邪恶的表现。"

这种派系观念的起源可以追溯到传统中作为我们农村贵族标志的贵族美德或自负。18 世纪末，人们会惯常听到这样一种被普遍认同的说法：巴西的甘蔗种植园主与其下或自由或受迫的劳力和土地承租人，联合起来构成了一个"巴西独有且具有高尚品质的组织"，他们构建了一种非常稳固的机制，被认为是殖民地财富和权力的真正源泉，也是当时的生产、商业、航海以及所有技艺与艺术的真正推动者。

在农村，土地所有者享有至高无上的权利，他们往往为所欲为、独断专行，一切事务都必须遵照他们的意愿进行。甘蔗种植园实际上构成了一个几乎可以完全自给自足的完整有机体。种植园里不光有做弥撒的教堂，也有由神父担任教师教授人们识字读书的初级学校。园中居民每日餐食的供给和款待访客所需，均产自园中包括耕种、畜牧、打猎和捕鱼在内的生产活动。种植园里还建有锯木厂，除了提供园中房舍修建所需木材之外，也制造家具和生产蔗糖所需的农具。这些锯木厂"无所不能且样样精通"的特质，引起了旅行家路易斯–弗朗索瓦·德·托勒纳尔（Louis-François de Tollenare)① 的注意。吉尔贝托·弗雷雷先生也曾提到，在巴西的某些地区，尤其是东北部，直到今天仍可以见到"种植园时期生产的衣橱、条凳、立柜，传达着一种无法用言语表述的浓郁乡土气息和属于那个时代的特质"。

关于巴西农村地区这种独特的种植园专制制度，维森特·萨尔瓦多（Vicente do Salvador）② 修士为我们记录下一件有趣的轶事。圣多明各教团（Ordem de São Domingos）的某位叫图库曼（Tucumã）的主教应费利佩宫廷（corte dos Filipes）③ 的要求曾经途经巴西。在某种植园作停留时，这位伟大的圣典学家图库曼主教凭借其敏锐且谨慎的理解力迅速发现，当自己让侍从去外面买一只鸡、四个鸡蛋和一条鱼时，能干的侍从历经辛劳却空手而归，原因是无论在集市还是在屠宰场都买不到这些东西；但当自己转而直接向所在种植园的住户询问时，他们竟然很快便将自己需要的东西派人给他送了来。"于是，图库曼有感而发：巴西的确与我们想象的不同，整个国家不是一个共和国，而是由无数个各自为政的种植园共和国所组成的。"图库曼的同代人维森特修士解释说："富人的家

---

① 路易斯-弗朗索瓦·德·托勒纳尔（1780—1853）是法国商人和实业家。他以日记的形式记录了自己1816—1818年间在巴西的所见所闻，谈及当时巴西社会、经济、政治和文化生活等多方面内容。

② 维森特·萨尔瓦多（1564—1636）是巴西方济各会的一名修士。他的生平鲜为人知，但作品《巴西库斯托迪亚史集》（Crônica da Custódia do Brasil）和《巴西历史》（História do Brasil）（1627年）是对早期美洲广阔的葡萄牙殖民地非常宝贵的历史记录。

③ 在费利佩时期（1580—1640）的60年中，西班牙和葡萄牙形成了一个统一的政治单位，即伊比利亚联盟，两个王国同属一个君主。该王朝历经三代君主，分别为葡萄牙的费利佩一世（即西班牙的费利佩二世，1580—1598）、葡萄牙的费利佩二世（即西班牙的费利佩三世，1598—1621）以及葡萄牙的费利佩三世（即西班牙的费利佩四世，1621—1640）。

族（尽管他们的富有往往以牺牲他人的利益为代价，因为富人往往债台高筑却从不着急还钱）往往有能力满足所有家族成员的一切生活所需，因为他们有自己的奴隶、渔夫和猎人为他们弄来肉和鱼，并从村子里为他们买来成桶的葡萄酒和橄榄油，而这些东西往往是不对外出售的。"

　　1735 年，一位马拉尼昂的行政官抱怨说，人们并没有共同生活，而是各自为营地过着一种自产自销的生活，每个居民或每个独裁小王（régulo）① 所属的家族都是一个名副其实的共和国，因为每个家族都麻雀虽小五脏俱全，拥有诸如石匠、木匠、理发师、放血理疗师、渔夫等各式各样的私家侍从。而这种状况实际上一直到巴西独立后很久仍改观甚微。我们知道，在里约热内卢辉煌的咖啡时代，不乏吹嘘他们只需购买铁、盐、火药和铅的农村人，因为据说其他一切生产生活所需，他们自己的土地都能充分供给且有盈余。

　　在农村地区占主导地位的基本社会组织模式，是那种在伊比利 133 亚半岛被代代因袭的、按古罗马教规的经典规范组织起来的家庭。在这种传统模式中，家庭成员的覆盖范围往往很广，不仅包括与**大家长**有血缘关系的亲属，也包括在种植园劳作的奴隶、供家族成员日常使唤差遣的奴仆，以及所有其他依附大家族讨生活的人员。这样一来，被扩大的便不只是家庭规模，更是大家长本人的权威与权力。这种家庭模式在一切方面的表现都很像它古罗马时期的原型，大家长自己的子孙后代也不过是必须听命大家长本人的**"自由人"**

---

① "Régulo" 一词来自拉丁语的 "regulus"，字面意思是 "小国王"，用来指代一个不那么重要的行政或政治单位的负责人，而且此类负责人往往以独裁者的方式行使其权力。

（os liberi），甚至连源自拉丁语 **"famulus"** （**私人侍从或仆役**）的"família"（家人）一词都与奴隶制的观念密切相关。

在巴西殖民时期的社会构成中，唯一不受到多方外部力量影响的领域就是上述这种大家庭。在家庭内部，大家长的权威毫无疑问不可撼动，而且也几乎不会受到其他外力的挑战或威胁。家庭这种组织自我封闭，不容任何外界力量介入，也不受任何约束或冲击。家庭处在一种内向型的绝世独立状态，蔑视任何试图搅扰或压迫它的更高原则。

在这种环境下，大家长的权力实际上是无限的，其专制权威也几乎是不可制约的。举例来讲，一名叫贝尔纳多·维埃拉·德·梅洛（Bernardo Vieira de Melo）的人因怀疑自己的儿媳通奸，在家庭内部会议上判处其死刑并下令执行，且从头到尾安排将此事大肆宣扬。然而，司法部门却既没有阻止这次杀人行为，也没有在事后追究或惩罚罪犯梅洛本人。值得一提的是，这样的案件在当时并不少见。

无限的权力和无可撼动的权威使这种大家庭机制变得格外强大且严苛，对其成员的影响力甚至在家庭范畴以外也一样如影随形。如此一来，在社会生活中，人们总是将家族利益放在公共利益之前。长期生活在生杀予夺无涉正义公平而皆系私人情感与喜好的内外环境中，巴西人逐渐养成了一种对团结紧密、一枝独大且不容置疑的社会组织的过度依赖，这种心态与思维定式明显反映在我们社会与公共生活的方方面面。如前所述，殖民地时期的大家庭是无上权威不受挑战的唯一社会组织，这使得长久以来人们对权利、尊严、服从与团结等概念的理解都建立在大家庭机制的运转模式之上。其结果便是，在一切社会互动与公共生活中占主导地位的，是一种典型的大家庭情绪氛围。而我们不得不承认，这种氛围本身是反政治的，在人际互动中鼓励并推崇特殊主义。换言之，这是私领域对公领域的侵犯，家族模式对国家政体的侵犯。

随着 1808 年葡萄牙王室的南迁与巴西随后迎来的政治独立，旧的农业体系日趋衰落，城市大量兴起，农村地主逐渐失去了原有的特殊社会地位和与之相伴的大部分特权。其他行业从业者（尤其是依托城市成长起来的如政客、官僚与众多自由职业者）的社会地位明显提高且日益稳固。

由于农民及种植园主占了当时巴西国民的绝大多数，被新城市新行业吸引吸纳的也自然首先是他们。然而，这些几乎可谓一夜之间迁移去城市的农村人，无可避免地将自己早已在特定老环境中养成的心态、思维方式、先见以及生活方式一起移植去了城市。换言之，为了方便立足与适应城市生活，他们尽可能多地将自己旧有的价值体系和世界观直接套用在了新环境里。

鉴此，我们可以相当顺理成章地将巴西社会生活的一个特征与上述情况联系起来：倍受推崇的才干品质往往与想象力和"智力"相关，而不涉及积极的态度与务实精神。尤其是在奴隶制和殖民农业留下了更深印记的地区（以巴西东北部最为明显），"才华"一词被广泛使用且深受尊崇，这无疑是因为当某人被形容为"有才华"时，人们会很自然地认为此人拥有的是与"智力"相关的天赋或才能，而非从事某种体力活动的能力。

不脏手不苦身的脑力劳动的确从各方面来讲都是与前奴隶主及 135

其后代身份地位更加相符的职业选择。需要强调的是，人们对脑力劳动的钟爱并不一定源自对学术思辨的热爱，巴西人远没那么看重思辨能力。事实上，我们之所以将"智力"与"才华"常常挂在嘴边，是因为我们热衷于有韵律的言辞、丰富且天成的辞藻、让人艳羡的学识和新颖的表达方式。如此一来，我们便在不经意间为"智力"赋予了一种锦上添花的装饰品功效，而非将它看作获取知识和指导行动的工具。

在像我们这样一个贵族品德仍然受到广泛赞誉的社会，与之契合的个人精神品质往往比荣誉头衔更有分量，与这类品质相关的实物证明，如毕业戒指和学位证书，与贵族的家族徽章相差无几。而事实上，参与只需动脑无需动手的活动的资格很早以前就被认为是贵族和自由人所特有的，这也是一些艺术门类被冠以"自由科教育"（artes liberais）① 之名的原因，相比之下，需要更多体力支撑的技术活儿则被认为是奴仆阶层的专利。

由此，与从事脑力活动相比，参与体力劳动被普遍认为是有失尊严的，即使是上个世纪头几十年里大力推广新经济思想的席尔瓦·利斯博阿②似乎也无法完全不受这种成见的影响。在 1819

---

① "Artes liberais" 通常也被译为"人文教育""博雅教育"或"通识教育"。此处为配合上下文语境选用"自由科教育"这种译法。——译者注

② 席尔瓦·利斯博阿（1756—1835）全名若泽·达·席尔瓦·利斯博阿，生于巴伊亚皇家殖民区（Capitania Real da Bahia），是凯鲁子爵、巴西政治家、经济学家、历史学家和法学家。在独立时期非常活跃，极力支持若昂六世和佩德罗一世，曾在巴西经济和政治领域的管理部门担任多个职务，也曾出任皇家商业委员会（Real Junta do Comércio）委员，并于 1808 年葡萄牙王室迁都里约热内卢后担任上诉法院（Casa da Suplicação）的上诉大法官（desembargador），参与并推动了多项巴西的经济制度改革。

年出版的《共同财产研究》中，这位未来的凯鲁子爵向他的巴西和
葡萄牙同胞提议，发展国家经济的目的不是让社会充满需要投入繁
重体力劳作的低贱工种。在不求甚解地引用了一段亚当·斯密
（Adam Smith）后，他问道：到底是**体力劳动的总量**还是**脑力劳动
的总量**对国家的富强繁荣贡献更大，又大到何种程度？

有必要指出，上面这个问题并没有出现在凯鲁子爵引用亚当·
斯密的那段话中，也就是说，这个问题无疑出自一次翻译失误，而
我们的这位经济学家就直接遵循了译者而非原文的意思，坚定不移
地选择站在了"脑力劳动"一边。在他看来，人的智力应当肩负起
"通过研究造物主的律法与杰作"为体力劳动减轻负担的艰巨任务，
以便"使人从尽可能少的体力劳动中获得尽可能多的财富"。

对这位生于巴伊亚的经济学家来讲，广受同胞赞誉的"智力"
在增加国家财富和促进物质繁荣方面通常无法发挥振奋人心的积极
作用，这一定是不可思议的。但简而言之，这却正是席尔瓦·利斯
博阿在纠正或完善苏格兰大师的思想时，力图在自己书中揭示的观
点。而他从没想过的是，这种备受颂扬的"智力"实际上仅具装饰
功能，之所以被人们推崇只因为它与体力劳动形成了鲜明对比。脑
力劳动既不能代替体力劳动，也无能弥补体力劳动固有的一切不
足。然而，在一个美化贵族且提倡人格主义的社会里，每个人都感
觉有必要借助某种明显且不可轻易转让到近乎先天的品德装饰，将
自己与同胞们区分开来，换言之，大家需要的正是某种类似贵族血
统的标签。

因此，席尔瓦·利斯博阿提议建立的社会体系的根本原则其实是
一套本质上反现代的"智力"观念。而事实是，这种将既不遵循力

学定律也无法用数学概念解释的主观因素置于首要地位的思想观念，完全违背了工业革命的主旨和大机器生产的逻辑。一位精明的观察者指出："大机器生产要求工人适应机器，而非机器适应工人。"这样一来，手工业经济时代居于职业道德首位的艺术品位、手艺技能和个人特色在机器取代人力后便退居二线不再被看重了。施展个人想象、发明和创造能力的空间被大幅度压缩，所有精力都花在了对生产活动细枝末节的持续关注上。毋庸置疑，这种趋势最臻于完美地体现在当下彰显理性劳动的组织制度中，泰勒主义和福特经验都是将去个性化的劳动理性发挥到极致的典型范例。

现代经济越来越强调大生产活动"非个人""非智力"的特点。显然，如果说存在某种致使巴西社会无法与现代经济兼容的文化元素，那无疑就是凯鲁子爵在他那个时代巴西人身上发现且赞誉不已的、对实际上仅具装饰和标签功能的"智力"的崇拜。此外，可以肯定的是，即便《共同财产研究》的作者对英国经济学家有所研究，他确乎没有对巴西社会经济观念的转变做出多少实质性贡献，可以说，他的努力至多在时人脑海中激起了些许泛泛涟漪。虽然席尔瓦·利斯博阿尽心竭力持续致力于消除那些沉积在典型巴西生活方式和观念中的种种殖民经历与农村传统的遗骸，但实际上，早在《共同财产研究》发表的 1819 年，他就已经是个过时的人了。

凯鲁子爵的心志与努力同时也清晰无误地反映在其哲学观点、对权利的持久膜拜和他有关公民社会政治的独特理解中。在他看来，公民社会是对前述大家庭模式的延伸或扩展，这一核心观念作为其主导思想贯穿在他所有著作中。他曾指出："政治经济学的首要原则是，每个国家拥有最高权力的人都应当将自己视为一个大家庭的一家之主，因此，作为大家长的国家元首应当保护家庭中的所有成员，将所有人视如己出，引领大家齐心协力为共同幸福而努力。"他还强调说："政府的大家长特征越明显，越努力实践这一以慷慨慈爱著称的角色，它也就自然会变得更加公正强大，人民也会越发自愿真诚地顺从于它，并同时发自内心倍觉满足。"

由此，宗法家长制便为政治生活中的统治与被统治者、君主与臣民之间的关系提供了一个伟大蓝本。确保这种模式无碍运行的，是一套既定的、高于一切人类意志、超越所有人为理性的道德律。推行家长制的社会必须依靠这套道德律来确保社会和谐，因此，这套律则也自然被公认为是神圣且不可侵犯的。

这种僵化死板的家长制虽不至于与被席尔瓦·利斯博阿本人喻为"**政治鸦片**"的法国大革命思想严格对立，但却无疑彻底违背了美国开国元勋们在其伟大共和国创建与立宪的过程中所积极遵循的指导原则。难道不正是美国国父之一的詹姆斯·麦迪逊（James Madison）① 坚持认为，道德与宗教在针对公民异议方面是无能的，且坚决主张政府的首要目标（政府的本质也正基于这一首要目标而形成）应该是监督和调节不同经济利益体间可能产生的矛盾与冲突？

依据巴西人普遍接受的传统观念，上述美国这种直白强调物质 139
欲望的做法是卑鄙甚至可耻的，因此权力与政府机构无论如何不能与经济利益扯上关系，否则公权力的尊严便会受损。为了树立和维

---

① 詹姆斯·麦迪逊（1751—1836）是美国政治家、开国元勋、第 4 任总统（1809—1817）。他与约翰·杰伊及亚历山大·汉密尔顿共同编写了《联邦党人文集》。因在起草和力荐《美国宪法》和《权利法案》中所起的关键作用被誉为"宪法之父"。

护社会威信，政府机构必须建立在一套长久以来被风俗传统与民间舆论尊为圭臬的原则之上。即便伊波利托·达·科斯塔（Hipólito da Costa）① 本人在为他一些最大胆的设想做辩护时，也不敢忘记引经据典为自己的观点在历史与传统里追根溯源。正是由于这种尊古重典的需求，许多毫无疑问已被证明是杜撰的文献便堂而皇之获得了新生，例如声名狼藉的《拉梅戈宫廷纪要》（*Atas das Cortes de Lamego*）②。依据这些伪造的宫廷文书，葡萄牙王权的合法性源于葡国第一任君主与民众之间的一份明示契约，这样一来，被当时所有反对派深恶痛绝的"社会契约原则"便获得了所谓葡国贵族的认可和卢济塔尼亚公民的授权。

所以说，事实上，巴西的传统主义者和反传统主义者在同一套思维逻辑下行动。后者作为殖民遗产的忠实捍卫者丝毫不比前者逊色，二者之间的区别仅流于形式和表面。毫不偏狭地讲，1817 年的伯南布哥革命（Revolução Pernambucana）虽然沾染了些许"法国思想"的色泽，但很大程度上仍旧是当地人抵抗外来者、甘蔗种植园主反对商人小贩等此类长期冲突的延续。即便最终取得胜利，也不可能真正给我们的政治经济结构带来实质性的转变。我们清楚知道，许多在伯南布哥革命中起过领导作用的参与者实际上来自被称

---

① 希波利托·达·科斯塔（1774—1823）是巴西记者和外交官，他于 1808 年在伦敦创办了《巴西邮报》（*Correio Braziliense*），是 19 世纪于国外出版的主要巴西刊物。科斯塔被认为是巴西新闻业的主要赞助人，并自己撰写出版了《我的费城之旅日记：1798—1799》等多种文献。

② 《拉梅戈宫廷纪要》是 1640 年葡萄牙复辟合法化主要援引的文献之一。据《纪要》记载，阿丰索·恩里克斯（D. Afonso Henriques, 1106—1185），即阿丰索一世，是 1143 年由神职人员、贵族和人民选举产生的。这是一份后世伪造的虚假文献，旨在防止葡萄牙王国被外国统治：依照《纪要》，在葡国王室缺少王位直接继承人的情况下，继承者应该由所有王室成员开会商议确定。——译者注

为"土地贵族"的阶层，没有任何证据表明他们已经做好准备接受革命行为可能带来的所有后果，包括放弃土地贵族长期享有的旧特权。一位名叫安东尼奥·卡洛斯（Antônio Carlos）①的起义者曾在巴伊亚司法管辖区的大法官面前慷慨陈词，为自己参加革命的动机做过辩护。我们当然完全有理由怀疑他言辞的真实性，因为法庭上的自我申诉不过是为了博取法官的认可与同情，然而，如果仅从字面上分析卡洛斯的申诉文件，我们的确也看不出他已经彻底摆脱了所属阶级的局限性。换言之，他并不认为革命的最终目标应当是消除一切社会障碍，将土地贵族和其他精英阶层拉低到与下层人民享有同等的社会地位。用卡洛斯自己的话来讲："如果一套制度试图让我所属的贵族阶层与不同肤色的平民百姓甚至痞子流氓们平起平坐，我坚决持反对态度。"

可惜的是，1817年的现实状况并没有随着殖民史的结束而终结。1847年，伯南布哥省爆发了旨在反对农村种植园大家族的压倒性统治地位的普拉耶伊拉革命（Revolução Praieira），并最终以失败收尾。在向革命者发表演讲时，纳布科·德·阿劳若②非常明智地指出并阐明了种植园大家族那种危险的反社会精神是如何"从旧体

① 安东尼奥·卡洛斯全名安东尼奥·卡洛斯·里贝罗·德·安德拉达·马查多-席尔瓦（Antônio Carlos Ribeiro de Andrada Machado e Silva，1773—1845），是巴西政治家，也曾做过地方法官，在独立运动期间以"Philagiosetero"的笔名活跃于新闻界。卡洛斯是1817年伯南布哥革命的领导人之一，革命失败后他获罪在监狱中度过了四年的时间。

② 纳布科·德·阿劳若全名小若泽·托马斯·纳布科·德·阿劳若（José Tomás Nabuco de Araújo Filho，1813—1878），是巴西地方法官和政治家，曾任副将军、省长、司法部长，1858—1878年任巴西帝国参议员。1840年，他与安娜·贝尼格娜·德·萨·巴雷托（Ana Benigna de Sá Barreto）结婚，并育有7个孩子，其中包括著名历史学家、外交官和废奴主义政治家若阿金·纳布科（Joaquim Nabuco）。

制中产生的"，他清楚地认识到这种精神是"我们的革命与文明无法铲除"的恶习。他还接着补充道："你们之所以鼓吹那些慷慨仁慈的思想，仅仅是为了赢得民众的支持以便最终取得革命的胜利。但在事后的实践中，你们却对封建制度中有利于你们自己的那部分网开一面，仅同对敌人有利的那部分作斗争。事实上，你们将伯南布哥人分成了征服者与被征服者两类，你们的努力也不过是为了持续享受敌人无法继续享有的好处。你们所做的一切只能成为刺激并引发灾难性后果的导火索。左右你们一言一行的，是派系斗争式的残酷与仇恨，而不是真正的爱国主义或现代政党的成熟理念。"

141

在独立前后的那些年，巴西经历了众多如伯南布哥革命和普拉耶伊拉革命这样徒具反传统的表征与形式，实则犹困于家长制与派系斗争泥潭的起义和运动。暂搁对革命者真实动机的揣测，仅凭起义数量和覆盖范围与实际所获甚微的效果，我们便可清楚知道，要使巴西政治摆脱几百年来已根深蒂固的葡萄牙殖民文化与模式是何等困难。巴西的城市资产阶级几乎是一夜之间从种植园主和农民间被迫凑合而成的，这种缺乏自发性与自主性的阶层塑造的主要影响之一，便是很多当时仍被广泛推崇的农村家长制社会所特有的价值观念，很快便成为包括城市资产阶级在内的社会各阶层共同认可并遵守的行为规范。这样一来，历史与文化根基深厚到几乎无可撼动的大家族思维方式便不可避免地侵占了所有新兴城市和城市中包括最低贱行当在内的所有新生行业。一位名叫约翰·勒科克（John Luccock）① 的英国人为我们

---

① 约翰·勒科克（1770—1826）是英国商人、纺织品生产商和发明家。他于1808年到1818年间居住在里约热内卢，也曾到访过巴西其他地区，并中途两次短暂返回英国。在最终离开巴西后，他于1820年在英国出版了《里约热内卢与巴西南部笔记》（*Notes on Rio de Janeiro and the Southern Parts of Brazil*）一书，是首位用英语从多方面描述巴西现实的作家，该书于1842年在巴西出版。

记录了一个他在里约热内卢目击的典型实例：一个头戴三角帽、脚踏结带鞋、将自己装扮成封建贵族模样的普通木匠，拒绝自己动手搬运他干活儿的工具，而是把它们交给了一个身边跟班的黑人。

时至今日，巴西公共生活运转过程中出现的很多问题也无疑都来自上述这种阴差阳错的文化移植与嫁接。巴西这样一个长久以来仅由奴隶和奴隶主构成，所有商业活动无不掌控在怀揣发财美梦与企图跻身贵族的外来者手中的国家，不可能形成一个庞大的经商中产阶级。 **142**

与大多数有近代殖民史的国家一样，在巴西，城市区与出口导向型农业区之间几乎没有任何可供人居的连接地带，换言之，城市与种植园主导的农村是彼此脱节的两个独立区域。这种源于殖民模式的特殊地域间隔更好地揭示了巴西无法自然形成经商资产阶级的原因。事实上，这几乎是所有拉丁美洲国家的普遍现实。在拉美，农业和其相关领域的稳定与发展往往仅取决于耕地的自然生产力：粗放的、造成巨大破坏浪费的耕作方式极易导致土壤肥力骤减，为了保证农产品出口量，农民不得不定期开垦荒地，农业居民点也不得不逐肥力随时迁移。这种贪图眼前利益不计长远后果的做法不但塑造了巴西人不恋故土的性格，更使得散布于整个国家的农业居民点被大面积用后即弃的荒地间隔开来，形成了一个个独立的孤岛。

这样一来，在巴西，或说整个美洲，城市与"种植园"间的区别刚好可以与传统典型欧式的城市与乡村间的差异形成对比。在欧洲语境下，除去少数特殊情况，"乡村"与"农民"这两个词通常与世世代代安土重迁的农人有关，然而，这种诠释并不适用于新大陆的一般语境。最好的例证便是，与欧洲国家城市发展进程相比， **143**

随着美洲城市的增加，特殊的在地现实使得惯于迁徙的美洲农民更容易被在短时间内大量吸引到新兴城市，尤其是当城市近郊没有可供拓荒开垦的耕地时。

本章试图揭示的便是美洲城市实际的发展过程，至少在其初期阶段，如何与传统意义上"城市依托农村而形成"的惯例不同。由于缺少一个自发形成且独立的城市资产阶级，城市的增加与发展所催生的各类新兴行业就不得不从前农村种植园主中间招募人手，而伴随这些应召而来的旧领主的，是他们原属社会阶层世代沿袭的思想和意识倾向。因此，整个国家的行政秩序，无论在帝国时期，还是在后来的共和政体下，都无可避免包含了与旧种植园制度密切相关的元素。

上述情况说明，一个贯穿并盛行于整个殖民时期、非常现实且敏感的事实，在巴西取得政治独立后仍旧无法被回避或忽视。换言之，早在葡萄牙王室南迁里约热内卢之前，我们的社会便运行在一套极其特殊的稳固体系中。即便参照其他同样经历了长期殖民史且经济生活严重依赖黑奴劳力的美洲国家的情况，巴西的这套社会体系也可以说是独一无二的。

无论在哪个国家或什么样的历史时期，我们观察到的规律总恰与巴西的现实情况相反：城市的兴起与繁荣必定以牺牲农业生产中心的核心地位为代价。在既没有出现城市兴荣，也缺乏非农业社会阶层时，我们看到的通例是：土地往往会逐渐集中到一群特殊的人手中，他们一般居住在城市，是农村产品的主要消费者，却拒绝支付相应的经济报酬给农民。

144

巴西经历的正好就是这枚世界惯例硬币的反面。如果说这样的　145
讲法稍欠恰切，不过是因为在整个殖民时期，我们城市的发展是不
稳定且相对缓慢的。不该忘记的是，葡萄牙治下的这几百年，巴西
城市总不断传出憎怨**"农村专政"**的强烈声音。指出这一事实非常
重要，它可以帮我们认清殖民时期巴西城市的具体特征：城市的最
高权威与职能事实上属于农村的种植园地主。因此，商人，亦即殖
民时期真正的城里人，常常抱怨市政府被农村人蛮横把持垄断的可
悲现实。企望与种植园主享有平起平坐社会地位的诉求，往往被视
为城市商人们的异想天开。里斯本宫廷甚至毫不犹豫指责商人的祈盼
是目中无人的荒谬，因为，据编年史学家考证，甘蔗种植园主这个头
衔在当时完全可以与葡萄牙王国名门望族的贵族称号相提并论。

因此，农村种植园主才理所当然是殖民地时期唯一真正的巴西
"公民"，他们凭此特殊的社会地位在殖民地巴西构建了恐怕只有在
希腊—罗马古典时代才出现过的社会现实，而这种局面从未在欧洲
（即使中世纪欧洲）出现过。古典时代的典型"公民"从一开始指　146
的便是依靠自家土地、由自家奴隶生产出来的物品维持全家生活的
男性，而这种定义拿来形容巴西殖民时代的种植园主也非常恰当。
需要说明的是，古典公民并没有围自家田地而居的习惯。据马克
斯·韦伯的说法，在地中海盆地的一些地方，例如西西里岛，即便
农民也无论如何不会住在城市的城墙之外，因为对他们而言，定居
乡野即意味着将自己持续暴露在巨大的危险与不安定当中。更何
况，罗马的"vilas"① 本身并非指房屋所有者的惯常居所，而是他
们用于度假的豪华别墅。

---

① 现代葡萄牙语中，"vila"一词通常译作"村庄"，但也可以指意大利式城市郊区
　优雅的乡间别墅。文中所用"vilas"为"vila"的复数形式。——译者注

　　然而，殖民时期巴西农村的情况则不同，种植园主的常住居所一般就建在离自家耕地不远的地方，只有在需要出席节日庆典和盛大仪式时他们才会涌向城市。平日里，常年居住在城市的只有行政职员、工匠和普通商人。茹斯托·曼西利亚·万·苏尔克（Justo Mansilla van Surck）神父在就瓜伊拉（Guairá）民居遭劫一事致耶稣会会长的信中，描述了皮拉蒂宁加（Piratininga）居民让人扼腕的贫困状况。据苏尔克神父解释，造成皮拉蒂宁加人长期贫穷的现实原因正是固定居民数量过少，"除了每年三四个主要的节日外，这里大量的房屋几乎一年到头空着，它们的男女主人或常年居住在乡下种植园，或去荒野森林寻找印第安人消磨时光"。又或如史学家卡皮斯特拉诺·德·阿布雷乌（Capistrano de Abreu）① 所言，在巴西殖民时代最主要的政治中心巴伊亚（Bahia），几乎所有房屋在一年中大部分时间都窗关户闭无人问津，只在每年少数几次的公共节日或庆典活动时才有人居住。他说："这座城市每年很少有焕发生机的机会。加布里埃尔·苏亚雷斯谈到过一个节日时举办斗牛比赛的普通广场。每逢宗教庆典，广场上也会举办教会游行、露天表演和演唱会。教堂里还会上演没怎么精心排练过的喜剧，比如，有目击者指出，演员甚至可能直接坐在祭坛上。事实上，只在这种时候，人们才会走出种植园，平日深居简出低调俭朴的妇人们也才有机会穿上尽显奢豪的华美服饰。"在另一部同样关于 16 世纪萨尔瓦

---

① 卡皮斯特拉诺·德·阿布雷乌全名若昂·卡皮斯特拉诺·德·阿布雷乌（João Capistrano de Abreu，1853—1927），是巴西历史学家。他致力于研究殖民时期的巴西史，以严谨的史料搜集和批判的分析态度著称，著作《殖民史章节》（*Capítulos de História Colonial*）被认为是研究巴西历史必备的参考资料之一。——译者注

多市（Salvador）① 的著作中，阿布雷乌还强调说："这是一座奇怪的城市，市里的房屋大都常年空着，房主们大部分的时间在乡下度过，只有在节日庆典时才会来城里小住几日。定居城市的居民只有手工匠人、商人和因职业要求必须住在城里的法务、财政以及军事系统的公务人员。"

据其他相关史料描述，殖民地时期巴西其他城市的情况与萨尔瓦多如出一辙。房主们通常对自己城市里的居所置之不顾，而将全部时间与心力都花在打理和布置乡下住宅上，他们将主要财产与贵重物品集中于此，便于在需要接待重要客人或普通到访者时随时都能慷慨自若地大摆排场。正如乔瓦尼·维拉尼（Giovanni Villani）② 形容文艺复兴时期的佛罗伦萨时所言，富人们建在托斯卡纳乡村的"vilas"比他们城市里的房屋更漂亮，而且往往为了修缮装扮这些农村居所不惜血本。

148

上面提到的情况主要出现在殖民时代的前两个一百年，亦即16世纪和17世纪。到第三个百年，也就是18世纪，随着越来越多的葡萄牙人在巴西城市定居，部分城市的面貌的确与先前有了不同。然而，1711年，安德烈·若昂·安托尼尔（André João Antonil）③

---

① 萨尔瓦多是巴西东北的一座滨海城市，巴伊亚州的首府。萨尔瓦多很长时间里直接被称为巴伊亚，20世纪前中叶的许多书和地图中它就被标为巴伊亚。作为殖民地巴西的第一个首都，萨尔瓦多是美洲最古老的城市之一，也是世界上最早规划的城市之一，建于文艺复兴时期。——译者注
② 乔瓦尼·维拉尼（1276—1348）是一位佛罗伦萨的银行家、外交官和编年史家，他的著作《新克罗尼卡》（*Nuova Croonica*）讲述了佛罗伦萨市的历史。
③ 安德烈·若昂·安托尼尔（1649—1716）是意大利耶稣会士，于1681年抵达萨尔瓦多，此后便一直生活在这座城市，直到1716年去世。他是一位细心的观察者，对殖民地巴西的经济状况进行了深入且广泛的研究。——译者注

仍旧指出，如果总把子女们留在种植园里生活，就相当于"将他们培养成了张嘴就是狗、马、牛，其他什么也不懂的乡巴佬，但若让他们独自在城市生活，又无异于给了他们立即染上恶习或那些不易治愈的丢人病的自由"。

纵然种植园里的生活闭塞单调若此，殖民地巴西第一总督库尼亚伯爵（conde de Cunha）仍然认为相较城市生活，住在农村的好处和优势是不言而喻的。他在 1767 年写给葡萄牙国王的信中说，149 里约热内卢是一座只有工匠、渔民、水手、混血儿和没有教养且赤身裸体的黑人的城市，充其量加上一些少数能担起"商人"名号的小贩。在里约，根本找不到有能力担任市议员或任何其他有头脸公职的人，有贵族身份或来自其他显赫门第的人，统统都足不出户地守在他们乡下的庄园和种植园里。

库尼亚伯爵的这封信很好地证明了，即使在 18 世纪下半叶，殖民地巴西的生活依旧清晰保持着殖民史初期便已形成的明显特征。与城市的萧索颓靡相比，农村的繁华盛景毫无疑问是葡萄牙殖民者集中定居的结果。若与荷兰人主导下的伯南布哥实况相较，葡萄牙人依田傍村安家落户的特点便愈发明显。前一章已经指出，西印度公司在荷兰人占领巴西东北部期间曾竭尽全力大量吸引荷兰农民去巴西农村定居，但其努力却仅仅为东北部城市增加了居民数量。总的来说，巴西城市的发展方式既不符合世界惯例，也无一套成熟的模式可供依循。1640 年，由于人口不足，葡萄牙人居住的南方殖民区常常遇到城市防御体系严重失效的问题，而同时期北部累西腓的情况却恰好相反：新移民源源不断蜂拥而至，住房供给危机反复上演。据一些荷兰语文献记载，当时累西腓遍地都是为新移民搭建起的临时居所与床位。在酷热难耐的天气里，有时三个、四

个、六个甚至八个人竟然不得不睡在同一个房间中。如果荷兰当局　**150**
没能及时有效解决住房紧缺的难题，新移民的选择便只有一个：住
到港口的小旅舍里。但正如一份荷兰报告所言："这些小旅舍是世
界上最糟糕的妓院，好人家的小伙子陷进去就完了！厄运必将无可
挽回地缠他一辈子。"

权衡各方因素来看，与其将殖民地时代巴西农村的压倒性优势
归因于环境，不如说它其实是葡萄牙殖民方式造就的典型现象。指
出这一点非常重要，对民族虚荣心过分泛溢的人而言简直是剂良
药：这些人浪漫地相信美洲环境有某种神奇的"离心力"，也正是
这种奇妙的力量使巴西贵族主动放弃了城市生活，向往并选择了遗
世索居的田园牧歌的生存方式。

参考文献

Lewis Mumford, "The City", no volume *Civilization in the United States: An Inquiry by Thirty Americans*, N. Y., Harcourt, Brace and Co., 1922.

Ramalho Ortigão—*Surto do cooperativismo*—Bancos—Navegação—Viação férrea—Telégrafos elétricos, *Revista do Instituto Histórico e Geográfico Brasileiro* do ano de 1925, consagrado à biografia de d. Pedro ii, v, p. 189.

Pandiá Calógeras, *A política exterior do Império*, vol. 3: *Da Regência à queda de Rosas*, São Paulo, 1933, p. 362.

Visconde de Mauá, *Autobiografia*, Rio de Janeiro, 1942, p. 123.

Anais da Assembleia Legislativa Provincial de São Paulo, 1854, São Paulo, 1927, p. 225.

Joaquim Nabuco, *Um estadista do Império*, Ⅰ, São Paulo, 1936, p. 188

Herbert Smith, *Do Rio de Janeiro a Cuiabá*, São Paulo, 1922, p. 182.

Gilberto Freyre, "A cultura da cana no Nordeste. Aspectos de seu desenvolvimento histórico", *Livro do Nordeste, comemorativo do 1o centenário do Diário de Pernambuco*, Recife, 1925, p. 158.

Melo Morais, *Corografia histórica, cronográfica, genealógica, nobiliária e política do Império do Brasil*, Ⅱ, Rio de Janeiro, 1858, p. 164.

José da Silva Lisboa, *Estudos do bem comum*, Ⅰ, Rio de Ja- neiro, 1819, p. xii.

Thorstein Veblen, *The theory of business enterprise*, Nova York, 1917, p. 310. Cf. também G. Tarde, *Psychologie économique*, Ⅰ, Paris, 1902, p. 124.

Princípios de economia política para servir de "Introdução à tentativa econômica do autor dos Princípios de direito mercantil", Lisboa, 1804, p. 39 e 42.

José da Silva Lisboa, *Observações sobre a prosperidade do Estado pelos liberais princípios da nova legislação do Brasil*, Bahia, 1811, p. 68.

Dr. Francisco Muniz Tavares, *História da revolução de Pernambuco em 1817*, 3ª ed. , Recife, 1917, p. 115.

Joaquim Nabuco, *Um estadista do Império*, Ⅰ, São Paulo, 1936, p. 63 e seg.

John Luccock, *Notas sobre o Rio de Janeiro e partes meridionais do Brasil, tomadas durante uma estada de dez anos nesse país, de 1808 a 1818*, São Paulo, s. d. , p. 73.

Leopold von Wiese, "Ländliche Siedlungen", *Handwörterbuch der Soziologie*, Stuttgart, 1931, p. 522 ss.

Max Weber, *Wirtschaft und Gesellschaft*, II, Tubingen, 1925, p. 520 ss.

Primeira visitação do Santo Ofício às partes do Brasil. Denunciações da Bahia, São Paulo, 1928, p. 11 ss.

João Antônio Andreoni (André João Antonil), *Cultura e opulência do Brasil*, texto da edição de 1711, São Paulo, 1967, p. 165.

第四章

播种人与铺路人

Tarsila do Amaral
《有公牛的风景》（ *Landscape with Taurus* ）
1925

　　如上章所论，殖民时期巴西农村保有的绝对优势与葡萄牙对殖
民地的统治方式一脉相承：葡萄牙殖民者拒绝在殖民地强制推行任
何不容置疑的治理理念，在一切有退却、绕道或让步之机可趁的现
实困局面前，往往毫不犹豫就给原则准绳打折扣；对构建、筹划或
奠基这类需要斟酌思量的概念毫无兴趣，将视野与活动范围紧锁于
富饶殖民地唾手可得的利润与财富之上。

　　毋庸讳言，聚居城市，究其本质并非人类天性，而是文明意志
与精神的体现，甚至说是一种反自然行为都不为过。对许多在历史
上扮演了征服者角色的国家而言，兴建城市是统治和管理新属地的
重要方式。马克斯·韦伯令人信服地阐明了城市的兴建如何在近东

（尤其是被古希腊文化浸染的地区和罗马帝国覆盖领域）象征着地方权力机制的有效构建。此外，他还指出，同样的现象实际上也发生在中国：19 世纪，征服苗族部落的明显策略之一便是对原苗族领地的城市化改建。时空兼异的征服者同样选择了城市建设并非纯然巧合，历史经验表明，这的确是最有效且最持久的统治手段。历史上罗马帝国城市建设的扩展边界，亦即帝国经济活动的绵延畛域，后来也顺势所趋变成了古典文化遗产的承载范围。农村地区越不受城市建设的影响，或说离城市边界越远，其独立的程度也就越高。

164

    当然，证实这一点并不需要在历史和地理上走太远。就在我们美洲大陆，西班牙殖民模式最主要的特色恰是葡萄牙殖民者长期忽略或拒绝弥补的短板：西班牙人选择通过建构庞大且稳定有序的聚居点以确保宗主国对殖民地长期军事、经济和政治的统治地位。引导西班牙美洲城市建设的，是兼具高瞻远瞩与精益求精两种特性的持久热情。殖民史初期，卡斯蒂利亚王庭对新大陆殖民者个人自由的普遍宽恕与保障，不光促成了众多殖民者本人名垂万古的辉煌壮举，更为西班牙帝国赢得了征服者的荣耀与大面积的新属地。然而，一旦局势渐稳，先前放任不拘的个体自由便立刻感受到了来自宗主国强大国家机器的约束力：为平息频繁发生的无谓竞争与分歧，也为成功将在地殖民者的有限精力全部聚焦于宗主国利益最大化的核心目标，西班牙王室推出并严格执行了一套美洲大陆新旧居民互处原则。1563 年颁布的《新发现与居民条例》（*Ordenanzas de descubrimiento nuevo y población*）明确要求，在聚居点落定、房屋建造完成之后（《条例》明文规定"不是之前"），地方行政官和新居民应以神圣的奉献精神全力投入将所有土著居民和平引入圣教会（Santa Igreja）的使命当中，并促进民政当局在居民点快速树立社会威信。

不难看出，西班牙美洲城市中心的布局方式，体现出的是人力试图克服与整顿荒野丛林杂乱无章本来面貌的坚定决心，换言之，是人类发挥自由意志的现实成果。街道并不单纯依傍地势起伏曲折延展，而是按照人的主观意愿被构造成一条条直线。有必要指出，无论是位于古罗马发源地拉齐奥（Lácio）的城市，还是后来参照伊特鲁里亚（Etrúria）① 习俗建立的罗马殖民地城市，建筑灵感都来源于宗教思想。而当西班牙人在美洲建造城市时，却几乎彻底将宗教思想抛在了脑后：完全被一种对新大陆发号施令和统治一切的强烈渴望所主导。象征对既定目标矢志不渝的直线设计充分体现了西班牙人这种坚定的主观意志。西班牙殖民者兴建的美洲城市是第一批由欧洲人在我们大陆上建造的"抽象"城市（或说呈现人类主观意志与思维信念的城市），而直线在这批城市的布局中占主导地位绝非偶然。

为防止卡斯蒂利亚征服者的后代在城市中心的建设中随性而为，或掺杂任何与既定主旨相违的奇思妙想，西班牙王室早早就颁布了一整套法规明令禁止。我们知道，为协助告解神父对信众的规劝与教化，16 世纪的神学决疑论者（casuísta）致力于通过近乎官僚式繁冗的论理方法，为复杂的道德案件定性，并寻求可被提取或扩展以用来解决类似新案件的普遍规则。这种精细入微的推理过程也同样体现在为规范西属美洲城市建设而制定发布的《印度法律》

165

166

---

① 伊特鲁里亚是位于意大利中部的古代城邦国家，地理范围涵盖了现今的托斯卡纳（Toscana）、拉齐奥与翁布里亚（Úmbria）。公元前 6 世纪至公元前 7 世纪之间，城邦范围由波河河谷（Planície Padana）直至坎帕尼亚大区（Campânia）。伊特鲁里亚被认为是伊特拉斯坎人（Etruscos）的国家，后被罗马人吞并，古罗马的伊特鲁里亚时期是其鼎盛时期。——译者注

(*Leis das Índias*)① 里。依据该法律，在寻找定居地时，殖民者首先应当悉心留意当地原住民的健康状况：适合定居的地方不仅应该看不到体弱多病者，还应该有大量体格健壮肤色健康的老人与少年。除此之外，当地的动物应当健康且个头偏大，水果和食物看起来要新鲜饱满，无毒素或有害物质来源，风水要好，天空晴朗纯净，空气也必须清新柔和。

167　　如果是沿海地区，则要考虑港口的遮蔽条件、水深及防御能力，并尽可能避免海水自西或南袭岸的地段。在内陆地区，不应选择迎风、海拔过高和交通闭塞不易抵达的地方；人居住在地势过低的地方容易生病，所以也应当避免；比较合适的地段应当高度适中且有南风或北风经过。若附近有山，则最好在定居点的东边或西边；若有河流经过，那日出时分，应确保阳光先射到定居点而后再照到水面。

　　城市建设总是围绕被称作"大广场"的地方展开。在沿海地段，大广场通常建在港口登陆地；在内陆，大广场则被设定为居民点的中心。广场一般建成四边形，宽至少是长的三分之二，这样的设计便于节庆期间在广场跑马。大广场占地面积应取决于该定居点居民数量，考虑到居民人数可能增加，宽度不应少于 200 英尺，长度不应少于 300 英尺。最大的广场一般也不会长于 800 英尺，或宽过 532 英尺。最适中的广场面积一般长 600 英尺，宽 400 英尺。大广场通常是城市道路布局的中心辐散点：四边形各边的中点即为四

---

① 《印度法律》是西班牙王室为帝国在美洲和亚洲的殖民地颁布的整套法律，用来规范这些地区的社会、政治、宗教和经济生活。这些法律由数百年来颁布的无数法令和 16 世纪的重要法律组成。

条主要街道的起点，自四边形各角通常会再延伸出去两条路。值得留意的是，四边形各边往往正对东南西北四个方向。寒冷地带路面一般较宽，炎热地带路面一般较窄。当然，在有跑马需要的地方，路面最好偏宽。

依照这样的设计，城市建设便可以非常有序地从中心向外延展。大广场在西属美洲城市建设中起的作用，相当于古罗马的城市规划师用**利图斯号（litus）**划定的、作为后续城市网规划主要参照的**南北向主轴道"cardo"**与**东西向主轴道"decumanus"**所共构的范围。人所共知，古罗马条理井然的城市布局是人力试图在地面复制宇宙秩序的结晶。但西班牙殖民者在建设美洲城市时却根本没将上帝旨意或宇宙秩序放在心上，他们通过在新大陆开荒建城所要表达与表现的，恰恰是人类自由且成功地实现主观意志并干预事物原本自然进程的渴望与能力，换言之，在西班牙殖民者看来，人类不是仅仅被迫接受历史的"发生"，而是有本领指引甚至创造历史。这种观念在耶稣会教士对美洲教团的组织与管理中得到了最极致的体现。教士们将新观念成功植入了瓜拉尼（guaranis）信徒的物质文化，比如，在一个木材丰富但采石场极缺的地区，耶稣会士主持"创造"了一座由石料和砖坯堆建的城市。另外，新观念也被融入了教区的管理制度，例如，一份文献指出，教区事务巨细靡遗都得按规定来，在那些坐落于今天相当于玻利维亚领土上的教区里，"午夜时分，土著夫妇会被钟声唤醒，以进行性交"。

我们知道，耶稣会教士以惊人的意志和智慧在葡属美洲造就的，是一个独特而罕见的例外。与教士缔造的奇迹相比，与同样堪称奇迹的西班牙殖民活动相比，葡萄牙殖民者相形见绌之处便不止一点半点，我们甚至有理由怀疑，他们是否真的为殖民美洲做过什么有系统的长远规划。较之卡斯蒂利亚人在西属美洲建造的宏功伟业，葡萄牙殖民活动的重点被仅仅限定在了赚取商业利益上，这样一来，他们实际只是单纯复制了古代殖民者（尤其是腓尼基人和希腊人）的先例。卡斯蒂利亚人则不然，他们不满足于简单重复古人经验，而是为将殖民地变成西班牙帝国的有机延伸做出了众多全新的努力。如果说卡斯蒂利亚人在美洲殖民的 400 年间自始至终将这一信念坚守到底有些夸张的话，无可争辩的是，那至少是他们最初的意图与行动方向。卡斯蒂利亚人希望西属美洲拥有超越商业属地的单一性质，这使得作为一个整体的西班牙帝国上层建筑从一开始便受到重视。早在 1538 年，卡斯蒂利亚人就创办了圣多明各大学（Universidade de São Domingos）。弗朗西斯科·皮萨罗（Francisco Pizarro）① 在征服秘鲁仅 20 年后（即 1551 年）就获得敕许在利马创建了与宗主国萨拉曼卡大学（Universidade de Salamanca）享有同等特权、豁免权与相应限制的圣马尔科斯大学（Universidade de São Marcos）。同样成立于 1551 年的墨西哥城大学（Universidade da Cidade do México）1553 年便正式招生授课。在 16 世纪后半叶与随后的两个世纪中，西属美洲相继诞生了众多其他高等教育机构。殖民史结束前期，卡斯蒂利亚人统辖的若干殖民区总共建立了不少于 23 所大学，其中具一流水平与规模的就有 6 所（还不包括墨西哥和利马的大学）。这些教育机构在西班牙统治期间就源源不断地为殖民地培养了数以万计的美洲学子，使得土生土长的美洲人不必背井离乡远渡重洋去欧洲就能完成高等学业。

---

① 弗朗西斯科·皮萨罗（1471—1541）是西班牙早期殖民者，开启了西班牙征服南美洲（特别是秘鲁）的时代，也是现代秘鲁首都利玛的建立者。在西班牙历史上，皮萨罗以其征服活动与墨西哥的征服者埃尔南·科尔特斯齐名。——译者注

　　创办高等学府虽然只是西班牙殖民模式一个具体的单一侧面，
但却很好地折射了持续激励卡斯蒂利亚人的创新意志。当然，这并
不意味着创新是所有西班牙殖民活动最显著的特点，也不是说 400
年来卡斯蒂利亚人的创新意志战胜了包括人类惰性在内的一切内部
或外部的障碍。然而，毋庸置疑，不甘袭人故智与受困现实的胆
识，的确是将西班牙人功绩卓著的殖民活动区别于葡萄牙人在巴西
有气无力长期裹足不前的主要原因。可以说，无论对于殖民地政府
还是为其服务的普通殖民者来讲，巴西从来都不自足存在，而只是
被当作附庸，当作一个既无历史也无前途可言的过渡带。而这也恰
是 19 世纪才亲访巴西的亨利·科斯特（Henry Koster）[①] 对我们国
家的整体印象。与此相反，卡斯蒂利亚人则将新大陆看作宗主国的
有机延伸，并在此进行了天主教与异教徒之间持续的世纪之争。哥
伦布恰巧在伊比利亚半岛最后一个撒拉森人（sarraceno）[②] 据点陷
落的那一年到达美洲，这一偶合似乎源于天意，象征着在宗主国帷
幕暂落的宗教纷争应当赶紧搬去新大陆继续上演。在殖民美洲的过
程中，卡斯蒂利亚人将宗主国驱逐伊斯兰信众后用来殖民其原领地
的措施，稍作因地制宜之改良便用在了新大陆。另一个重要事实
是，西班牙人在美洲大陆占据的大部分地区气候都非常怡人：除了
位于热带的相当一部分地区之外，剩下的部分几乎都位于高海拔地
带。就连正好处在赤道的基多城（Quito）也常年恒温，为这些安
达卢西亚（Andaluzia）移民提供了与故乡宗主国相差无几的气候

---

① 亨利·科斯特（1793—1820），也被称为恩里克·达·科斯塔（Henrique da Cos-
　　ta），英国公民，于 1809 年定居巴西东北部，从事咖啡种植业。科斯特以自己在
　　巴西全境多次旅行的见闻为素材撰写了《巴西游记》一书，并于 1816 年出版。
② 在西方的历史文献中，撒拉森最常用来笼统地泛称伊斯兰的阿拉伯帝国。在早
　　期的罗马帝国时代，撒拉森只用以指称西奈半岛上的阿拉伯游牧民族。后来的
　　东罗马帝国则将这个名字套用在所有阿拉伯民族上。——译者注

环境。

西班牙人在新大陆营造大型聚居点时，偏爱选址在一些即便邻近赤道也因海拔较高而拥有相似于他们早已习惯了的欧洲气候环境的地区，而这也完全合情合理。观察地图便可发现，与葡萄牙人主要选择定居沿海与热带不同，卡斯蒂利亚人似乎有意识避开这类地区，而对广袤的内陆与高原情有独钟。在仔细查阅当时有关"大发现"和"定居点"的法案条例时，我们也的确找到了非常明确的方针指示。有立法者解释，不应选择沿海地区定居，因为这些地方频繁受到海盗威胁，也因为土地贫瘠，当地人普遍不善耕种，随遇而安游手好闲，也自然没有良好的风俗传统。只有遇到良港时，才可破例在邻近的海滨地带定居，即便如此，也不能贪图容易，毫无节制，仅应选择那些利于船舶出入、能够促进贸易且便于防守自卫的特殊地段。

而葡萄牙人却因担心失去对沿海地带的控制权，为殖民者向内陆迁徙设立了重重关卡和障碍。在巴西第一任总督托梅·德·索萨治下，殖民地政府明确规定，未经总督或殖民地首席财政官的特别许可，任何人不得擅自进入内陆地区。除此之外，官方特批许可只应向"稳妥且保证不会在内陆肆意妄为从而造成损失与破坏的人开放。即便获得进入内陆的许可，为以防不测，迁徙者未经特别授权也不可从一个殖民区越界进入另一个殖民区。违规者将处以笞刑并罚款 20 克鲁扎多（cruzados），款项的一半归告发者，另一半归捕头"。

另一项似乎意在将殖民地人口滞定在沿海地带的措施，出现在葡萄牙王室颁发的殖民区赠予函上。依据该类函件，获赠人可以在海边与通航江河岸边随其所宜建设多个村镇，"因为按照规定，内陆地区各居民点彼此相距不得少于6里格，而且每个村镇需占地至少3平方里格；此外，在内陆建造居民点前，获赠人必须提前确定其占地面积，以确保日后一切其他建设项目都能遵循上述规模限定"，符合既定规模限制的建设计划无须申请国王陛下预先批准。

在圣维森特（São Vicente）殖民区，获赠人妻子安娜·皮门特尔（Ana Pimentel）于1554年废除了丈夫有关禁止沿海居民前往皮拉蒂宁加经商的规定，这一举措马上在市议会成员中引起了广泛困惑与不安，议员们要求皮门特尔向他们出示详细阐释其新决定的正式文件。很显然，皮门特尔的决定被普遍认为是轻率之举，即便在18世纪最后的几年里，依然被拿来当作反面教材受到严厉谴责。甚至连加斯帕尔·达·马德雷·德·德乌斯（Gaspar da Madre de Deus）修士和大监察官克莱托（Cleto）这类人，都对允许居民进入内陆经商给沿海地区社会管制造成的不便与困难频表遗憾。

随着博勒达杜坎普（Borda do Campo）的圣安德烈（Santo André）村的创建，以及后来圣保罗的建立，圣维森特殖民区逐渐衰落了，甚至连桑托斯港（Santos）也没能取得最初预期的发展，就像位于贝尔蒂奥加（Bertioga）以北和伊塔尼亚恩（Itanhaém）以南的海滨地区持续无人定居一样。沿海甘蔗种植园被废弃，由于长期缺乏值得运输的货物，从殖民区来往安哥拉与葡萄牙的航线也终于寿终正寝。

在加斯帕尔修士看来，即便圣保罗人凭借他们惊人的能力与雄

174

175

心径自更改了《托德西利亚斯条约》(*o traçado de Tordesilhas*)① 的规定，并将葡属殖民地延伸到了美洲内陆地区，最符合宗主国利益也最利于促进殖民区发展的仍旧是马蒂姆·阿丰索（Martim Afonso）② 有言在先的规戒。与圣维森特后继的行政官相比，殖民区的首位获赠人显然更善于洞察宗主国真正的兴趣所在：葡萄牙的目标不光是避免战争，还有增加沿海居民数量。他预言，伴随白人自由进入印第安村落而来的，必定是无休止的冲突与战争，这将严重破坏确保高效利用殖民地所必需的和平环境。他深谙若昂三世最终下令在如此遥远的国度建立殖民地的意图：让葡萄牙从巴西生产出口的货品中获取最大可能的利润。沿海地区的产品无需太费周折便可运到欧洲，而腹地的产品则不然，单将它们从内陆运到海港装船就要花费很长时间，况且即便能顺利运抵港口，陆地运输的附加费用也会让产品价格大大提高，"这样舍近求远得不偿失的选择农民们绝不会喜欢"。

以上是加斯帕尔修士约一个半世纪前说的话。此外，他还不忘直接点明，"这就是葡萄牙人将在沿海定居看得比占领内陆重要的

① 《托德西利亚斯条约》（西班牙语 Tratado de Tordesillas，葡萄牙语 Tratado de Tordesilhas）是地理大发现时代早期，两大航海强国西班牙帝国和葡萄牙帝国在教宗亚历山大六世的调解下，于 1494 年 6 月 7 日在西班牙卡斯蒂利亚的小镇托德西利亚斯签订的一份旨在瓜分新世界的协议。条约规定两国将共同垄断欧洲之外的世界，并将 1493 年 5 月划分的教皇子午线向西移动 270 里格，新版的教皇子午线为穿越当时已属葡萄牙的西非佛得角群岛与哥伦布最早为西班牙发现的美洲土地古巴岛和伊斯帕尼奥拉岛连线中点的经线。这条经线位于佛得角以西 370 里格，即西经 46°37′附近。教皇子午线以西归西班牙，以东归葡萄牙。西、葡两国分别于该年的 7 月 2 日和 9 月 5 日批准了该条约。尽管当时欧洲人对新大陆的地理勘测还十分模糊，西、葡两国较好地履行了条约。然而，条约漠视了其他欧洲强国的权利，在英格兰、法国崛起后，遭到抵制。——译者注
② 马蒂姆·阿丰索（1500—1564）是葡萄牙贵族、士兵和殖民区行政官。他是圣维森特殖民区第一位获赠人（1533—1564）。——译者注

原因。巴西海岸线如此绵长，几乎不可能被全部住满和利用，即便可能那也是很久以后的事。在此之前，我们要做的就是将殖民者限制在沿海区域，阻止他们向内陆迁徙。假如日后所有港口地区都被占领住满，所有沿海土地都被有效耕种，届时再放开迁居腹地的限制也不迟"。

葡萄牙人这种钟情海滨的殖民模式的影响，至今仍在发挥效用。今天，当我们谈及"内陆"时，脑海里出现的依然是 16 世纪时人们普遍持有的印象，即一个人口稀少、受城市文化熏陶非常有限的地方。值得一提的是，当我们研究圣保罗旗队（bandeiras paulistas）① 深入内陆扩张领土的探险行为时，必须将其与葡萄牙人固守沿海的殖民活动严格区分，否则便不能完整理解旗队探险自足成立的真正开创性意义所在。虽然尚未有勇气彻底斩断与宗主国的所有联系，但旗队成员置一切现实与法理风险于不顾，成功突破了《托德西利亚斯条约》的限制，为我们今天熟知的巴西版图奠定了雏形。巴西殖民史上第一声自治诉求恰好是由阿马多尔·布埃诺（Amador Bueno）为圣保罗发出的，这绝非偶然，因为圣保罗原本就是一个与宗主国葡萄牙联系甚微的独立存在：在这里，外地人、外国人与印第安人混杂聚居，直到 18 世纪，圣保罗的父母若想让自己的孩子学说葡萄牙语，还得像今天我们让小孩学拉丁语一样，送他们进语言学校。

事实上，巴西国家史也恰巧是在圣保罗所在的皮拉蒂宁加高原

---

① 圣保罗旗队是由出生且成长于巴西的当地人（主要是圣保罗人）自发组成的一种内陆探险队，通常由印第安人和葡萄牙人所生的混血儿构成。旗队深入内陆地区的主要目的包括寻找黄金白银、捕捉印第安人用作奴隶、消灭由逃跑黑奴组成的反奴役社群。——译者注

（Planalto do Piratininga）上跨入了一个全新的时代。在那里，涣散
的殖民地居民首次形成了自主规模，找到并发出了属于自己的独特
声音。圣保罗旗队主动开启的开荒扩张并非受迫于大洋彼岸的欧
洲，也没得到过任何来自宗主国的支持，甚至常常违背葡萄牙的旨
意，妨碍帝国王室从当地迅速攫取暴利。然而，无可否认，旗队探
险的主要目的是寻找黄金白银和捕捉印第安人。也就是说，即便英
勇大胆如圣保罗旗队成员，也只有在形势或现实需求的鼓励下才会
想到冒险远征。而且，每次远征结束后，如果不至于一败涂地或一
无所获，他们往往会立刻整装返回自己的村镇农庄，绝不在陌生的
177　穷山恶水中迟疑逗留。因此，在发现金矿之前，除极个别情况外，
旗队并没有在内陆地区兴建任何定居点。

　　在葡萄牙统治巴西的第三个世纪，随着吉拉斯（Gerais）金矿
的发现，首次出现了较大规模由沿海向内地的迁徙潮。用当时一位
历史学家的话来说，黄金"以粉末和硬币的形式被源源不断大量输
往国外；除去花费在打造项圈、耳环和其他首饰（比起上层社会的
女士，生活潦倒的混血女人往往更愿意佩戴这些东西）的黄金之
外，只有很小一部分能最终留在葡萄牙和巴西的城市"。为了监控
金矿开采，政府设置了层层关卡阻止人口内流，严格禁止外国人
（只有少数英国与荷兰的友邦臣民费尽周折才能获准内迁）、僧侣、
失业神父、商人、客栈老板等移居内陆。总之，一切不能竭诚为宗
主国贪婪欲望服务的人都被排除在外。然而，黄金热唤醒的发财梦
使政府出台的禁止措施收效甚微。1720 年，葡萄牙政府甚至不得不
178　亮出绝地反击的撒手锏：除殖民地在任公职人员以外，禁止一切人
入境巴西。即便公职人员，入境时也只能由有限几个近身仆人陪
同。教会方面，获许入境的仅有主教、传教士以及在巴西入教且必
须返回入教修道院的普通教徒。最后，在特殊情况下，能够证明确

实有重要事务处理且承诺在限定日期出境的个人也有可能获准入境。

直到那时，那个黄金热的年代，葡萄牙才真正决心积极干预海外殖民地的事务，然而使用的却纯粹是一套警察强行镇压的手段。不难看出，宗主国并不打算为其海外领地的长久发展奠定基础，而是想在短时间内用最少的投入为自己从巴西攫取最大的利润。完美例证之一便是，由未经当局明确许可任何人不得跨越的迪亚曼蒂纳分界线（Demarcação Diamantina）① 围圈起来的国中之国。受特别法令管制的国中居民被以大家族的方式组织起来，由区总管施行专制统治。马蒂乌斯指出，"将一整个地区封锁起来，使当地一切社会生活专门服务于宗主国王室的获利欲求，这种做法在历史上绝无仅有"。

自 1771 年起，该地区的一切居民被置于严苛无匹的管控与监督之下。无法提供有效身份证明或合格证件的所有人都被要求立即离开该地区。如非法返回被抓，会被处以 50 盎塔瓦（oitava）② 黄金的罚款和 6 个月监禁；如若再犯，则会被流放安哥拉 6 年。另一方面，如果不事先向当局详细阐明意图，任何人不得迁入该区居住。即便只是移居到迪亚曼蒂纳分界线附近居住，也同样必须事先征得区总管的同意。一位历史学家提到："常年不间断的走访普查

179

---

① 迪亚曼蒂纳是 18 世纪初殖民地巴西发现黄金后兴起的城市，位于今天的米纳斯吉拉斯州（Minas Gerais）。尽管最初建立是由于当地发现了金矿，但迪亚曼蒂纳真正的繁荣开始于 1720 年钻石的发现。1731 年，一项特别法令确立了迪亚曼蒂纳分界线，严格控制人员出入，使其变成了名副其实的国中之国。迪亚曼蒂纳的葡文名字"Diamantina"由钻石（diamante）一词变化而来。——译者注
② 盎塔瓦是黄金计量单位，相当于八分之一盎司。——译者注

像一张由秘密举报撑起的阴森大网，暗中威胁监视着每个人的一举一动。举报者常常公报私仇诬陷他人，监察员则往往借调查的机会来满足自己行使权力的野心并同时不忘顺便谋取私利，这样一来，大批无辜的人受到牵连成为社会监管措施的牺牲品。"金矿的发现，特别是后来钻石矿的发现，最终使得葡萄牙决心加强对巴西的管控，以便在当地建立维持一套严格的殖民秩序。维护这一秩序所必需的，是调动一切渴望坐收殖民地经济渔利的人为政府运行的那套独裁暴政服务。

180　假如内地没有发现矿山，我们无疑会看到葡萄牙人沿海岸线定居的政策被贯彻到底，因为对他们来讲，那才是风险最小最易获利的殖民方式。对于任何一个葡萄牙上校而言，没有什么比科尔特斯（Cortez）[①] 的举动更让人难以想象：船员在新西班牙登陆后，科尔特斯下令拆掉舰队所有船只并将所得木材用于陆地房屋建设。然而，在西班牙人看来，拆船造屋这一象征新殖民体系伊始的举动简直再"卡斯蒂利亚"不过了。后来皮萨罗重演了这一历史性壮举：1535 年西班牙军队在秘鲁被一支五万人组成的印第安军队包围，为了打消士兵们逃跑的念头和企图，皮萨罗下令将所有船只驶离海港。此次背水一战大获成功，加快了西班牙军队征讨印加帝国的步伐。

可以说，西班牙殖民者从来没将注意力放在海上，与他们而言，海洋不过是迁徙道路上一个有待克服的障碍，甚至沿海地区对他们来说也无足轻重，仅是深入腹地、进入温带寒带区域所需跨越

[①] 科尔特斯全名埃尔南·科尔特斯（西班牙语 Hernán Cortés，1485—1547），是殖民时代活跃在中南美洲的西班牙殖民者，以摧毁阿兹特克古文明，并在墨西哥建立西班牙殖民地而闻名，埃尔南·科尔特斯和他同时代的西班牙殖民者开启了西班牙美洲殖民时代的第一阶段。——译者注

的狭隘边陲。在中美洲，最发达且人口最集中的地区都位于大洋附近，当然，是太平洋，而非征服与贸易活动的必经之路大西洋。卡斯蒂利亚人偏爱西海岸附近的高原及其温和的气候，在这里建立了他们最早的一批定居点。至今让历史学家和地理学家感到惊讶的是，古代定居者的后裔从未真正尝试过占领尤卡坦（Yucatán）和巴拿马（Panamá）之间的安的列斯海（mar das Antilhas）沿岸地区。尽管那一带明显位于西班牙王室的岛屿领地范围之内，尽管定居那里可以大大缩短与太平洋沿岸各定居点之间的距离，西班牙人还是情愿让蚊子继续在那里自由肆虐，并将它拱手让给了土著印第安人和随后而来的英国走私商。时至今日，中美洲最大的人口聚居带依然不止一处被几乎无法穿透的原始森林与东海岸隔开。 181

不难看出，卡斯蒂利亚人挑选殖民点时，并不特别看重沿海沿河交通便利的优势，可这却无疑是葡萄牙殖民策略的主要指导因素。葡萄牙王室颁布的不涉及海滨地区的殖民规定与法令，总会再三重申要选择可以通航的大河沿岸定居，圣弗朗西斯科河（o rio São Francisco）岸边的聚居点就是很好的例子。与此相反，西班牙的类似法规中则很少提及内河航运这种交通方式，对他们而言，人员与物资无疑都可以经由陆路运输。

在巴西，葡萄牙人在紧傍海岸的殖民过程中偶遇了另外一个有利条件：沿海岸线从北到南居住的印第安部族都属于同一个大家庭，说着同样的语言。耶稣会教士很快便学会了这种印第安语，并将其依据经典句法稍作微调编著成书。也正是借由这种语言，葡萄牙殖民者才得以与其他土著部落，甚至其他民族的印第安人进行交流。一切历史记录表明，葡萄牙人定居点的迁移总是比图皮人的大迁徙晚一步发生，事实上，在整个殖民时期，葡萄牙人新落脚之地 182

往往也是图皮人刚搬离之地。

图皮–瓜拉尼人（tupí-guaraní）似乎相对很晚近才在沿海地带定居，而不久之后第一批葡萄牙人就在巴西登陆了。据一位现今的美洲主义者考证，图皮–瓜拉尼人很可能从 15 世纪才开始定居沿海。事实上，巴伊亚地区的图皮人驱逐异族部落到腹地的往事，在历史学家加布里埃尔·苏亚雷斯的时代，也就是 16 世纪末，依然常常被人们谈起，而苏亚雷斯也通过记录下"塔普伊亚"（tapuias），也即后来被图皮南安人（tupinaés）和图皮南巴人（tupinambás）占领的地区的名字，帮助今天的我们记住了这一历史事件。即使在葡萄牙殖民活动开始之后，我们也还见证了图皮人的一次新扩张，这回他们将领地延伸到了马拉尼昂及亚马孙河岸。1612 年，住在马拉尼昂的方济嘉布遣会（Ordem de São Francisco）修士克劳德·阿贝维尔（Claude d'Abbeville）甚至还结识了一些亲眼看见过图皮南巴人向上述两个地区迁徙的人。根据可靠证据，阿尔弗雷德·梅特罗（Alfred Métraux）[1] 认为此次迁徙发生在 1560 年到 1580 年之间。

图皮部落沿巴西海岸线定居发生在葡萄牙殖民者到来前不久，海滨各部族土著居民展现出的文化一致性似乎也印证了这种观点，正如佩罗·德·马加良斯·甘达沃（Pero de Magalhães Gândavo）[2] 所言："虽然他们居住在海岸线的不同地方，且分别隶属于名称各异的不同部族，但在相貌、生活形态、习俗和宗教礼仪方面却非常相似。"

---

[1] 阿尔弗雷德·梅特罗（1902—1963）是瑞士裔人类学家，在巴黎受训并获得美国国籍。梅特罗主要研究拉丁美洲、海地和复活节岛的土著居民，工作涉及历史、考古学和民族志等多个知识领域。——译者注

[2] 佩罗·德·马加良斯·甘达沃（1540—1580）是葡萄牙历史学家和编年史家，于 1558 年至 1572 年间在巴西为巴伊亚殖民区政府的财政局工作。——译者注

沿海岸殖民的葡萄牙人有时与图皮部族混住杂居相安无事，有 **183**
时也会直接占领这些土著居民的土地而将他们赶入内陆。在长时间
的交流互动中，葡萄牙殖民者逐渐入乡随俗继承了很多图皮人的好
恶与秉性。但在整个殖民时期，葡萄牙人对南美大陆非图皮土著族
群（如塔普伊亚人）的了解仅限于因神秘陌生而出现并广泛流传的
奇妙传说与故事。葡萄牙人此种乐于圈地自限的殖民方式的最好实
证，莫过于葡属巴西最繁荣的几个殖民区：这些区域在被葡萄牙殖
民者占领之前，几乎全部属于说通用语①的土著居民。毫不夸张地
讲，图皮人实际上才是卢西塔尼亚人征服巴西的向导和开路人，图
皮人领地扩展的范围也正是葡萄牙殖民区扩张的边界。当然，也存
在少数特例，比如，皮拉蒂宁加的戈亚斯人（goianás）早在若昂·
拉马略（João Ramalho）②的时代就已经开始被图皮尼金人（tupin-
iquins）吞并，又如，葡萄牙人对圣弗朗西斯科河北部腹地的卡里
里人（cariris）③的征服。

卢西塔尼亚殖民者在巴西立足后，长期对一些已经占领的殖民
区不甚在意、疏于治理，如圣埃斯皮里图沿海由瓦斯科·费尔南德
斯·科蒂尼奥（Vasco Fernandes Coutinho）④建立的"富庶之乡"
（vilão farto），以及巴伊亚南部的前伊列乌斯（Ilhéus）殖民区与前

---

① 通用语是由古图皮语（tupi antigo）演化发展而来的一种语言，于17世纪末至
   20世纪初在巴西被广泛使用。——译者注
② 若昂·拉马略（1493—1582）是葡萄牙探险家，1515年抵达巴西后便与土著图
   皮尼金人生活在一起直至终老。——译者注
③ 卡里里人（原名写作 Cariri、Kariri、Kairiri 或 Kiriri，意为"安静的"）泛指历史
   上居住在巴西东北内陆地区的多个土著部族，他们属于不同于图皮人的独特语
   言系属分类（Família linguístca）。——译者注
④ 瓦斯科·费尔南德斯·科蒂尼奥（1490—1561）是葡萄牙贵族，也是巴西圣埃
   斯皮里图殖民区的第一个获赠人。——译者注

塞古罗港（Porto Seguro）殖民区。究其原因，也不过是因为在葡萄牙人到来后不久，这些地方的原始居民便成功将入侵自己领地的图皮人全都赶去了别的地方。海因里希·汉德尔曼（Heinrich Handelmann）① 在他的《巴西历史》（*História do Brasil*）中甚至说，除了亚马孙河上游以外，上述这些地方是整个帝国人口最稀少的地区。令他惊讶的是，经过 300 年的殖民，在万圣湾（baía de Todos os Santos）和里约热内卢湾之间竟然还存在一个如此原始荒凉的地带。在圣埃斯皮里图，为了维持仅有的几个居民点，葡萄牙人强迫自己控制下的沿海印第安人迁去那里，以防其他土著人的袭击将这些居民点彻底摧毁。直到 19 世纪，在基多·托马斯·马利埃（Güido Tomás Marlière）② 本笃会式的热心倡导下，教会才开始向多塞河（Rio Doce）沿岸的土著居民传教，据说他们就是曾经给予过殖民者毁灭性打击的剽悍的艾莫雷斯人（aimorés）仅存的后代。

因循上述这种画地自限的殖民模式，葡萄牙人扎寨定居只在之前说阿巴尼恩伽语（Abanheenga）③ 的土著人居住的地方，因此，长久以来，葡萄牙殖民者几乎得不到任何关于居住在内陆地区的土著部族的消息，正如卡丁神父（padre Cardim）所言，除了知道

① 海因里希·汉德尔曼（1827—1891）是德国历史学家。1847 年至 1853 年间，汉德尔曼在海德堡、基尔、柏林和哥廷根学习历史和语言学。他的《巴西历史》出版于 1860 年。——译者注

② 基多·托马斯·马利埃（1767—1836）是一名参加过拿破仑战争的法国军人，因其在战争中的倒戈经历，被迫流亡巴西。——译者注

③ 阿巴尼恩伽语亦称阿巴耐语（abanhém），是葡萄牙人首次抵达南美时居住在巴西沿海地带的土著居民使用的语言，今天普遍用古图皮语（tupi antigo）代指。在葡萄牙与西班牙殖民南美的时期，阿巴尼恩伽语受到了欧洲语言的影响，逐渐变成了我们今天熟知的宁恩伽图语（nheengatu）或现代图皮语（tupi moderno）。在殖民时期，宁恩伽图语一直是巴西最主要的交流语言，甚至被很多葡萄牙人采用。

他们说的是"另一种语言"之外，对他们一无所知。正如我们之前提到过的，对于卢西塔尼亚殖民者而言，占领或了解沿海以外的内陆腹地不但无关紧要，甚至徒劳无益，因为那并不能帮他们更好地与远在欧洲的宗主国保持联系。而当他们逐渐发现满布巴西狭长海岸的所有土著人，竟然全都属于同一个种族且操着同一门语言时，便如捡了一个大便宜般更觉喜不自胜。

这种殖民模式近乎闪米特式重商主义的特性，在殖民地人口自　185
我设限、仅围海运条件便利的港口而居的事实中显露无遗。我们之前讨论过的出口商品原产地农村的繁华盛景，与作为乡村附属出现的城市因被长期忽视的萧索惨淡，也同样是这种特性的明显表征。有必要指出，正是上述这两种殖民地时期长久遗存的特殊历史事实，严重影响甚至直接左右了后殖民时期巴西社会的发展状况。曼努埃尔·达·诺布雷加（Manuel da Nóbrega）① 神父在 1552 年的一封信中叹息道："在所有登陆巴西的外来者当中，没有一个真正热爱这片土地，每个人绞尽脑汁考虑的仅仅是如何为自己捞到好处，　186
哪怕以糟蹋牺牲这片土地为代价也丝毫不疑不辞，原因很简单，因为大家都指望好处一到手便永久离开这里。"在同年的另一封信中，他再次谈到这个问题时抱怨说，比起看到许多灵魂升入天堂，利欲熏心的外来者更愿意看到许多满载黄金的大船驶离巴西。他还补充说："他们不爱这片土地，因为他们爱的是葡萄牙；他们无意为巴西的未来着想或付出，只是费尽心思竭尽其能为自己谋求福利。这绝对是普遍现象，当然也存在个别例外。"维森特·萨尔瓦多修士

---

① 曼努埃尔·达·诺布雷加（1517—1570）是葡萄牙耶稣会神父，也是首位耶稣会美洲传教团的负责人。他寄回葡萄牙的信是有关 16 世纪的巴西和当时耶稣会传教活动的重要历史文件。——译者注

在接下来的 17 世纪仍旧责怨葡萄牙人只会"像螃蟹一样沿着海岸线爬行",并哀叹道,无论这些实际上已经在巴西落户扎根的外来定居者变得多么富有,他们一心想的仍然是如何把这里的一切带去葡萄牙,"假如他们的种植园和财产会像鹦鹉一般学舌,那他们也必然像教鹦鹉那样教它们说话,而他们教给鹦鹉的第一句话是:皇家鹦鹉献给葡萄牙,一切都献给葡萄牙"。

即便在殖民时代的鼎盛时期,葡萄牙人在巴西的所作所为,与其说是殖民活动,不如更准确直接地说是典型的商业行为。在葡萄牙人看来,他们在巴西任何堪称宏大的作为,都必须以能够立即产生收益为前提。一切都必须着眼于不给宗主国带来巨大开销或造成直接损失。实际上,直到 19 世纪,所有殖民大国遵守的不外乎是一套被重商主义主导的行为规范,依据该规范,宗主国和殖民地必须互通有无互相补充,绝不鼓励相互竞争。因此,严格禁止在海外属地生产可能引起与宗主国之间产业竞争的商品。18 世纪末,由于里约奥格兰德殖民区(Rio Grande)的圣佩德罗管区(São Pedro)开始向巴西其他地区输出小麦,里斯本内阁立即下令停止在巴西全境种植小麦。1785 年 1 月 5 日颁布的敕令决定取缔巴西境内所有金、银、丝绸、棉花、亚麻和羊毛的加工活动,理由是,殖民地居民已经可以通过养殖与种植获得他们所需要的一切,如果再允许他们自己加工服装或进行其他工艺活动,"那殖民地便完全有能力摆脱对宗主国的依赖了"。

从另一方面来看,葡萄牙人对巴西的控制似乎又在某种程度上比西班牙人对其领地的统治更显开明。与西属美洲领地严格控制人员流通相比,葡萄牙王室允许愿意来巴西谋求出路的一切外国人自由进出。因此，大批西班牙人、意大利人、弗拉芒人、英国人、爱尔兰人、德国人借此便利移民到了巴西。除此之外，外国人也被允许以商人身份沿巴西海岸通行通商，只要他们保证支付货物价值的10% 作为进口税，且不与土著居民进行贸易。这种情况在殖民时代早期普遍存在，直到 1600 年，也就是西班牙统治巴西期间，费利佩二世下令驱逐所有居住在巴西的外国人后才发生变化。至此，法令不但剥夺了外国人担任种植园或庄园管家的权利，还强迫当局彻查各地外国人数量以及他们的住址和所拥有的财产。在一些地方（比如伯南布哥），当局甚至要求当地居住的外国人立即乘船返回本国。虽然葡萄牙在 27 年后恢复了对巴西的管辖，然而费利佩禁令并没有被完全取消，仅部分地对英国人与荷兰人放宽了限制。

较之葡萄牙人对巴西相对松懈的管制，卡斯蒂利亚人严格的排 188
外政策实际上是其整体殖民模式不可或缺的必要环节。为殖民地立法时，着眼于长治久安的卡斯蒂利亚人似乎认为，在宗主国统治尚未稳定的新海外属地，与外国人的交往与共处是不该被鼓励的，因为这不利于新体制与新纪律的建立和维持。相比之下，葡萄牙人的慷慨所反映出的则似乎是一种懒于筹划、含糊其词的消极态度。这种主观怠惰部分源于卢西塔尼亚人一贯遵循的极其自私的商业道德，而这种商业道德与中世纪旧商人传统之间千丝万缕的联系又显然根牢蒂固。

对葡萄牙殖民者而言，除非直接涉及与自身利益休戚相关的法规条例，管理制度的松弛甚至动摇并不值得他们自相惊扰。这种卢西塔尼亚式的泰然自若，部分源于葡萄牙人对一切有违个人意愿的生活秩序的本能反感。值得称奇的是，无论是葡萄牙作为一个宗主国相对稀缺的治理手段，抑或卢西塔尼亚人对僵化禁欲主义的任何明显倾向，都无法修正或减弱葡萄牙人对集体秩序的厌恶。相形之下，卡斯蒂利亚固有的严酷自然景观似乎早就将禁欲主义融入了当地人的血液，让他们并不反感甚至乐意依循各种抽象的规章制度来安排自己的生活。

193　　与西属美洲往往秩序井然的城市相比，殖民地时期巴西城市频频展现的可谓自由放任的城市布局，无疑是卢西塔尼亚人天性纵情随意的绝好体现。在葡属美洲最大的城市中心巴伊亚，一位 18 世纪初的旅行者留意到，房屋建设完全是居民们凭一时兴起而布置的，一切毫无规矩可依，甚至连总督府所在的中央广场也似乎是偶然插建在那里的。早在殖民时代的头一个世纪，圣维森特和桑托斯的房屋建设就已横七竖八乱作一团，以至于驻守巴西的第一任总督
194　常常抱怨无法为两个城镇修建城墙，因为害怕给市民带来太多额外麻烦，并让他们承受巨大损失。

　　诚然，只要没有天然阻隔，长方形的城镇布局几乎可以自然出现，例如里约热内卢所在的地理区域在里约城建成之前就已让它初具雏形。所以，如果认为里约城建反映了城市建造者们预先规划的强烈意志，那便纯属牵强附会了。整体而言，里约的布局事实上至多是有限地实践了文艺复兴时代被重新提倡的诸如理性原则与对称美学等古典时代的观念。换言之，在巴西的城镇规划中，几何学无论如何都没能扮演它在卡斯蒂利亚美洲扮演过的重要角色。需要指出的是，在西属美洲城镇建设的后续发展中，脱离几何布局因循地貌安排的情况也并不罕见。

循袭旧制，而非尊崇抽象的理性原则，是左右葡属美洲城镇规划和葡萄牙人其他一切殖民活动的首要律条。亦即是说，相较因时因地制宜提前制定一套理性规划并将其践行到底，卢西塔尼亚人更愿意乐观盲目地凭借自己以往并不总能行之有效的葡国经验行事。其结果便是，葡萄牙殖民者在巴西修建的设施几乎都被一次、两次甚至更多次搬迁过，我们在一些城市中心周围看到的殖民地时期遗留至今的众多古城旧址，就是葡萄牙人这种倾向于放手在前进中摸索、厌嫌理性考究而频繁造成巨大浪费的历史见证。

事实上，这并非什么新鲜见解，广受尊崇的观察家路易斯·多斯·桑托斯·维列纳（Luís dos Santos Vilhena）① 早在上世纪初就不无遗憾地指出过，在建造萨尔瓦多城时，葡萄牙人选择了一个"满是沟壑与斜坡"的陡峭山丘，而离这小丘不远明明有片"天底下最利于建城造镇的空地，地势安全，风景秀美，完全不受葡萄牙人所选的那个丘壑为建城招致的诸多干扰"。 195

一言蔽之，葡萄牙人在美洲建造的城镇从来不是理性思虑的实践结果。这并不是说葡属美洲的城市全如萨尔瓦多一样违背天然地理布局，有些城镇甚至可以勉强同地势与自然景观融为一体。然而，马虎随意、无章可循、缺乏远见等一切卢西塔尼亚特色都被英

---

① 路易斯·多斯·桑托斯·维列纳（1744—1814）是葡萄牙编年史家。维列纳于1787年年底抵达萨尔瓦多，在担任10年军官后，获准在巴伊亚教授希腊语，并持续献身教育直到1799年该教席被取消。他于1802年左右出版了著作《萨尔瓦多和巴西新闻汇编》（*Recopilação de notícias soteropolitanas e brasílicas*）及《维列纳的信》（*Cartas de Vilhena*）。

国作家奥布里·贝尔（Aubrey Bell）[①] 用"散漫"（desleixo）一词精确地传达了出来，这位作家曾用"眷恋"（saudade）一词完美定义了葡萄牙的典型形象。在奥布里·贝尔看来，葡萄牙人的"散漫"，与其说因为整个民族活力不足，不如说是源于一种对人世万事"不值得"的坚定信念。

有必要补充说明，上述这种信念远非体现了葡萄牙人对俗世生活超然或蔑视的态度，而是与他们一种近乎原教旨的现实主义精神紧密相关。简而言之，葡萄牙人拒绝通过天马行空的想象、普遍遵循的行为规范或正式的法律条令去尝试改变现实世界的原初样貌（只有当某些规范与法令已经约定俗成融入传统时，他们才不会拒绝，因为人不需要主动花任何额外的心力去维护或强化已经被广泛因袭的习俗）。换言之，葡萄牙人安于接受人世生活的本然样态；有十足耐心的他们排斥仪典，弃绝幻想；面对现实世界，他们毫无恶意，但也鲜少真正感到欢愉。

或许也恰是由于葡萄牙人冥顽不化的原始现实主义，他们那些已载入汗青的大航海时代事迹，至今很难激起一些史学家的兴趣或浪漫想象。例如，与哥伦布那种引吭高歌、无所畏惧、近乎狂癫的开创者历史形象相比，即便达·伽马也因其过分谨小慎微而显得悭

---

① 奥布里·贝尔（1881—1950）是英国作家和翻译家，对伊比利亚半岛文化有极大兴趣，并在牛津大学基布尔学院（Keble College）学习古典文化。从 1909 年起，贝尔开始担任葡萄牙支持君主制的保守派报纸《晨报》的通讯员，也曾为各种其他出版物撰写文章，并将不同的外文作品翻译成英文。——译者注

吝甚至卑怯。史学家索弗斯·鲁格（Sophus Ruge）① 曾指出，达·伽马的宏伟远航实际上几乎完全是在已为时人熟知的海域内打转，196甚至连目的地都是已知的，当需要穿越印度洋时，他身旁还有经验丰富的领航员可以依靠，比如伊本·马吉德（Ibn Majid）②。

大航海时期的葡萄牙扩张最明显的特征便是小心谨慎与有所保留。对葡萄牙人来讲，任何举措只有基于"充足的经验才能让人放心"。尽管后世有关大航海的一切诗文都不忘将征服休达（ceuta）（葡帝国向非洲扩张的第一个里程碑）赞颂为一个跨时代的壮举，但实际上葡萄牙人保守谨慎的态度似乎从初次远航就已经显现出来了。除麦哲伦外，所有卢西塔尼亚水手都有一个共同特征，即一种几乎从不越雷池却也非常执拗的勇敢。

显然，葡萄牙人不仅很早就真切感受到了大航海时期本民族英勇壮举的伟大，而且坚信长久以来指引并支撑本国各项航海事业的崇高理念重要无匹。在他们看来，大航海的成就甚至超越了古典时期希腊人与罗马人的传奇功绩，而这种观念也无疑是 16 世纪葡萄牙文学里层见叠出的真正主题。但同样值得注意且无可否认的是，随着葡帝国航海事业的势力趋衰与名誉渐落，歌功颂德的文学风尚反而愈演愈烈。这种在文辞中对本民族盛世繁华的追忆甚至带有一

---

① 索弗斯·鲁格（1831—1903）是德国地理学家和历史学家，特别致力于研究大航海时代的葡萄牙。

② 伊本·马吉德全名艾哈迈德·伊本·马吉德（Ahmad Ibn Majid，1421—1500），是阿拉伯航海家和制图师。马吉德出生于一个航海世家，17 岁就能够独自驾驶船只出航。他大航海家的名声遍传西方世界，曾帮助达·伽马找到了从东非到印度的海上航线。此外，马吉德还创作过近 40 部诗歌和散文集。

种强烈的教化大众的意图，类似的实例在史学家若昂·德·巴罗斯（João de Barros）① 的著作中俯拾皆是。在阅读《卢西塔尼亚人之歌》（Os lusíadas）时，最好也同时读读史学家迪奥戈·多·科托（Diogo do Couto）的《讲究实际的士兵》（O soldado prático），因为只有这样我们才能更好地理解路易·德·卡蒙斯（Luís de Camões）那种"巨大而铿锵的愤怒"。虽然科托的作品被证实并非完全忠于史实，但却能帮我们避免将卡蒙斯史诗作品中那种宏大的诗意过分理想化。

此外，毫不夸张地讲，没有任何一项伟大的航海计划在当时的
197 葡萄牙国内得到过真正普遍的支持。我们知道，连探寻通往印度的航线本身，也是国王坚持置顾问大臣强烈反对于不顾才最终得以实现的。对大臣们而言，国王的决定显然轻率至极，因为根本没有必要舍近求远冒巨大风险去追求完全未知或毫无把握的事。用达米昂·德·戈伊斯（Damião de Góis）② 的话来说，葡萄牙的当务之急应该是和平解决几内亚问题并迅速占领其他几个唾手可得的非洲地区，如此一来，不但商人们有利可图，国家也可以借机获利并提高国际地位。

后来，当印度肉桂的气味开始吸引越来越多的人离开葡萄牙去

---

① 若昂·德·巴罗斯（1496—1570）通常被认为是葡萄牙首位伟大的历史学家和葡萄牙语语法研究的先驱。他最著名的史学著作《亚洲的几十年》（Décadas da Ásia）讲述了葡萄牙人在印度、亚洲其他地区及非洲东南部的殖民历史。——译者注

② 达米昂·德·戈伊斯（1502—1574）是葡萄牙历史学家、人文主义学者、书信学家、旅行家、外交官及高级皇室官员，同时也是葡萄牙文艺复兴时期最重要的代表人物之一。——译者注

东方淘金时，反对航海事业的人们又多了几条谴责本国东印度公司的理由。迅速获得与积累财富的强烈期望常常会使人丧失对脚踏实地、单调乏味的生产活动的兴趣，而更倾向于相信偶然机遇与运气。

众所周知，航海事业促进的海外征服给葡萄牙人带来的巨大心理创伤，是16世纪诗文的永恒主题。而且，这种创伤的形成过程恰好与商业资产阶级兴起的过程互相吻合，这也绝非偶然。在葡萄牙，商业资产阶级的兴起自阿维斯家族（a casa de Avis）的地位上升开始，而后又在若昂二世打掉贵族阶级威风后迅速加快。

与我们在因封建传统根深蒂固而社会等级划分极其森严的国家所看到的情况相反，资产阶级在葡萄牙的兴起并没有遇到过分强大的障碍，这很大程度上是因为葡萄牙的社会阶层划分与上述那些国家相比，原本就不够固定。如前文所述，连无法通过世袭制继承贵族身份的普通工匠的子孙，也并非完全没有其他途径使自己跻身贵族行列，可以说，葡萄牙人都渴望且想尽办法将自己变成贵族。

结果便是，传统上只与贵族身份相关的社会角色及精神价值被顺水推舟直接搬到了新兴资产阶级身上。这便使得一套有别于旧贵族的、只属于资产阶级的道德标准无法真正建立并巩固。由此，那套通常情况下伴随资产阶级革命出现的新价值观念也无法在葡萄牙的资产阶级中占据主导地位。

在普通民众攀登社会阶梯时，他们自然会逐渐放弃主导其原属 198
阶层的价值体系，继而拥抱并内化那套属于旧统治阶级的价值观。

这样一来，任何一项传统上与资产阶级紧密相连的"经济品德"（virtudes econômicas）都无法在葡萄牙社会中获得良好声誉，最好的证明便是，那些在卡斯蒂利亚语中从来就仅与单纯的商业活动有关且绝无贬义的词汇，诸如"商人"（traficante），或特别是"商贩"（tratante）等，即使在今天的葡萄牙语中也还带有强烈的负面意味。勤劳、执着、节俭、精准、守时、社会互助等热那亚人珍视的良好品质，向来对卢西塔尼亚人来讲无足轻重。

16 世纪的"新贵族"对这些概念尤为反感。不仅因为他们认为这些概念构建出的勤勤恳恳的社会形象，与他们的新身份格格不入，更因为这会让他们想到一种城市商人的社会身份，而他们自己并不因这种商人出身感到自豪。于"新贵族"而言，"过去"象征着自己不甚光荣的商人出身，于是，在渴望且持续尝试与过去划清界限的同时，他们带着一种新入会教徒式的热忱，极力强化自己身上那些在他们看来专属于纯正贵族的身份特征。

对或确切或臆想的"贵族"形象的狂热追捧与模仿，不仅弥补了并没真正融入传统贵族阶层的新贵族的内心遗憾，也满足了他们为自己在世人眼中创建"贵族形象"的需要。这样一来，尤其在16 世纪，当葡萄牙社会本已薄弱的阶层界限加剧磨损并日渐断裂时，杜撰与效仿轻而易举便取代传统，成了左右人们举止行为的主要原则。这种原则甚至在帝国军队中也同样适用。传统上简朴勤奋的军人形象越来越不被重视，取而代之的是史学家迪奥戈·多·科托笔下那种有了新阶级意识的、"讲究实际的士兵"的形象。胡须长至膝盖、一身便衣短裤、手握锈迹斑斑的标枪或身背弓弩的老兵逐渐退出历史舞台，代之而起的新军人简直可以用华丽来形容：披天鹅

绒衬里的斗篷、穿同样质地的紧身衣裤、脚蹬绣袜软靴、头戴金丝 199
檐帽子、身配镀金佩剑与匕首、发髻高高梳起、胡子短而清爽或面
庞干干净净根本不蓄胡子。唯其如此，卢西塔尼亚军人薪火相传的
英勇与价值自此便踪影难见了，有叹云："战争靠这些新玩意儿打
不赢，得靠英勇无畏的精神，实在没有什么比易服易制更能摧毁一
个伟大帝国的了！"

科托非常希望他的葡萄牙同胞能更忠于本国传统价值，抵得住
新事物的诱惑。因为在他看来，威尼斯与中国这两个帝国之所以伟
大且久盛不衰，恰是因为他们的人民能长时间坚守其传统价值。科
托认为，新贵族形象几乎可以说是一幅对提倡保守的真贵族的讽刺
漫画，16 世纪的新贵们最看重的只有外表或那些能通过外表传达
的东西，因为他们耗财费力所追求的，不过是让自己看起来与普通
人不同。

新贵族为通过衣着装饰表现自己的优雅费尽心思，最在意的是
如何牢牢保卫并持续积累财富。为了彰显地位，他们不再骑马而改
乘轿子，因此很快丧失了骑马作战的能力。就连最优秀的贵族传
统，被若昂一世称作是祖先为使"作战能力与尚武精神不致失传"
而专门设立的各类比武大赛，也都丧失了其原有的实质，变成了新
贵们为彰显财富大摆排场的借口契机。

如果说弃军从商（商人传统上被认为是卑贱的职业）的例子在
当时还不多见的话，弃军从政可谓已司空见惯了。军人们用军装换
取法官长袍，退伍去做行政人员，甚至选择弃武从文，都是为了保
全一己尊严、过一种安逸舒适的生活。其结果便是，即使在那些被

敌人团团围困的地方，例如印度，本应剑不离手的葡萄牙人却不住地提倡"用法院代替长矛，将法律用作甲胄，以文职人员取代士兵"。这样一来，很多从前不被使用的，如起诉、对立、答辩、驳辩、延期、嫌疑等一类词，一时间风行起来，甚至没什么文化的人都拿来当口头禅。

200　　在葡帝国日趋衰颓的大背景下，一位名叫安东尼奥·费雷拉（Antônio Ferreira）的人发起的极度狂热的本土主义，甚至连同或说尤其是《卢西塔尼亚人之歌》吟出的那"高亢且激情饱满的声音"，都乐景衬悲情地让人从时事与人心的错位间更看清了那个事与愿违的不安时代。卡蒙斯对卢西塔尼亚人伟大历史成就的史诗书写，与其说反映了时人对未来不断上升的慷慨期待，不如说是对已逝荣耀的忧郁回溯。在这个意义上而言，诗人倾注心血用文辞将大航海时代的葡萄牙英雄精神定格历史的努力，倒非常像极其到位地为此种精神除了魅。

葡萄牙的传统远非显现在对荣耀的单纯渴求和对英雄品质不加节制的推崇上，相反，它似乎更像是体现在葡萄牙人对此类美德自我克制的实践上。如果说卡蒙斯确实曾经找到过刻画该传统的恰当音韵的话，那我们仅有的凭证恐怕是《卢西塔尼亚人之歌》的最后八小节：在这里，诗人劝国王塞巴斯蒂昂（D. Sebastião）帮助扶持最有经验的、懂得"事情应当如何、何时、何地做"的人，并同时提倡那些从艰辛实践经验（"观察""操练"与"实战"）而非臆想（"梦想""想象"或"纸上谈兵"）中总结得来的军事纪律。

对于崇尚实践的理解或感受方式而言，技能、无实际效用的玄思甚至科学本身，都不能使人升华。那真正使人得以升华的，必须如上帝馈赠天赋般由大自然赋予，或来自对成熟常识的实际应用。人类基于实际经验所取得的成就，与其说受到了稍纵即逝的艺术灵感的启发，不如说直接源于自然。年迈的萨·德·米兰达（Sá de Miranda）① 早就说过：

> 单靠蛮力终将成事寥寥，
> 人类文明始于实践真知，
> 一切恶发于极端，
> 一切善汇集于中。

201

一个世纪前，国王杜阿尔特一世（el-rei d. Duarte）② 就将"完美意志"置于"精神意志"之上，"作为皇家谨慎行事的基础理念"，宣称自己更喜欢遵循那些"理性与理解的判断"，将之称为"审慎之路，其实也就是葡语语境中所谓的真正智慧"。对那些惯于效仿骑士行侠仗义的人，杜阿尔特一世持负面态度，于他而言，"不顾一切将自身置于危险境地或行动中，舍弃所有随自身社会地位与权力相伴而来的有利条件"，随心所欲不加节制到"连身体基本需求如吃饭、睡觉与必要的适度休闲都不在意"的人是不堪重用的。

---

① 萨·德·米兰达全名弗朗西斯科·德·萨·德·米兰达（Francisco de Sá de Miranda，1481—1558），葡萄牙诗人，他将十四行诗与意大利的清新体（dolce stil nuovo）引入了葡萄牙。

② 杜阿尔特一世（1391—1438）是第十一位葡萄牙和阿尔加维的国王，1433 年至 1438 年在位。他是葡萄牙国王若昂一世"阿维斯"的次子。——译者注

　　以上这种种谨小慎微活力全无的处事态度与行事风格，无疑说明了这位若昂一世"阿维斯"的儿子，在众多方面其实已与真正的贵族精神与封建理想相去甚远。在奉劝自己颁布的皇家条例的读者时，杜阿尔特一世表明，人要保持良心安稳，"就不该在没有充分的根据理由时莽撞行事，更不该在生活中偶现的隐晦暗示、靠不住的梦境，甚至虚妄的所谓最高真理的指引下做任何重要决定"。杜阿尔特一世对旁人的劝言其实无非证明了他自己是一个不折不扣的现实主义典型代表，他排斥一切抽象原则和神秘想象，而恰是抽象与神秘才能将人领入个体真正的宗教信仰，让人切实体悟神性在世间的实际显现。如果说，表现个体与现实世界之间的不和谐（连同个体对此种不和谐的主动屈服甚至沉醉）这一主题，确实因高频出现最终塑成了中世纪葡萄牙文学的一大特征，那么这种不和谐与人对它的安逸接受和耽溺，难道不正暗示了葡萄牙文化对享受现世生活的正面肯定与积极鼓励？这种对人世不和谐的乐天迁就，与因彻底厌恶人世而选择出离的态度截然相反。所以说，葡萄牙文化背景下的离群索居（或说"避开个人与现实的冲突转而关注一己生活"），几乎必定意味着葡萄牙人实际上根本无能完全放弃对俗世生活的留恋。就连被认为是高尚楷模和礼法化身的阿马迪斯（Amadis）①，终究也无能将自己变成佩尼亚波夫雷（Penha Pobre）202　荒原上真正的隐士，因为他对奥丽娅娜（Oriana）不可磨灭的记忆浸

----

① 阿马迪斯是伊比利亚文学史与世界文学史上最著名的骑士小说（novela de caballerías）之一《高卢的阿马迪斯》（*Amadís de Gaula*）的主人公。该书用早期现代西班牙语写成，在 16—18 世纪的欧洲风靡一时，时人争相续写此书，进而形成了一个庞大复杂的阿马迪斯文学圈（ciclo）。该书讲述了骑士阿马迪斯的冒险传奇，主要故事情节成型于约公元 13—14 世纪，在 15 世纪晚期由卡斯蒂利亚人文学者加尔西·罗德里格斯·德·蒙塔尔沃（Garci Rodríguez de Montalvo）增校成书。——译者注

透了他所有的思想与作品。

在旧诗集的抒情诗中，我们很容易找到这种表达个人对俗世生活极度依恋的原初情感。心绪的宣泄、或甜美或忧郁的回忆、不了了之的旧愿、神圣的祈祷以及幻灭的梦想都是这种初始情感的完美例证，它们虽与日后让文艺复兴与古典主义艺术家们醉心折服的、甘愿为集体献身的英雄情结截然不同，却也自足圆满，构建了一个私人情感的质朴花园。在这里，任何理论构建都是不可思议的，因为一切个体经验都是偶然的，也都具有独特且至高的价值。若热·德·蒙泰莫尔（Jorge de Montemor）①所著的《戴安娜》（*Diana*）一书中的一个角色曾言，**"如果我们不去理会那些肆无忌惮的家伙看似条理明晰的漂亮理论和整列有序的理性逻辑"**，许多罪恶就会自行消散，许多厄运也不会发生，**"因为这些人最擅长的不过是通过各种方式反复强调，如果世间有恶发生，那一定是理论与逻辑受到了侵犯"**。《女孩与姑娘》（*Menina e moça*）②中一个人物发出的感叹恰好重申了类似观点："悲伤不可能用逻辑解释，因为一切悲剧在发生时都毫无逻辑可言。"

然而，尽管个体独特的初始情感被赋予了超越理性的权威形

---

① 若热·德·蒙泰莫尔（1520—1561）又名若热·德·蒙特马约尔（Jorge de Montemayor），葡萄牙音乐家、剧作家、诗人和作家，曾在葡萄牙和卡斯蒂利亚的宫廷任职。他随西班牙的费利佩二世访问了佛兰德斯，并在意大利度过了他的晚年。他最重要的作品是《戴安娜》，出版于1559年左右，被后世认为是卡斯蒂利亚文学中的第一部田园小说。

② 《女孩与姑娘》是伊比利亚半岛文学史上的第一部田园小说，由葡萄牙文艺复兴时期的作家和诗人伯纳丁·里贝罗（Bernardim Ribeiro，1482—1552）用葡萄牙语写成。——译者注

象，葡萄牙诗歌的发展却从未将它推崇至极到最终被祛魅解构的程度，也就是说，即使在浪漫主义之后，葡语诗歌也一直清楚明晰地保留着它隶属拉丁语文学和伊比利亚文学的根。另一方面来讲，葡语诗歌也从未因欲图为世间一切冲突与邪恶找到万能解决方案而迷失在各种形而上学的恍惚或呓语间。葡萄牙诗人歌颂现世生活，连同它困苦与幻灭的一面，但却从未想过要掀起什么世间风暴、唤醒魔鬼或幻化出能将一切变成黄金的魔法石。换言之，一直以来从根本上影响葡语诗歌书写的，其实并非一套讲究效率、追求秩序的组织理念，恰恰相反，起导向作用的是一种追求即兴甚至反对严谨的随心所欲；归根结底，是播种人的性情，而非铺路人的逻辑。在葡萄牙人看来，这种崇尚个体性情的行事方式无疑符合世间一切或神圣或自然的事事物物的运转规律，著名的葡萄牙耶稣会士安东尼奥·维埃拉（Antönio Vieira）[①] 便曾言：若说星星在夜空中的分布有什么规律可言的话，"这规律必然听命于星与星之间一种固有的、互相作用但自然且隐秘的力量，而非源于某种刻意而为的安排。毕竟，上帝并没有用星辰做棋子来创造天堂"。

这种被葡萄牙文学尤其诗歌表现得淋漓尽致的世界观，同时也深刻影响着葡萄牙人生产生活的方方面面，特别是本书中我们最感兴趣的领域：殖民扩张。另外，需要提及的是，任何来自外部世界的刺激都不会促使葡萄牙人尝试主动介入或主宰事物的原有进程，于他们而言，这种尝试无异于扭曲世间固有的自然秩序。葡萄牙人与其他西班牙裔民族在这一点上的差异，对我们的思考也非常具有

[①] 安东尼奥·维埃拉（1608—1697）神父是非裔葡萄牙耶稣会士、外交官、演说家、传教士、哲学家、作家，也曾是葡萄牙国王皇家理事会的成员。——译者注

启发意义。卡斯蒂利亚帝国皇室膜拜集权、追崇规定和信奉一统的狂热，非常清晰地体现在其实行统治时对周密严格的法律规则的显著青睐与偏好上（如前所述，即使在海外殖民地规划建设城市时，统治者也频繁颁布并严格执行各类法规），而这种偏好之所以形成，恰恰是因为从民族构成来看，卡斯蒂利亚始终是一个内部分裂且持续面临解体威胁的国家。在帝国伊比利亚半岛边境内，卡斯蒂利亚人必须持续应对各类民族矛盾，如阿拉贡人问题、加泰罗尼亚人问题、欧斯卡拉人（euscaros，或"巴斯克人"）[①] 问题以及持续到1492年（或应该说一直持续到1611年）的摩里斯科人（mouriscos）问题。

众所周知，卡斯蒂利亚帝国在逐渐对外扩张的过程中，将战争与殖民阴影接二连三投射向了弗拉芒人、德国人、勃艮第人[②]、米 204 兰人、那不勒斯人、西西里人与来自柏柏尔（Berberia）的穆斯林以及美洲印第安人和亚洲的印度人。毫无疑问，帝国的埃斯科里亚尔（o Escorial）[③] 君主在对其疆界之外的欧洲殖民区，以及众多远洋殖民地进行征服与统治时所仰赖的，正是一套严格推行的强制性机械制度，尽管实际施行的效果并非全部尽如人意，但这套精心制定的强制性措施至少在理论上是完善的，巨细靡遗地将各地区全部殖民事物囊括在内。这种竭力规范一切的强烈意志，实际上源于卡

---

① 欧斯卡拉人指巴斯克地区的当地人（在巴斯克语中称为 Euskal Herria）。

② 勃艮第人指来自今天法国勃艮第地区的当地人。

③ 埃斯科里亚尔或圣洛伦索德埃斯科里亚尔皇家遗址（Royal Site of San Lorenzo de El Escorial）是西班牙皇家遗址之一，历史上曾为西班牙国王的居所，位于西班牙首都马德里西北部的圣洛伦索德埃斯科里亚尔镇。埃斯科里亚尔是世界上最大的文艺复兴时期建筑，由国王费利佩二世（1556—1598 在位）于 1563 年至1584 年间建造。——译者注

斯蒂利亚君王意图人为巩固尚不稳固的帝国联合体的需要，或更确切地说，体现了他们想要将零散分裂的国土领地统一在同一面帝国旗帜之下的迫切希望。奥利瓦雷斯（Olivares）① 在规劝费利佩四世②时所说的话很好地证明了这一点："我们应该将构成西班牙帝国的所有王国都统一在卡斯蒂利亚式的法律框架之下，因为只有这样您才会成为这世界上最强大的统治者。"由此，我们可以断言，统治者对"统一"与"一致"的狂热追求，几乎毫无例外都是其现实管辖范围内长期存在分裂倾向与威胁的结果。

从这一角度看，13 世纪就已先于其他所有现代欧洲国家实现了政治统一的葡萄牙，就显得平安无事得多。通过对南方地区的殖民③，葡萄牙摆脱了撒拉森人的威胁，这使得完成国家内部民族单一化进程成为可能。过早完成的政治统一与民族单一化进程，使得葡萄牙统治者很早便有能力通过集中国家内部所有资源与力量，去实现某个实际上脱离当下现实的空洞目标。纵观历史，我们发现，统治者集中力量想达成的目标，往往是极其具体个别甚至可以说是个人的，换言之，抽象的历史或宏观问题与规范化的制度问题很难

---

① 奥利瓦雷斯（1587—1645）即著名的"奥利瓦雷斯伯—公爵"（Conde-duque de Olivares），西班牙 17 世纪著名的政治家、国王费利佩四世的首相。他协助国王治理西班牙时力主改革、强化中央集权、复兴工商业、提高航运竞争力，在伊比利亚半岛实行大团结，继而推动西班牙哈布斯堡家族与奥地利哈布斯堡家族联合称霸欧洲。——译者注

② 费利佩四世（1605—1665）是哈布斯堡王朝的西班牙国王。1621 年至 1665 年在位期间，他同时是南日德兰郡的领主布拉本特公爵（史称费利佩五世），并兼任阿拉贡国王、瓦伦西亚国王、葡萄牙国王（史称费利佩三世）、巴塞罗那伯爵和勃艮第伯爵（史称费利佩八世）。同时，他还是葡萄牙东印度公司的创办人。——译者注

③ 此处"对南方地区的殖民"指的是葡萄牙人于 1415 年对休达的征服，是葡萄牙帝国开始对非洲殖民的标志性事件。——译者注

激起常常在位不过数十年的个别统治者的兴趣。古谚有云：只看得见树木的人看不见森林。久而久之，"现实主义"地面对当下与"自然主义"地看待未来就逐渐成了葡萄牙文化的重要特征，而历史上也的确不乏这两种主义发挥主导效用的实际例证。

另一方面，葡萄牙的"早熟"也恰好为其国民自发的保守倾向、放任自然的世界观与漫不经心的人生态度提供了很好的解释。 205 换言之，葡萄牙人向来对规划未来漠不关心，也从不会想把历史进程纳入到以超越性原则为标准，且有能力将无可避免的人性偶然严格约束的制度设计之内。如此一来，有可能扎根葡萄牙文化核心的力量便只剩下一种，即被赋予了精神凝聚力和超越意义的财富追求。保罗·乔维奥（Paulo Jóvio）①曾指责葡萄牙人在香料行业的所作所为过于贪婪而缺乏谨慎。对此，葡萄牙历史学家和人文主义者达米昂·德·戈伊斯表示反对，在他看来，通过商品销售赚取的利润恰好补贴了天主教会在传教进程中不可预见的战争所需花费，所以是合理且必要的，假若贸易过程中确实存在某种出格或不道德的行为，也该全部归责于商人自身，包括那些游走各地的小商小贩，因为于商人而言，除了牟利，不存在任何值得或需要遵守的原则。

然而，事实上，这仅是虔诚信徒借贬低商人来维护天主教会形象时的说辞罢了，若说宗主国教会并不需要此类虚伪辩护，那些远

---

① 保罗·乔维奥（1483—1552，原名亦写作 Paolo Giovio）是文艺复兴时期的欧洲作家，主要效力于美第奇家族，包括教皇克莱芒七世。他的作品有传记、历史和一本关于题铭的著作。同时他还收藏古物、肖像以及其他艺术作品。——译者注

在海外各属地且往往并不严格遵守教义的殖民地教会则确实非常需要。特别在巴西，天主教会长期自甘受制于世俗权力，这迫使信仰体系必须唯殖民地政府马首是瞻，时时事事听从其安排调遣。众所共知，吾主耶稣基督骑士团（Ordem de Nosso Senhor Jesus Cristo）[1]的最高统领权本应掌握在教会手中，然而，巴西教会的骑士团却长期由葡萄牙封建君主掌控，这也意味着，巴西教会并不享有脱离政治权利干涉的独立地位，宗主国封建君主对巴西教会享有实际自由裁量权。1551 年，此种世俗权力涉足宗教的情况甚至被教皇朱利叶斯三世（Papa Júlio Ⅲ）以著名的《光耀至爱》（*Praeclara Carissimi*）教宗训谕[2]的形式正式确定下来，从此，宗主国历任君王便可以无所顾忌、名正言顺地在殖民地教会的拥护下管理巴西一切宗教事务。例如，葡萄牙君主有权推举巴西主教候选人并按教宗批准的

---

[1] 吾主耶稣基督骑士团是教宗克肋孟五世（Papa Clemente V）于 1312 年解散中世纪天主教三大军事修士会之一的圣殿骑士团（Ordem dos Templários）后，于 1319 年应葡萄牙国王迪尼斯一世（D. Dinis）的要求，在葡萄牙重组并建立的骑士团。骑士团（Ordem de Cavalaria）是欧洲中世纪以来为打击伊斯兰教而由骑士建立的军事组织。骑士团的组织方式仿效十字军时期的军事修会。骑士团的种类繁多，大体分为两种：一是带有强烈宗教性质、为信仰或教廷而战的骑士团；二是由国王或公爵建立的贵族骑士团。最为出名的三大宗教骑士团为耶路撒冷圣约翰医院骑士团（Ordem de San Juan de Jerusalém）、圣殿骑士团和条顿骑士团（Ordem Teutónica）。它们均为由罗马教宗创建的僧侣骑士团，使命是镇压圣地周围的冲突，与毗邻的伊斯兰国家作战，保卫并扩大基督教国家的领地。——译者注

[2] 教宗训谕（拉丁语 Bulla apostolica），又译教宗诏书，是天主教教宗所发布的最隆重之文告。"Bulla"一词有"沸腾"之意，最初指形似沸水泡的金属圆点，后来逐渐用来指中世纪教宗或其他皇家文书上的铅制封印，最终引申为文书本身。13 世纪前，教宗发布的各种文书均可以叫做"bulla"，15 世纪以后，这个词被用来专指教宗就特殊重大事件（如敕封圣徒或解释教义等）所颁布的重要文书。——译者注

训谕条款直接委任他们，有权代替教会向信众收取什一奉献①，也可以随时按照一己之需自行修建或组建各类形式的宗教机构。这样一来，教会实际上就化身为一种世俗权力的单纯臂膀，一个殖民地政府的行政部门，或如儒利奥·马里亚（Júlio Maria）神父所言，一个国王的统治工具。

事实上，昔日巴西神职人员之所以经常以其反感社会纪律甚至厌恶法律权威的坚定"自由主义"做派闻名于世，很大程度上似乎正与上述情况有关。作为团体组织，殖民地教会实际上是世俗权力机关的盟友，甚至可以说是协助统治者抑制民众反抗情绪的忠实同谋。然而，作为个人，神职人员则常常选择站在受宗主国君王控制的教会体制的对立面。在整个殖民时代，乃至在世俗政府因袭传统持续掌握教会圣职授予权的帝国时期，政府对宗教事务的频繁干预，长期在神职人员中激发着一种潜在的、反对世俗权力的不满情绪。

尽管政教分离并不是教士群体喜见的现实，但在共和国制确立的 4 个月后，也即 1890 年 3 月，巴西主教仍然不得不公开发布了一封致教区所有神父与信徒的通函，对新体制表示淡漠的欢迎与支持。在这份宗教界广泛传阅的通函中，上述那种神职人员对世俗权力的不满情绪，通过对国务大臣插手宗教事务的调侃与嘲笑尽显无遗。通函中提到，政府官员会自以为是地命令主教在教区治理过程中严格遵守特利腾大公会议颁布的道德纲领；以有权罢免现任主教

①　什一奉献（或称"什一税""什一捐"）指教会向成年教徒征收的宗教税。——译者注

并提名任命新继承人作为威胁，禁止巴西主教在未征得政府同意的情况下私自离开教区；要求神学院学生修习所用的神学教科书在投入使用前，必须经由对神学一窍不通的政府行政人员审批；严禁普通教团自行吸纳新教徒；剥夺了神父们在举办宗教活动时于祭坛首层摆设蜡烛的权利；甚至规定连各教堂的权杖保管人都必须由政府任命。最后，在提及教会圣职授予权归世俗政府掌控时，通函明确指出，这是肇致世俗权力凌驾信仰体系之上的罪魁祸首，"对信徒而言简直是一种让人窒息的保护"。

需要特别指出的是，在巴西社会形成的漫长过程中，此种将神职人员与没有信仰的世俗之人一概纳入以反复无常和独断专行著称的世俗政治权力的统辖之下的做法，非常不利或甚至严重有害于宗教信仰的正常发展，同时也妨碍了宗教道德彰显其原该具有的社会功能。在殖民地宗教界，不称职的神父（即那些疏忽懒散、贪婪无度和荒淫堕落的神父）层见叠出。试图消除这种现象的虔诚信徒也因找不到行之有效的方法无奈放弃，他们中大多数人最终不得不听从首位巴西主教为后人留下的忠告：在这样一个全新的天地里，"很多深究不来的事就只能得过且过了"。

207

第四章说明

1. 西班牙美洲与巴西的知性生活

我们无法精确掌握早期西班牙美洲高等教育机构毕业学生人数

的准确数据，部分因为诸如利马大学①和丘基萨卡大学②等学校的很多档案都在历史纷乱中遗失了。然而，根据一位历史学家的保守估计，所有西班牙美洲的高等教育机构在殖民期间毕业学生的总数约为 15 万人。我们知道，从 1775 年到 1821 年墨西哥独立，墨西哥大学③共培养了 7850 名学士，博士及其他学位获得者共 473 名。将这一数字与同时期由葡萄牙科英布拉大学毕业的巴西学生的总数（共计 720 人）相比，我们不免会觉诧异。

新闻媒体在西属美洲与葡属美洲迥异的成长过程也同样令人吃惊。众所周知，印刷业是新闻媒体发展所必须的基础行业，而早在 1535 年，书籍就已经开始在墨西哥城印刷流通，4 年后，德国印刷商约安·格伦贝格（João Gronberger）的代理人、来自塞维利亚的乔瓦尼·保利（Giovanni Paoli），又名胡安·巴勃罗斯（Juan Pablos），就在墨西哥城开办了隆巴多印刷厂（Oficina do Lombardo）。

---

① 利马大学指国立圣马尔科斯大学（西班牙语 Universidad Nacional Mayor de San Marcos），是秘鲁最重要和最受人尊敬的一座公立大学。其主校区"大学城"位于秘鲁首都利马。该校由神圣罗马帝国皇帝查理五世签署王室法令于 1551 年 5 月 12 日成立，是美洲正式成立的最古老的大学，同时也是世界上最古老的大学之一。——译者注

② 丘基萨卡大学指玻利维亚苏克雷的公立大学（西班牙语 Universidad Mayor, Real y Pontificia de San Francisco Xavier de Chuquisaca），是玻利维亚的一所公立大学，位于首都苏克雷。该大学成立于 1624 年 3 月 27 日，是玻利维亚最古老的大学，也是拉丁美洲历史上成立的第二所大学。——译者注

③ 墨西哥大学指成立于 1551 年 9 月 21 日的墨西哥皇家和宗座大学（西班牙语 Real y Pontificia Universidad de México），是成立于 1910 年的墨西哥国立自治大学（西班牙语 Universidad Nacional Autónoma de México）的前身。——译者注

16 世纪末，印刷术也很快由新西班牙①传入了利马，1584 年，秘鲁首都正式获准成立印刷车间。

到 1747 年前后，所有西班牙美洲的主要城市都已经设有印刷机构，而恰巧在这一年，里约热内卢安东尼奥·伊西多罗·达·丰塞卡印刷厂（Oficina de Antönio Isidoro da Fonseca）也正式成立，然而没过多久该厂就被葡萄牙王室一纸令下关停了。同年 7 月 5 日的皇家敕令还下令将所有"新闻稿件"扣押并运回宗主国，一切花销与风险由印刷厂主们承担。原因是眼下的巴西"不适合进行纸制品印刷活动，就算对印刷商来说，也因为所需成本远高于宗主国而必定只能是笔赔本买卖。而且，在宗主国，印刷品发行前必须从宗教裁判所与海外委员会（Conselho Ultramarino）②获得审批，未经这两个机构审批通过的印刷品不得发行流通"。

在进入 19 世纪前的最后几年间，随着葡萄牙王室南迁巴西（1808）的准备工作，新闻媒体业才被正式引入葡属美洲。而在此之前的几个世纪里，各式各样的出版物在西属美洲已经由 16 世纪的凤毛麟角发展到在 18 世纪的大街小巷随处可见。仅以墨西哥城

---

① 新西班牙指新西班牙总督辖区（西班牙语 Virreinato de Nueva España），是西班牙管理北美洲和菲律宾殖民地的总督辖地的总称，首府位于墨西哥城。新西班牙总督的管辖范围包含今墨西哥，中美洲，美国加利福尼亚洲、内华达州、犹他州、科罗拉多州、亚利桑那州、新墨西哥州、得克萨斯州，今加拿大英属哥伦比亚的西南部，加上危地马拉都督府和古巴都督府，以及亚洲的菲律宾都督府。——译者注
② 海外委员会是 1642 年若昂四世在位期间为葡萄牙成立的一个机构，负责监管包括葡属非洲、葡属印度以及葡属美洲的金融和行政事务。——译者注

为例，据何塞·托里比奥·梅迪纳（José Toribio Medina）[1]的统计，出版物总量已达到 8979 种，具体分布如下：

16 世纪 ⋯⋯⋯⋯⋯⋯⋯⋯⋯⋯⋯⋯⋯⋯⋯⋯⋯ 251 种

17 世纪 ⋯⋯⋯⋯⋯⋯⋯⋯⋯⋯⋯⋯⋯⋯⋯⋯ 1838 种

18 世纪 ⋯⋯⋯⋯⋯⋯⋯⋯⋯⋯⋯⋯⋯⋯⋯⋯ 6890 种

19 世纪初至 1821 年墨西哥独立，墨西哥城又累计出版了 2673 种印刷品，使得这座城市在殖民时期的出版物总量达到了 11652 种。

毫无疑问，早在 18 世纪末，期刊就已经在美洲大陆开始出版发行。而较之更前卫的，是贝尔纳多·卡尔德龙书局（loja de Bernardo Calderón）于 1671 年便出版发行了美洲第一份报纸《消息报》（*Gaceta*）。利马殖民时期的书刊出版虽不及墨西哥那样成绩斐然，但也绝对值得记上一笔。前面提到的智利书目学家梅迪纳通过目测推断或总结可靠资料得知，1585 年至 1824 年间，秘鲁首都各印刷厂共刊印发行了 3948 种出版物。

有关西属美洲出版业发展状况的最新研究成果，可参见何塞·托雷斯·罗韦略（José Torres Rovello）详尽扎实且明晰透彻的研究著作《西班牙印刷业的起源及其在西属美洲的发展过程》（*Orígenes de la imprenta en España y su desarrollo en América española*，布宜诺斯

---

① 何塞·托里比奥·梅迪纳（1852—1930）是智利的书目学家、作家和历史学家，以研究智利的殖民文学与西班牙美洲印刷业著称。——译者注

艾利斯，1940）。此外，该学者还有另外一部专门研究西属美洲出版业相关法律的著作，即《西班牙统治时期美洲的书籍、印刷与期刊》（*El libro, la imprenta y el periodismo en América durante la dominación española*，布宜诺斯艾利斯，1940）。1939 年 7 月第 7 期的《墨西哥艺术与生活》（*Mexican Art and Life*）杂志为纪念墨西哥新闻媒体业问世 400 周年，刊登了一系列图文并茂的研究性文章，其中尤其值得留意的是弗雷德里科·戈麦斯·德·奥罗斯科（*Frederico Gomez de Orozco*）的《十七世纪的墨西哥书业》（Mexican Books in the Seventeenth Century）一文。此外，德国地质学家和古生物学家恩斯特·维蒂希（Ernst Wittich）1938 年 4 月于柏林在《伊比利亚美洲档案》（*Ibero-Amerikanisches Archiv*，第 68—87 页）发表的文章《美洲第一台印刷机》（Die erste Druckerei in Amerika）也同样非常有参考价值。

反观巴西，伊比利亚政府为抑制巴西文化与知识生活的发展所强制推行的、阻止新思想传播的一整套公共政策，无疑反映了葡萄牙王室不愿将殖民地社会稳定和与之密切相关的政权安全至于风险之中的强烈愿望。葡萄牙当局在批准外国人进入巴西时有一个非常明确的判断标准，即凡是能通过自身劳作为殖民地增加物质财富的人的入境申请皆可获准，而凡是有可能在殖民地传播新思想、激发当地民众独立意识或反叛政府行为的人的申请必须一律拒绝。这一标准直到 19 世纪初仍被严格执行，一个非常有名的例证是：当时的摄政王若昂六世（João VI）向负责包括塞阿拉（Ceará）殖民区在内的所有北方行政官下令，要求他们禁止"一位叫洪堡男爵（barão de Humboldt）的柏林人入境葡萄牙王室的领地"，原因是王室怀疑这个人的到来会给葡萄牙的"政治利益造成极大损害"。

　　另有消息称，巴尔卡伯爵（o conde da Barca）在接到命令后立即请求面见摄政王，为亚历山大·洪堡（Alexandre Humboldt），亦即上文提到的洪堡男爵求情，事件经过的详细记录我们可以在近半个世纪后（1848）应摄政王若昂六世邀请来到巴西的德国地质学家埃施韦格写给洪堡男爵的信件中找到。在由《巴西冥王星》（*Pluto Brasiliensis*）① 的作者埃施韦格寄来的上述摄政王命令的副本空白处，洪堡男爵亲笔写道："我希望这份文件在我死后发表。"落款时间为 1854 年。 211

　　瓦恩哈根·德·恩泽（Varnhagen de Ense）在 1855 年 8 月 11日的日记中就同一事件做过一笔颇为有趣的记录，日记节选译文如下：

　　　　近期，洪堡因其对巴西与委内瑞拉之间发生的一起争端所做的仲裁裁决，被授予了巴西高级荣誉勋章。他的裁决对巴西帝国来讲意味着好大一片领土。

　　　　过去在里约热内卢时他们想逮捕我，将我看成危险的间谍遣返欧洲，为此下达的那一纸文书在当地简直成了恨不得人人都瞄上一眼的稀罕物件。如今，他们又让我做起了法官。很明显，我只能做出有利于巴西的裁决，当年在那里丢尽了人，我需要一枚勋章为自己挽回点颜面，委内瑞拉共和国可给

---

① 《巴西冥王星》是威廉·路德维希·冯·埃施韦格男爵所撰有关巴西的地质学专著。——译者注

不了我这个!

我带着些许讥讽打断他说:

今非昔比,时来运转了啊!

可不是嘛,洪堡说。先是给人张逮捕令,转眼又发你个荣誉勋章。

2. 圣保罗的通用语

该话题最近引起了一些争议,笔者在 1945 年 5 月 11 日至 18 日,以及 1945 年 6 月 13 日在《圣保罗州报》(*O Estado de S. Paulo*)发表的文章中恰好谈及此事。现将几篇文章原文的大部分转述如下。

特别是在特奥多罗·费尔南德斯·桑帕约(Teodoro Fernandes Sampaio)① 的研究发表之后,人们普遍认为,巴西异常丰富的图皮语地名并非来源于对土著印第安人习惯的继承,而是内陆探险队所亲为。然而,泛泛持有这种观点的人实际上并不能找出太多事实依据,因为现实中我们更常看到的情况是,即使一个人口众多的"原始"居民群,通常也会主动被动无可避免地接受其文明程度较高的统治者那套更为便捷高效的行事模式。

正因如此,很多人对桑帕约提出的另一个观点也持保留态度:

① 特奥多罗·费尔南德斯·桑帕约(1855—1937)是一位非裔巴西博物学家、公共知识分子、工程师、地理学家、政治家和历史学家。——译者注

在桑帕约看来，探险队时代的圣保罗人在日常交往与社会生活中主要使用图皮语，就像我们今天通用葡萄牙语一样。

事实上，桑帕约的这一观点却不该受到怀疑，我们可以为它找出众多不容置疑的结实证据。例如，安东尼·维埃拉神父就圣保罗居民对管理土著印第安人的方式提出了诸多质疑这一棘手问题发表的声明，就是很好的例证。这位伟大的耶稣会士说："今天，葡萄牙人家庭与圣保罗土著印第安人杂居的情况非常普遍，很多时候，是讲印第安语言的妇女抚养葡萄牙人的后代，因此这些葡印混居家庭所使用的日常语言实际上普遍是印第安人的语言，而孩子们是进学堂之后才开始学习葡萄牙语的。"

尽管桑帕约提出的观点与维埃拉神父的声明好像在事实描述层面（即当时的圣保罗人，无论葡萄牙人或印第安人，日常更多使用的是印第安人的语言，而非葡萄牙语）非常接近，然其二人各自意图却可谓恰好南辕北辙。作为宗教人士，维埃拉神父借其上述声明想要支持的，是当时很多掌握地方政权的个人或党派所提倡的一种人口管理模式，即将印第安人纳入为他们教授天主教教义并促使他们按照教会生活方式生活的村镇组织制度之下。而桑帕约之所以也强调圣保罗的通用语是印第安语言，却恰恰为了反驳将印第安人抽离现有的生存状态而教徒化的做法，因为，对于"这样成长并常年这样生活的"葡印杂居家庭来讲，除非动用残酷至极的暴力方式，"否则如何才能将他们这种几近浑然天成的聚居模式拆散甚至彻底毁掉呢？"

为了驳斥桑帕约将葡印杂居定义为"浑然天成"，或言，圣保罗葡印混居的现象并非印第安人有意识的自主选择，而是基于当地现实条件和自然环境形成的习惯或习俗，维埃拉神父竟然非常坚定地表示，既然印第安人无论男女都非常爱戴他们自己的葡萄牙主人，且与他们住在一起是土著人的自主选择，那就让他们继续爱戴自己的主人吧，除了对主人的热爱，印第安人没有任何其他生存义务，他们这种最自愿的束缚与最自主的自由所传达的，是土著人发自内心对葡萄牙人的热爱。

213　　维埃拉神父之所以这样认为，还有另一种可能：维埃拉对圣保罗的了解实际上仅仅来源于当时他手边可得的资料记录，或只是简单重复了他从其他当地教士那里听来的一些有关南方殖民区居民生活习俗的传说故事。因此，从维埃拉神父的角度而言，他所能做的，至多是收集其他有关这一问题的证据资料，并在实际的接触与了解中核实资料信息的准确程度。

　　17 世纪，圣保罗殖民区教堂的神父一职被持续优先授予本地人，这一情况与日后在恩博巴人战争（Guerra dos Emboabas）① 中爆发的排外主义非常相似。当然，另一个情理之中的解释也常常被拿来为这种本地主义做辩护：来自外地的教职人员完全不懂当地的语言，与教区居民沟通起来非常困难。

---

① 恩博巴人战争指 1707 年至 1709 年发生在内陆探险队与"外地人"之间为争夺米纳斯吉拉斯州圣维森特殖民区发现的金矿的开采权的战争。"emboadas"一词原指腿部长羽毛的鸟类。圣维森特殖民区发现黄金的消息促使成千上万的外地人在短时间内涌入该地区，与装束简单的探险队队员不同，这些外地人通常都穿着长裤与鞋子，所以被当地人戏称为"emboadas"。——译者注

在 1725 年圣保罗议员们寄回宗主国的给国王上呈的奏折中，这种因语言不通引起的沟通困难就已经被提及。此外，1693 年，殖民区行政官阿图尔·德·萨·梅内塞斯（Artur de Sá e Meneses）向国王提议，在将教区神父委派到巴西南部的教堂时，应当从那些懂得印第安人通用语的僧侣中选择，或者用他的话来讲："那里大多数本地人只会讲通用语，尤其妇女和奴仆，这一现实已经为我们造成了很多无法弥补的损失，正如人们今天在圣保罗看到的那样，教堂需要先费尽心思为新到任的神父找翻译。"

梅内塞斯提及妇女主要使用通用语这一事实尤为重要，可以佐证之前引述的维埃拉神父所做的声明。与男人相比，妇女与家庭的联系更为密切。无论在圣保罗抑或其他什么地方，妇女都是家族传统最稳定且最保守的实践者，忠贞捍卫传承着与之相关的旧道德。而在殖民地巴西，家庭传统最生动有效的延续开始于土著印第安妇女敞开自家大门，将来到巴西的第一批殖民者与定居者接纳并成功融入印第安人的传统社会。

上述情况之所以在整个 17 世纪的圣保罗持续存在，很大程度 214 上与妇女在当地社会中扮演的关键角色是分不开的。例如，当时被称为"佩德罗·塔克斯阿母"（Matrona de Pedro Taques）的一位名叫伊内斯·蒙泰罗（Inês Monteiro）的有名女人，就在几乎孤立无援的情况下，于外敌入侵的可怕战争中成功捍卫了儿子与其所有家人的生命安全免受侵害。17 世纪的圣保罗发生过众多类似的案例，这使得当地女性角色的社会地位更加重要且显著。殖民区相当数量的男子都会定期组队深入广袤腹地进行探险活动，而探险活动造成的父权角色频繁空缺，是致使当地社会几乎形成了女性家长制的间接原因之一。孩童们在达到教义年龄之前（甚至之后）往往一直生活在这种准母系制的环境中并深受其影响。由于能够自给自足，家庭往往孤立成一个个封闭的小环境，家中的妇女和仆人绝大多数时间只需互相沟通即可，所以，当地惯常使用的印第安土著语自然就成了最普遍的沟通媒介。

在 1692 年左右撰写的一份报告中，行政官安东尼奥·派斯·德·桑德（Antônio Pais de Sande）谈及圣保罗女性时说，她们"有坚韧漂亮的男子气概，她们的丈夫对将家务事乃至整个种植园交于她们料理感觉非常放心"。接着，他还提道："葡萄牙殖民者在当地生养的后代，先学会的通常是家中女人们说的土著印第安语，而非所谓母语。"这里"母语"指葡萄牙语。

在维埃拉神父、行政官梅内塞斯与桑德之后的一个世纪，西班牙军官和博物学家费利克斯·德·阿萨拉（Félix de Azara）在巴拉圭的库鲁瓜提（Curuguati）也观察到了与 17 世纪盛行于圣保罗的现实完全相同的社会状况。在库鲁瓜提，女人们也只讲当地的瓜拉尼语，男人们在与她们沟通时也会使用这种土著语言，而他们之间彼此沟通则有时会说卡斯蒂利亚语。然而，这种双语情况在巴拉圭其他地方并不常见。库鲁瓜提以外的巴拉圭，普通人无论男女通常都只说瓜拉尼语，只有受过良好教育的文化人才讲西班牙语。

值得顺便提及的是，阿萨拉本人也注意到了自己在巴拉圭观察到的情况与一个世纪之前圣保罗人描述过的旧现实几乎如出一辙。他在作品中写道："同样的事情恰好在广袤的圣保罗省也曾发生，那里的葡萄牙人完全忘记了自己的语言，只会说瓜拉尼语。"

阿萨拉撰写游记的时候，连圣保罗有关双语并用的回忆都早已沉积历史，可时间的循环往复却让并无二致的记忆刚好映入那些住在屡遭探险队威胁践踏的西属巴拉圭和普拉塔的居民的脑海中。

上述有关 17 世纪圣保罗的历史记录，的确向我们证实了，与葡萄牙语相比，通用语的确是被更广泛使用的交流媒介。然而，无可否认也因此有必要指出的是，上述描述多少免不了有些笼统。也就是说，事实上，双语并用的情况在当时主要出现在社会底层（当然也是人数最多的阶层），由于底层民众与土著印第安人频繁的混血与杂居，他们接受并使用土著人的语言是自然但也可以说几乎是迫不得已的。

然反过来讲，不难理解的是，由于普遍存在的杂居现象，即便是圣保罗那些受过良好教育的富裕阶层的子孙，对土著印第安人语言的掌握程度也远比巴西其他殖民区的葡萄牙人后代要高很多。一位名叫若昂·德·拉埃特（João de Laet）的人，依据自己听来的二手资料，在他于 1640 年出版的《新世界》（*Novo Mundo*）中也留下了极其类似的历史记录。在简要介绍过在他看来简单易学、语词丰富且听来悦耳的图皮语之后，拉埃特这位昔日西印度公司的总经理感叹道："瞧那些葡萄牙人的孩子，在这些省份（尤其圣维森特）长大的他们，说起图皮语来多么轻松自如，就像讲自己的母语一样。"

另一方面，我们也不难找到其他一些更具真实性的史料来辅证上述拉埃特的记录。例如，由圣保罗州档案馆公开的圣保罗队员布拉斯·埃斯特维斯·雷梅（Brás Esteves Leme）的一份财产 216

清单。根据记录，制作这份清单时，因为死者的女儿露西亚·埃斯特维斯（Luzia Esteves）"不大会说葡萄牙语"，负责处理孤儿案件的法官不得不请会讲当地语言的翻译阿尔瓦罗·内托（Álvaro Neto）当庭起誓，以便能更加忠实地理解死者女儿的陈述。

需要澄清的是，负责处理该案的法官是一位名叫弗朗西斯科·伦登·德·奎贝多（Francisco Rendon de Quebedo）的圣保罗新居民。奎贝多于1630年移居圣保罗，而布拉斯·埃斯特维斯·雷梅遗产案发生在1636年。也就是说，即使奎贝多法官已在圣保罗住了六年，他在工作时还是一样需要会讲土著语的翻译协助。

然而，虽然死者布拉斯·埃斯特维斯·雷梅是葡萄牙人，他的女儿露西亚·埃斯特维斯却是在圣保罗出生的地地道道的第一代欧印混血。所以说，这桩遗产清单案实际上并不是最具说服力的例子。

毋庸置疑，可以借来更好说明这一情况的案例，应该是多明戈斯·若热·韦略（Domingos Jorge Velho），也就是带领探险队成员击垮棕榈城（Palmares）① 和率先拓荒皮奥伊（Piauí）② 的那位

---

① 棕榈城又称基隆博棕榈城（Quilombo dos Palmares），基隆博泛指由逃亡奴隶（包括黑人和少数印第安人）自主建立的社区。基隆博棕榈城位于今天的巴西阿拉戈斯州（Alagoas）的乌尼昂—杜斯帕尔马里斯市（União dos Palmares），兴起于1605年，并在延续了近一个世纪之后，于1694年被探险队彻底摧毁。棕榈城是众多主要由黑奴组建的散居屯落之一，也非常有可能是其中最大的一个，居民超过20万人，还包括少数印第安人和白人。——译者注

② 皮奥伊是巴西东北部的一个州。其海岸线仅66千米，是巴西海岸线最短的一个州。其首府特雷西纳（Teresina）是巴西东北部诸州首府中唯一一个不临海的。——译者注

韦略。在第一代巴纳伊巴（Parnaíba）① 的伟大统治者当中，葡萄牙人显然占了多数。尽管当时有不与外族通婚的规定，但混血杂居的现象其实一直相当普遍。如果谱系学家们的研究结果可信的话，韦略是皮克罗比（Piquerobi）② 女儿的曾孙与一位来自佩德罗·阿丰索城（Pedro Afonso）③ 不知名的塔普伊亚人的第四代子孙。

即便如此，要说韦略 1697 年在棕榈城与伯南布哥的主教进行交谈时带着一名葡萄牙语翻译，也是很奇怪的。据这位主教讲，"是因为他连话都不会说"（此处的"话"当然指"葡萄牙语"）。此外，教主还补充说："除了是个基督徒以外，他与野蛮的塔普伊亚人简直毫无区别。他结婚才不长时间，却已经有另外七个印第安侍妾作陪。仅凭这一点，我们就可以推测出他在其他方面的做派究竟如何了。"

然而，主教的这些言论并不能轻易说服我们。据现存由韦略亲自撰写或签署的几份文件来看，他的文化知识水平远比主教那几句话中描述的要高很多。例如，在记录伯南布哥主教上述言论的同一册文档中，我们还找到了韦略在尝试庇佑甚至赞扬那些因掠夺捕获印第安人而频受神父们谴责的探险队队员时说的话。

首先，他指出，这些探险队队员并未以军人的身份在皇家军队里挂名，也因此不领王室分发的军饷或提供的食品。此外，他们也

① 巴纳伊巴是巴西皮奥伊州的一个市镇。——译者注
② 皮克罗比（1480—1562）是土著印第安图皮宁克（Tupiniquim）族的首领，他曾率领族人为将欧洲定居者驱逐出圣维森特而战。——译者注
③ 佩德罗·阿丰索城是巴西托坎廷斯州（Tocantins）的一个市镇。——译者注

并非要捕捉那些食人肉的土著野蛮人，而是想让野蛮人对城市社会的文明有所了解。其次，强迫那些凶残的印第安人采矿或耕种，也实在算不上什么值得大呼小喝的不当行为，因为这不过是想让他们学会"我们文明人养活自己和自己子孙的方式，好让他们也学会用文明的方式过日子并传宗接代"，对于那些不受上帝眷顾的野蛮人而言，探险队队员们的做法远非意味着囚禁，而恰恰是种无以言喻、无可估价的扶助，在与文明人相处的过程中，那些野蛮人学会了开垦土地、种育庄稼和收割粮食。总之，他们学会了用文明的方式养活自己，这可全是他们在被白人驯化之前不会做的事。

我们也可以知道，按照韦略的标准，探险队对印第安人的侵犯是确保土著人从上帝之光和神圣天主教奥秘那里得到永恒救赎的唯一合理途径，因为在他看来，"在将他们变成人之前，一切妄图将他们变成天使的努力终将只能是徒劳"。

然而，这套强迫一切土著人为少数几个庄园主服务的"教化方式"，表面看起来或许合理，实则体现了施行者试图掩饰自己贪婪粗暴的本质与意图。但是，无可否认的是，探险队员的这种自我辩解恰好也可以被拿来当作我们对殖民地神父制度的最终裁判。如韦略所言，耶稣会士在殖民地教区想要实现的目标是将土著人改造成"天使"，而不只是当时一般意义而言的"人"。可结果却是，教士们的努力全付诸东流，土著人既没有被改造成"人"，更离"天使"有十万八千里之遥。毫无疑问，即使在今天，这仍是对殖民时代耶稣会在美洲的传教使团制度最严厉但也最中肯的批评。

而回过头来，我们之前提出的疑问还没有解决。也就是说，韦

略这位"连葡萄牙语都不会说"的塔普伊亚野蛮人，到底是不是上
引那套自圆其说到几乎可谓滴水不漏的说辞的真正主人呢？事实　218
上，解决办法只有一个，那便是选择承认文件上的字迹的确出于他
之手，而话本身却未必是他说的，也更不可能是出自他个人的
思想。

无论如何，尽管伯南布哥的主教自始至终都对探险队及其行为
抱持着一种强烈的厌憎，他说的话我们却不该一律予以否认。在韦
略的葡语水平是否确实非常有限这一问题上，主教的表态其实只是
众多 17 世纪遗留下来的类似证词当中的一个而已。所以，对主教
的观点我们或许可以提出合理的质疑或选择保留态度，但选择将它
置之不理是绝对不应该的。

除去这些从史料中搜集而来的类似证据之外，在整个 17 世纪
风靡于旧圣保罗的一种特殊现象也非常值得我们关注。泛观所有相
关资料，很容易发现，当时的圣保罗人非常热衷于给他人起绰号。
如果我们对那些绰号加以盘根溯源便会发现，几乎所有的绰号都源
于土著语言，而非葡萄牙语。以下列举一些使用频率较高的土著语
绰号：曼努埃尔·迪亚斯·达·席尔瓦（Manuel Dias da Silva）被
称为"Bixira"；多明戈斯·莱梅·达·席尔瓦（Domingos Leme da
Silva）被称为"Botuca"；加斯帕尔·德·戈多伊·莫雷拉（Gaspar
de Godói Moreira）被称为"Tavaimana"；弗朗西斯科·迪亚斯·
德·西凯拉（Francisco Dias de Siqueira）被称为"Apuçá"；加斯帕
尔·瓦兹·达·库尼亚（Gaspar Vaz da Cunha）被称为
"Jaguaretê"；弗朗西斯科·拉马略（Francisco Ramalho）被称为
"Tamarutaca"；安东尼奥·罗德里格斯·德·戈伊斯（António Ro-

drigues de Góis，又名安东尼奥·罗德里格斯·达·席尔瓦［António Rodrigues da Silva］）被称为"Tripoí"。根据一种并非完全不可信的讲法，甚至连著名的探险队成员巴托洛梅乌·布埃诺（Bartolomeu Bueno）本人也被似乎连通用语都不会讲的同乡，而非戈亚斯（goiás）印第安人，取了个图皮语绰号叫"Anhanguera"①，而这很可能是因为布埃诺瞎了一只眼睛。那个点燃一小碗白酒去吓唬威胁印第安人，说自己有法术将整条河点燃的传说的主人公，其实应该是巴托洛梅乌·布埃诺，而佩德罗·塔克斯（Pedro Taques）却执意将主角换成了另一位名叫弗朗西斯科·皮雷斯·里贝罗（Francisco Pires Ribeiro）的探险队队员。

整个 17 世纪，纯葡萄牙语来源的绰号非常少见。被冠于 1693 年去世的热罗尼莫·里贝罗（Jerönimo Ribeiro）的绰号"木腿"（Perna de Pau）是能够举出的少数范例之一。反之，为原本是葡萄牙语的名字或姓氏加上图皮语后缀的情况倒不乏其例。如此一来，迥异的两种语言便在无意间被巧妙地结合在了一起，而这同时也真切反映了两个种族与两种文化斑斓纷呈的长时间融合过程。也恰是在这一过程中，萨尔瓦多·皮雷斯（Salvador Pires）的妻子梅西亚·费尔南德斯（Mecia Fernandes）化身成了梅西乌苏（Meciuçu），佩德罗·瓦兹·德·巴罗斯（Pedro Vaz de Barros）变成了佩德罗·瓦兹·瓜苏（Pedro Vaz Guaçu）。一份里约热内卢国家图书馆现存手稿告诉我们，圣保罗人为 1732 年才去世的殖民区行政官安东尼奥·达席尔瓦·卡尔代拉·皮门特尔（Antönio da Sil-

---

① Anhanguera 可译为"红魔"。——译者注

va Caldeira Pimentel）起了个叫"Casacuçu"① 的外号，因为他外出时经常披着件非常有仪式感的长袍。这或许恰好说明即便到了 18 世纪中期，通用语仍被某些民众阶层所使用，而这也绝不是一个孤例。出生于伊图（Itu）② 且人称"Sarutaia"③ 的索罗卡巴（Sorocaba）④ 前首席军事官萨尔瓦多·德·奥利韦拉·莱梅（Salvador de Oliveira Leme）一直活到了 19 世纪初的 1802 年才去世。

接下来，让我们看看几个虽不在一般规矩之列却也可以随手捏来的个例。随着 17 世纪的逝去，越来越多纯正的葡萄牙语词汇被人们拿来当作绰号，例如"苦路"（Via-Sacra）⑤、"红头发"（Ruivo）、"演说家"（Orador）和"巴西元首"（Cabeça do Brasil）。其中，"巴西元首"有点西塞罗式"国父"（Pai da Pátria）的意思。随着历史的变迁，那些曾在 17 世纪占主流的图皮语绰号则越来越少有人问津，直至最终几乎从人们日常语汇中彻底消失。另一方面，葡语绰号的普及事实上反映了葡萄牙血统已越来越多地融入了殖民地普通民众当中，促进这种种族融合的恰是黄金在吉拉斯地区被发现后引致的淘金热。随之而来的是殖民地经济中心的转移，因此探险队深入腹地侵犯与捕捉土著印第安人的情况也自然逐年

---

① Casacuçu 一词可拆分为两部分，第一部分 casacu，源于葡萄牙语的"casaco"，意为"外套、大衣"，第二部分为图皮语后缀"çu"。——译者注
② 伊图是巴西圣保罗州的一个城市。"Itu"一词来源于图皮语，意为"大瀑布"。——译者注
③ Sarutaia 的意思是"多毛的尾巴"，用来代指灵长类动物。——译者注
④ 索罗卡巴是巴西圣保罗州的一个市镇，也是圣保罗州的第八大城市。——译者注
⑤ 苦路指一种重现耶稣在耶路撒冷被钉上十字架过程的宗教活动，天主教会也称之为"圣路善工"。——译者注

递减。

那么，图皮语大约是何时从圣保罗居民的日常交流中逐渐消失的呢？就我们目前掌握的资料来看，可以证明图皮语被广泛使用的资料绝大多数来自 17 世纪，而其作为通用语的绝对地位，确切来讲，集中体现在 17 世纪最后一个十年。前文提及的行政官安东尼奥·派斯·德·桑德有关圣保罗女性的报告写于 1692 年或 1693 年。安东尼奥·维埃拉神父对圣保罗居民质疑印第安人管理办法的回应发生在 1694 年。伯南布哥主教在 1697 年与多明戈斯·若热·韦略会面后为我们留下了有关这位著名探险队队员的描述。而里约热内卢殖民区行政官阿图尔·德·萨·梅内塞斯也是于 1693 年向国王提议，应当从懂印第安人通用语的僧侣中选择委派去巴西南部的神父。

此外，18 世纪初也有一些为数不多的相关资料遗留下来。从热心的阿丰索·德·陶奈（Afonso de Taunay）① 刚递给我的一份手稿来看，里约热内卢殖民区行政官安东尼奥·德·阿尔布开克·科埃略·德·卡瓦略（Antônio de Albuquerque Coelho de Carvalho）曾在 1709 年偶然听到一场谈话，发生在扎营于瓜拉廷盖塔（Guaratinguetá）② 附近的圣保罗军队的两位小队长之间。而这位来自里约的外地人之所以明白那两位小队长是在贬低嘲弄里约人，很可能是因为他之前曾在图皮语同样通行的马拉尼昂做过上将。当然，他也有可能是因为随行人员中有经常与土著人接触的传教士才听懂了那场

---

① 阿丰索·德·陶奈（1876—1958）是巴西著名的作家与政治家。——译者注
② 瓜拉廷盖塔是巴西圣保罗州的一个城市。——译者注

谈话。

　　类似的文本资料还有贝尔肖尔·德·庞特斯（Belchior de Pontes）神父的传记作家（几乎可谓圣徒传记作家）曼努埃尔·达·丰塞卡（Manuel da Fonseca）神父的重要记录。据丰塞卡的说法，庞特斯神父完美地掌握了"那些土著人所使用的语言，因为在那个时代，整个教区通用的就是这种语言"。考虑到庞特斯出生于1644年，据传记表述我们可以推断，到17世纪下半叶，整个殖民区的通用语已经是土著人的语言了。而到了18世纪中叶，情况就大不相同了，因为丰塞卡神父是以回忆的方式提及的上述情况。因此，可以说圣保罗人与葡萄牙语真正的结合过程很可能就是发生在18世纪的前50年。

　　当然，在某些地区或一些与欧洲新移民接触较少的圣保罗家庭中，这一结合过程的完成很可能晚于18世纪上半叶。正如埃库莱斯·弗洛伦斯（Hércules Florence）[1] 在1828年写的朗斯多夫远征（Expedição Langsdorff）[2] 日记中提到的，60年前（即1780年前后），圣保罗女人们在与朋友和家人交谈时总能非常自如地使用土著语言，或说巴西通用语，那简直是维系友谊与家庭的语言。他还写道："在巴拉圭，各个阶层的人都会像从前的圣保罗人一样在家中使用通用语，然而，与陌生人交谈时，巴拉圭人还是会说西班牙语。"

---

① 埃库莱斯·弗洛伦斯是一位摩纳哥裔的巴西画家与发明家。——译者注
② 朗斯多夫远征是由德国人格奥尔格·海因里希·冯·朗斯多夫（Georg Heinrich von Langsdorff）领导的一次由俄国探险队员主要参与的美洲探险活动，探险队从1824年至1829年在巴西内陆共穿越了16000多千米。——译者注

　　埃库莱斯·弗洛伦斯的讲法与前文提到过的西班牙军官和博物学家费利克斯·德·阿萨拉的看法刚好相符。而且，这种情况在今天的巴拉圭共和国境内还可以看到，就连阿根廷的科连特斯省（Corrientes）和我们巴西的马托格罗索州（Mato Grosso）① 南部的部分地区也仍然可以看到。当弗洛伦斯本人于 1825 年到达圣保罗时，他也曾亲耳听到一些老年人用通用语交流。如果我们断言这种情况同样发生在他曾逗留了半年多的费利兹港（Porto Feliz），那多半也是有把握的，因为那里有众多土著印第安劳力。此外，我们可敬的里卡多·贡布雷顿·当特（Ricardo Gumbleton Daunt）② 也曾回忆说，上世纪初"费利兹港的人在家里只讲瓜拉尼语"。

　　然而，在诸如坎皮纳斯（Campinas）这样一些印第安人不多的地方，通行的语言自然是葡萄牙语。但即便是在坎皮纳斯，当时也有人能用流利的图皮语交流。甘布尔顿·当特依据当地口耳相传的事迹写道，巴雷托·莱梅（Barreto Leme）③ 的女婿塞巴斯蒂昂·德·索萨·派斯（Sebastião de Sousa Pais）是"这种语言的专家"。相传索萨·派斯生于 1750 年之前，卒于一个多世纪之后，是当地一位有名的百岁老人。和坎皮纳斯其他大多数居民一样，索萨·派斯和其祖先也都是伊图人。在 18 世纪的大部分时间里，伊

---

① 马托格罗索州是巴西西部的一个州，首府库亚巴，是巴西第三大州，且被认为是世界上仅存的大片未开发地区之一，分别与朗多尼亚州、亚马孙州、帕拉州、托坎廷斯州、戈亚斯州及南马托格罗索州接壤，西南与玻利维亚接壤。——译者注

② 里卡多·贡布雷顿·当特（1894—1977）是一名巴西律师和刑事法学家，也是在巴西推广指纹识别技术的先驱之一。——译者注

③ 巴雷托·莱梅（1704—1782）是圣卡洛斯村（Vila de São Carlos）也就是今天的坎皮纳斯的创始人。——译者注

图管辖下的印第安人数量一直相当可观。

在黑奴贩卖普及之前，殖民者在其家务与农活中大量使用印第安人，这实际上反映了一些乡村地区的殖民者已经开始放弃坚持使用当时被广泛认为是更加高贵的葡萄牙语。即使在 19 世纪初，葡萄牙人的女儿茹安娜·弗金·德·坎波斯（Juana Furquim de Campos）的言谈中总还夹杂着许多当地古语词汇。据弗朗西斯科·德·阿西斯·维埃拉·布埃诺（Francisco de Assis Vieira Bueno）解释，这是因为她儿时的生活环境，亦即他父亲在莫吉瓜苏（Mogi Guaçu）① 的宅地中有大量"被驯服的印第安人家奴"。

应当指出的是，通用语对巴西农村居民的词汇、发音与句法的影响是极其深刻且持久的，即便那些说通用语的印第安人并不直接与图皮—瓜拉尼族系的印第安人有什么可谓频繁的接触。明显的例子便是现居马托格罗索州的波罗罗人（bororos）和尤具代表性的现居朗多尼亚州（Rondönia）② 的帕雷西斯人（parecis）。波罗罗人和帕雷西斯人在 18 世纪圣保罗地区的地位，相当于在被称为圣保罗探险队时代的 17 世纪卡力让人（carijós）于当地所具有的地位。一般而言，这些说不同语言的印第安人是被学会了沿海地区印第安人使用的通用语的殖民者驯化且教导皈依天主教的，他们之间的交流只能借由通用语实现。

众所周知，探险队深入巴西腹地捕获印第安人的起因是圣保罗

---

① 莫吉瓜苏是巴西圣保罗州的一个城市。——译者注
② 朗多尼亚州是巴西的一个州，位于西北部亚马孙森林区，与玻利维亚及阿克里州、亚马孙州、马托格罗索州接壤，首府韦略港（Porto Velho）。——译者注

缺乏农业劳动力，或更本质地讲，缺乏可以让大多数当地种植园主有能力依赖非洲进口劳动力的经济资源。导致此种经济资源匮乏的原因是，在地处高原虽不甚广阔但土壤肥沃的农业生产中心，与海外庞大的消费市场之间，没有便利或快捷的交通渠道。

例如，与巴西东北地区的情况相反，圣保罗适合甘蔗种植的地区往往位于与沿海地区相距甚远的高地山区。如前文已述，葡萄牙殖民者在相当长的时间里对巴西广大内陆地区不闻不问，而仅沿狭长的海岸线南北发展，这使得海岸附近的可用耕地在 16 世纪末之223 前就已经被损耗到不再适合农耕的地步了。而经由帕拉纳皮卡巴（Paranapiacaba）① 崎岖山坡运输农产品的选择，意味着几乎不可能有所回报的巨大牺牲。

为了战胜横在眼前的巨大困难，深入内陆捕获印第安人劳力的探险活动几乎势在必行。大批探险队队员冒着死亡的威胁向神秘且凶险的腹地进军，主要目标只有一个：确保北方甘蔗种植园主们无需搬离沿海地带也同样可以保留原有的生产方式不变而继续坐收渔利。尽管看似不可思议，但将圣保罗探险队的流动性与活力调动起来的原因，同殖民时代初期葡萄牙人沿海岸线安土重迁的原因完全一样，即一种追求永久安定的社会理想。

---

① 帕拉纳皮卡巴是一片山区地带，位于圣保罗市中心东南约 61 公里处。19 世纪中叶，一家英国私营铁路公司为其在圣保罗分公司的员工在此修建了居所，居所与铁轨的遗迹保留至今，部分仍在被使用。今天，帕拉纳皮卡巴是圣保罗州圣安德烈市的一个管辖区，大约有 1200 名居民。"Paranapiacaba" 这个词来自图皮语，意思是 "你会找到大海的地方"。——译者注

然而，如果说没有印第安人的协助，葡萄牙人便无法在高原上生活，那有了印第安人的参与，葡萄牙人便不可能百分百地保持其原有的生活方式了。换言之，与印第安人的杂居势必让葡萄牙殖民者不得不舍弃许多世代传续的习俗、生活与共处方式、劳作技艺、对世界的想象与愿景，以及于一个民族来讲最最重要的语言。而事实上，这正是我们日后看到的现实情况。

葡萄牙人经由与印第安人混血杂居所获得的，是一片广袤富饶的天地，而这是他们在 15 世纪末与西班牙人在教宗亚历山大六世的调解下签署《托德西拉斯条约》时所万万没能想到的。历史学家理查德·亨利·陶尼（R. H. Tawney）① 曾将葡萄牙殖民帝国描述为"仅比一排堡垒和由各商站连成的万里贸易线多出那么一点点"。如果这只是对 16 世纪葡萄牙帝国的描述，那我们可以说它绝对是准确的，因为即使在幅员辽阔的巴西，葡萄牙人也只像螃蟹一般紧沿着海滩做位移。然而，在历史前进到 18 世纪之后，陶尼的表述便不再适用了。仅以美洲为例，进入 18 世纪后，维系巴西自身及宗主国葡萄牙的社会经济来源已经从沿海地区转移到了那些被探险队征服占领的内陆地区。此外，如果说跨越并探索非洲大陆决定性的一步，是由欧印混血第三代的圣保罗人弗朗西斯科·若泽·德·拉塞尔达-阿尔梅达（Francisco José de Lacerda e Almeida）在几乎同一时期迈出的，这也绝非巧合。戴维·利文斯通（David Li- 224

---

① 理查德·亨利·陶尼（1880—1962）是英国英格兰经济史学家、社会评论家、伦理社会主义者、基督教社会主义者以及对成人教育有重要意义的倡导者，著作有《宗教与资本主义的兴起》等。——译者注

vingstone）① 曾于日记中写道，阿尔梅达的尝试简直可谓刻骨铭心，几十年后仍旧保留在当地土著黑人的记忆之中。

在他讨论欧洲人发现与征服美洲的特点的巨著中，卡尔·格奥尔格·爱德华·弗里德里齐（Carl Georg Eduard Friederici）② 对探险事业做出了如下总结："巴西内陆的发现者、探险家和征服者严格来讲并非葡萄牙人，而是有纯正白人血统的地道巴西人以及正宗的巴西人，正宗的巴西人被称作'mamalucos'，亦即欧印混血。"当然，还得加上与这些巴西人同行的土著居民印第安人。所以说，葡萄牙人发现的只是巴西的沿海地带，而巴西真正的发现者其实是美洲人自己。

当然，我自己并不完全同意这位德国人种学家和历史学家的意见，他通过比较的方法所得出的观点，似乎从整体上削弱了葡萄牙人在发现与征服美洲大陆的过程中所起过的深刻作用及影响。我承认，葡萄牙人的确往往不惜以牺牲本民族文化为代价去适应所处的新环境，而这恰恰说明与其他那些顽固依附旧世界旧传统的殖民者相比，葡萄牙人有更强的适应能力。我甚至毫无保留地支持小儒利奥·德·梅斯基塔（Júlio de Mesquita Filho）先生最近提出的观点，即从本质来讲，巴西内陆的探险活动其实是由萨格

---

① 戴维·利文斯通（1813—1873）是英国探险家、传教士，维多利亚瀑布和马拉维湖的发现者，非洲探险的最伟大人物之一。——译者注
② 卡尔·格奥尔格·爱德华·弗里德里齐（1866—1947）是德国人种学家。他写了大量有关美洲及大洋洲那些受欧洲殖民影响的民族的习俗和语言的文章。——译者注

里什（Sagres）① 的恩里克王子（Infante Dom Henrique）② 开启的葡萄牙向非洲、亚洲及美洲扩张事业的一部分。然而，我自己还有个重要的保留意见：为了最终的胜利，葡萄牙人必须在很长一段时间内首先进行自我毁灭。正如福音书所言，麦粒必须先经历死亡才有可能成长并结出许多果实。

225

3. 对商业道德的排斥

商业活动所自然仰赖并推崇的道德品质与贵族阶层追求的理想道德不同。于商业活动而言，贵族看重的荣耀和名气，与信誉比起来简直不值一提。在商业活动主导的社会中，营利，或说有利可得，往往被看作高于骑士精神或政治荣光。简单来讲，"营利"要求人的，首先是坚持并维护一种朴素无华的职业操守与尊严，它促进人际的理智交流，要求人们在关心自己个人权利的同时尊重他人的权利，这显然有助于推动整个社会生活的理性化。

然而，近乎本能地坚决抵制一切形式的理性化，以及由此导致的对人格主义的固守，直至今日仍旧是伊比利亚血统民族最显著的

---

① 萨格里什位于葡萄牙比什普镇市西南向大西洋凸出的海角处。该镇中心区域南面是萨格里什角，西面则是圣维森特角，是欧亚大陆的最西南端。萨格里什是从非洲大陆沿岸返航欧洲的必经之地和重要地标，由于这一特殊的地理位置，15世纪时，地理大发现时代的先驱恩里克王子在此处设立了人类历史上第一个航海专门学校，并从这里派出了许多探险队对非洲西岸进行了航海探险。恩里克王子曾长期居住于此并在此去世。1519年，萨格里什被划归比什普镇地区。——译者注　.

② 恩里克王子（1394—1460）是葡萄牙帝国早期以及15世纪欧洲海上发现和海上扩张的核心人物，他被认为是欧洲地理大发现的开启者。恩里克是葡萄牙国王若望一世的第四个孩子，若望一世创建了阿维斯王朝。——译者注

特征。为了在与葡萄牙人和卡斯蒂利亚人的贸易中获得稳定利润，许多来自其他国家的商人都明白，除了按照行业惯例与商贸协议与伊比利亚人建立职业联系之外，更重要的其实是尝试与他们建立某种更加直接的私人交情。关于这一点，本书另一个地方将再次引用的安德烈·西格弗里德（André Siegfried）[①] 曾讲过的一件轶事非常具有说明性：他的一位费城商人朋友说，要想在巴西与阿根廷赢得一个客户，首先该花心思的就是让自己成为他的朋友。

一位观察家在特别谈到西班牙和西班牙人时说："从朋友那里他们可以索取一切，而朋友的一切他们也都乐意接受，这种交际方式已经渗透到了不同的社会关系中。当你想从某人那里得到某样东西时，最可靠的方法就是让这个人成为自己的朋友。该方法甚至适用于雇主与员工之间，也就是说，冰冷且直接的命令常常是行不通的，因此，在西班牙，雇主与员工之间的关系往往较其他地方更显友好。"

精明细心的观察家和心理学家阿尔弗雷德·鲁尔（Alfred
226 Rühl）注意到了一个于他而言极其特别的事实，即西班牙人认为，与某人建立感情或友谊之后再从他那里获得好处是天经地义的；而他们不能理解的却是，一个人由于担任某一公职就必须停止向亲友提供在其职权范围之内的一切帮助与恩惠。在西班牙人看来，任何领域的团体或组织都要讲人情、讲交情，否则，阿尔弗雷德·鲁尔问道，我们如何解释铁路公司在面对成堆往往来自富裕阶层民众的

[①] 安德烈·西格弗里德（1875—1959）是法国学术界重要的地理学家和政治学家，以其对美国、加拿大和英国的政治评论而闻名。——译者注

减免车费的请求信件时，会感到局促不安、手足无措呢？

　　因此，在商贸领域中，几乎任何程序理性化都是不可能被完满实现的，原因便是，你的顾客或客户必须都首先是你的朋友。毋庸置疑，在西班牙及所有西班牙裔国家（包括葡萄牙和巴西）的社会中，严格施行任何一项司法准则与法律规定，都会遇到来自建立在个人与个人私交关系之上的社会关系体制及其无可避免催生出的种种不合理行为的障碍。

　　另一方面来讲，其他民族的人能否从与西班牙人和葡萄牙人的经济交往中获得利益，取决于他们对伊比利亚社会关系制度的适应能力。伊比利亚人这种与资本主义思维方式截然相反的心态，并不是近来才出现的新现象。我们可以从历史中找到很多颇具暗示性的证据。例如，经由法国史学家亨利·塞（Henri Sée），我们了解到，1742 年亚速尔群岛的布雷塔尼亚（Bretanha）总督在向他的下级代表致函时写道，当地商人"都不敢与葡萄牙人做贸易，因为知道他们常常不守信誉。如果葡萄牙人对亚速尔人都如此失信，那么他们对其他所有国家的人应当更是如此。然而，荷兰人在葡萄牙的贸易却获益不小；英国人的贸易在葡萄牙也形成了很大的规模，并已取得令人吃惊的优势；而法国商人之所以打不开局面的原因，就在于法国人不知道如何采取适当的措施与葡萄牙人进行交易，并在当地建立有保障的贸易点"。

227

　　关于葡萄牙人的"不守信誉"，亨利·塞还讲了另一个圣马洛（Saint-Malo）船东的例子：在 1720 年至 1740 年期间，这位法国船东曾经常替他的客户将许多织物运送到里斯本，而他自己却很少直接插手这门生意，因为他非常怀疑葡萄牙商人"守时的能力"，也正因如此，他帮忙的客户才常常需要向他赊账。

这种与外邦人在贸易交往上频繁失信与不守时的特点，毫无疑问反映了 18 世纪乃至此前此后一切时代里，葡萄牙人对财富轻率且缺乏远见的态度。所以说，任何妄图在葡萄牙人身上找到资本主义精神萌芽的尝试都注定会失败。贪婪且赤裸裸地以牺牲他人尤其是外邦人的利益为代价来聚敛财富的行为，实际上在任何时代都很难避免，所以说人对财富的欲望并不是资本主义所激发或开启的。反过来讲，不受商业道德与程序理性化制约的单纯逐利，也绝对不能说是资本主义思维方式的体现。资本主义的商业道德要求交易双方的，是遵照协定与遵守时限，而非对上司、朋友与亲属的忠诚。

没有任何迹象表明葡萄牙人或西班牙人对物质财富的喜爱与渴望较其他民族更弱。在被誉为现代资产阶级道德发源地的文艺复兴时期的意大利，来自伊比利亚半岛贪婪且吝啬的加泰罗尼亚人往往被认为有"把石头变成面包的能力"。而 1599 年出版的著名流浪汉小说《古斯曼·德·阿尔法拉切》（*Guzmán de Alfarache*）① 的作者可能会抱怨说，各种交易和再交易以及商人五花八门的计谋策略，其实早已在各民族间屡见不鲜，所以远非热那亚人所特有的独门绝

228

---

① 《古斯曼·德·阿尔法拉切》是文艺复兴时期西班牙作家马特奥·阿莱曼（Mateo Alemán，1547—?）笔下的一篇流浪汉小说。小说主人公古斯曼是一个不择手段的人物，他多次实施欺诈并设下阴谋陷阱。小说讲述了他大起大落的人生经历。作者将宗教与道德一体化，而小说中的道德说教则侧面反映了西班牙天主教教会强大的势力。——译者注

技。这位作者还指出，"尤其是在西班牙"，到处都有许多投机活动被认为是合理且合法的，只有教会才会谴责此类商业行为是高利贷。在众多投机活动中，有时限且以金银珠宝为抵押的借贷尤其普遍，特别是那种被称为"干兑"（câmbio seco）的借贷行为。

为说明那个时期的伊比利亚人并没能将金融机构①在整个欧洲的蓬勃发展拒之门外，我们还可以列举以下几个例子：西班牙比利亚隆（Villalón）、里奥塞科（Rioseco）和梅迪纳德尔坎波（Medina del Campo）② 公共市场的银行。与热那亚的银行一样，这些早期西班牙银行的业务水平与能力同样已堪称健全，其中一些甚至已经将信贷业务扩展去了其他国家。除此之外，在航海大发现时期，葡萄牙人对商法起草的进步与海洋保险业的发展做出过重要贡献。值得一提的是，葡萄牙还是保险学理论探究的发源地：1554 年，葡萄牙杰出的法学家佩德罗·德·桑塔伦（Pedro de Santarem）出版了《关于保险契约和行业担保的有益探索》（*o Tractatus perutilis et quotidianus de assecurationibus et sponsionibus Mercatorum de Santerna*），该

---

① 金融机构此处指银行。现代意义上的银行出现在中世纪和文艺复兴早期的意大利，特别是其中部与北部的富裕城市，如佛罗伦萨、卢卡、锡耶纳、威尼斯和热那亚。巴迪（Bardi）和佩鲁齐（Peruzzi）家族统治着 14 世纪佛罗伦萨的银行业，并在欧洲许多其他地区建立了分支机构。乔瓦尼·迪·比奇·德·美第奇（Giovanni di Bicci de' Medici）于 1397 年成立了意大利最著名的银行之一美第奇银行（Medici Bank）。热那亚共和国（The Republic of Genoa）于 1407 年创立了最早的国家存款银行圣乔治银行（Banco di San Giorgio）。——译者注

② 比利亚隆、里奥塞科和梅迪纳德尔坎波均位于今西班牙卡斯蒂利亚—莱昂（Castilla y León）自治区。卡斯蒂利亚地名来源于西班牙语"城堡"（Castillo）一词。中世纪时，基督教贵族为抵御摩尔人，在这一带兴建了许多城堡，因而得名。10 世纪初，此地建立了卡斯蒂利亚王国。1230 年，这个王国把其西的莱昂王国合并进来，成为反抗摩尔人统治和实现西班牙统一的主要力量。其北部称为旧卡斯蒂利亚，即今天的卡斯蒂利亚—莱昂自治区。——译者注

著作在 16 世纪曾多次再版。

　　最后，需要留意的是，由布哥斯①、加泰罗尼亚和犹太银行家与商人组建的，今天几乎已被人遗忘的西班牙安特卫普交易所（bolsa de Antuérpia）②，也曾在世界金融史上扮演过关键角色。该交易所是随着西班牙的第二次衰落于 1575 年才最终破产的。在那些曾活跃在安特卫普交易所的商人当中，两位发迹于 14 世纪下半叶初的商人引起了来自福格家族（Fuggers）③ 的历史学家埃伦贝格（Ehrenberg）的注意，他们一个叫库列尔·德·拉·托雷（Curiel de la Torre），另一个叫费尔南德斯·德·埃斯皮诺萨（Fernandez de Espinoza）。据埃伦贝格讲，他们大胆操纵资本的能力超过了同时代的所有其他商人，"无论按照过去的规格还是依循当今的标准"，"他们这样的人才可谓名副其实的放贷高手"。那些曾与安特卫普交易所打交道的福格家族商人，常常对交易所中最活跃的同行的贪婪无度感到震惊。一位福格人曾坦言，在那些曾因各种投机行为"臭名昭著"的热那亚人身上，国王看到的美德，往往多于在西班牙裔商人身上看到的。

---

① 布哥斯是西班牙北部的一个城市，始建于 9 世纪，10 世纪成为教区，11 世纪成为卡斯蒂利亚王国首都，1574 年升为大主教区，西班牙内战时期为佛朗哥的根据地。今天的布哥斯是西班牙卡斯蒂利亚—莱昂自治区布哥斯省省会。——译者注

② 安特卫普交易所的组建可以追溯到 14 世纪初，是当地商人举行定期会面的特殊商贸场所，也是世界上第一个为特定目的创建的商品交易所。该交易所是在股票与债券出现之前成立的，因此并不是严格意义上的证券交易所。——译者注

③ 福格家族是 15—16 世纪德意志著名的工商业和银行业家族。早期主要经营纺织品，后因向中欧国家的君主和诸侯出借巨额贷款而获得了许多矿山的开采权和货币铸造权，16 世纪初家族产业达到顶峰。福格家族的银行业取代了曾经辉煌一时的美第奇家族的地位，在 16 世纪上半叶可说是基督教世界最有钱的家族。——译者注

我们知道，许多同时期的葡萄牙贵族正游走于对欧洲人而言充满诱惑的东方世界。欧洲贵族的身份让他们以一种傲慢的眼光衡量在异域看到的一切，然而闪闪的黄金却是唯一的例外。为了获取财富，他们甚至愿意主动打破成见，放弃不少贵族阶级的道德约束。之前提到的《讲究实际的士兵》的作者，史学家迪奥戈·多·科托为我们列举了许多相关例证。比如，为了赚钱，一些贵族甚至殖民地总督毫不犹豫便选择了"弃戎从商经营种植园"，或放弃探险船队船长的公职转而做起了买卖。于他们来讲，阶级道德、职业操守甚至军人尊严都远比不上目下现实利益来的更具魅力，而古老的印度，在这些非富即贵的人眼中，不过是个可以被放在秤上待价而沽以满足他们自己熏心之欲的奇货。科托借一士兵的口吻说道："我不知道这场逐利的瘟疫是否已算是从这古老的国度蔓延去了远方那一派新气象的国家，怎么好像所有初来乍到东方的葡萄牙人满嘴念的都是那套'看人下菜碟、以价判质的势利经'！"

如果说葡萄牙贵族是从那个时代才开始关起门来静静用餐，为的就是隔绝贫富心安理得馔玉独吞；如果说从那时起，葡萄牙的钟鸣鼎食之家但凡偶尔接济庇护贫苦，全只出于对恶名的畏惧，而非源于对阶级荣誉与崇高的追求，那么，可以说卢西塔尼亚的贵族道德在当时就已经名存实亡了。据说，那时上至宫廷下至乡野都流传着这样一个颇具写实性的故事：一位短短几年就能轻而易举积累大量黄金的贵族青年，守护财富时所表现出的吝啬与贪婪，一点都不亚于那些只能日复一日靠小心翼翼出卖血汗讨生活的人。

所以说，事实上，西班牙人与葡萄牙人对财富的欲望相较其他民族并无大异。然而，典型的资产阶级道德，亦即所谓资本主义思 230

维方式，却并非产生于商业活动发展并不算晚的伊比利亚半岛。中世纪的道德家往往将吝啬斥为商业活动毒害人心的致命所在，但精打细算并不能说是资本主义思维方式的弱点，况且单就吝啬程度而言，其他民族的商人也丝毫不逊色于本章讨论的伊比利亚商人。资本主义商业模式之所以并没能产生于伊比利亚商人之间，最关键的原因还是在其民族文化对资本有序运转所仰赖的社会关系制度的排斥。换言之，伊比利亚那种建立在私交（包括亲属、乡邻与朋友等）之上的社会关系，无法与资本主义所强调且必需的去个人化、重规范化的公共社会关系互相契合。

4. 自然与艺术

1655 年，在里斯本皇家礼拜堂发表的《大斋节前第二主日布道词》（*Sermão da Sexagesima*）中，安东尼奥·维埃拉神父曾提到，无论从哪个角度看，布道都可以与播种相提并论，"播种是一种比艺术更接近自然的艺术，在哪里落地生根全凭机缘"。这种思想似乎可以追溯到葡萄牙古代的自然主义。当然，维埃拉神父将布道比作播种的灵感或许直接来源于圣经，他只是根据自己的需要稍微进行了阐释。然他有关星空形象的讲法，却不能说是独创，因为这种讲法在当时的欧洲其实非常普遍。

正如 H. 冯·施泰因（H. von Stein）①所言，17 世纪和 18 世纪的人听到"自然"一词会立即想到苍穹，而 19 世纪的人想到的却

---

① H. 冯·施泰因（1857—1887）是德国哲学家、教育家和公关家。——译者注

一定是某种自然风景。关于这一点，圣伊纳西奥（Santo Inácio）的
另一位弟子巴尔塔萨·格拉西安（Baltazar Gracián）① 的一段话也
很能说明问题，而这也许正是维埃拉神父的思想来源之一。在前面　231
提到的《大斋节前第二主日布道词》发表的 4 年前，巴尔塔萨·格
拉西安出版了小说《评论家》（*El Criticón*）②。在小说名为《危机
二》（*Crisi II*）的第一部分中，安德烈尼奥（Andrênio）对星星在
天空中的布局感到万分惊讶，他问道：**"既然至高无上的造物主已
用如此美丽宝石般的星星悉心装点了这世界的苍穹，照我说，他为
什么没干脆按照一定的和谐秩序将星星组合起来，好让夜空在闪烁
的同时也呈现精致完美的图案呢？"**

**克里蒂洛（Critilo）接话道："我明白你的意思，你希望星星
时而布局如精美手工刺绣，时而又变幻排列似珍巧首饰一般。"**

**安德烈尼奥兴奋答道："太对了，是的，没错。即便创造令凡
人赏心悦目的奇观或杰作并不是神的终极意图，这样做至少也能彻
底消除那些认为上帝是在无意间偶然创造了世界的人的愚蠢谬见，
并借此充分彰显神的旨意。"**

此番对话的结语自然是由克里蒂洛做出的，他认为，神的智慧
在构造与排列星星时所考虑的，是另外一种更加内在或本质的对应

---

① 巴尔塔萨·格拉西安（1601—1658）是西班牙耶稣会教士、巴洛克散文家和哲
学家。他出生于阿拉贡的贝尔蒙特村。他的作品曾受到叔本华与尼采的称
赞。——译者注
② 《评论家》是巴尔塔萨·格拉西安的西班牙语小说。它于 1651 年、1653 年和
1657 分三部分出版，是西班牙文学中最有影响力的作品之一。——译者注

关系，即 "星体各自的运动及此种缓和的集体运动所产生的影响"。

参考文献

Recopilación de leyes de los reynos de Indias, II, Madri, 1756, fls. 90-2.

Pedro Calmon, *História da Civilização Brasileira*, São Paulo, 1933, p. 108.

A. Bastian, *Die Kulturländer des Alten Amerika*, II, *Beiträge zu Geschichtlichen Vorarbeiten*, Berlim, 1878, p. 838.

Bernhard Brandt, *Südamerika*, Breslau, 1923, p. 69.

Dr. Joaquim Felício dos Santos, *Memória do Distrito Diamantino da comarca de Serro Frio*, Rio de Janeiro, 1924, p. 107.

Arnold J. Toynbee, *A study of history*, II, Londres, 1935, p. 35.

A. Métraux, *Migrations historiques des tupi-guarani*, Paris, 1927, p. 3.

Manuel da Nóbrega, *Cartas do Brasil*, 1549-60, Rio de Janeiro, 1931, pp. 131 e 134.

L. G. de la Barbinais, *Nouveau voyage au tour du monde*, III, Paris, 1729, p. 181.

Luís dos Santos Vilhena, *Recopilação das notícias soteropolitanas brasílicas*, I, Bahia, 1921, p. 109.

Aubrey Bell, *Portugal of the Portuguese*, Londres, 1915, p. 11.

Diogo do Couto, *O soldado prático*, Lisboa, 1937, p. 144.

D. João I, *Livro da montaria*, Coimbra, 1918, p. 8.

D. Eduarte, *Leal conselheiro*, Lisboa, 1942, p. 15.

Bernardim Ribeiro e Cristóvão Falcão, *Obras*, II, Coimbra, 1931, p. 364.

Henri Hauser, *La préponderance espagnole*, Paris, 1940, p. 328.

John Tate Lane, "The transplantation of the Scholastic University". *University of Miami Hispanic-American Studies*, I, Coral Gables, Flórida, nov. 1939, p. 29.

"Estudantes brasileiros na Universidade de Coimbra", *Anais da Biblioteca Nacional do Rio de Janeiro*, LXII, Rio de Janeiro, 1942, p. 141.

Julius Löwenberg, "Alexander von Humboldt. Sein Reiseleben in Amerika und Asien", *Alexander von Humboldt. Eine Wissenschafliche Biographie*, *bearbeitet und herausgegeben von Karl Bruhns*, I, Leipzig, 1872, p. 463.

"Ordens régias", *Revista do Arquivo Municipal*, XXI, São Paulo, 1936, p. 114.

"Cartas de Artur de Sá e Meneses a el-rei..." , *Revista do Instituto Histórico e Geográfico de São Paulo*, XVIII, São Paulo, 1913, p. 354. 160.

"Relatório do governador Antönio Pais de Sande..." , *Anais da Biblioteca do Rio de Janeiro*, XXXIX, Rio de Janeiro, 1921, p. 199.

D. Félix de Azara, *Viajes por la América del Sur*, Montevidéu, 1850, p. 210.

Jean de Laet, *Histoire du Nouveau Monde ou Description des Indes Occidentales*, Leide, 1640, p. 478.

Inventários e testamentos, X, São Paulo, 1921, p. 328.

"Carta do bispo de Pernambuco..." , in Ernesto Ennes, *As guerras dos Palmares*, I, São Paulo, 1938, p. 353.

Padre Manuel da Fonseca, *Vida do venerável padre Belchior de Pontes*, São Paulo, s. d. , p. 22.

Hércules Florence, "Expedição Langsdorff", *Revista do Instituto Histórico e Geográfico Brasileiro*, XXXVIII, 2ª parte, Rio de Janeiro, 1878, p. 284.

Ricardo Gumbleton Daunt, "Reminiscência do distrito de Campinas", *Almanaque literário de S. Paulo para 1879*, São Paulo, 1878, p. 189.

Francisco de Assis Vieira Bueno, *Autobiografia*, Campinas, 1899, p. 16; José Jacinto Ribeiro, *Cronologia paulista*, II, 2ª parte, São Paulo, 1904, p. 755.

R. H. Tawney, *Religion and the rise of capitalism*, Londres, 1936, p. 72.

Georg Friederici, *Der Charakter der Entdeckung und Eroberung Amerikas durch die Europäer*, II, Stuttgart, 1936, p. 220.

Júlio de Mesquita Filho, *Ensaios sul-americanos*, São Paulo, 1946, p. 139.

Alfred Rühl, "Die Wirtschaftpsychologie des Spaniers", *Zeitschrift der Gesellschaft für Erdkunde*, Berlin, 1922, p. 95.

Enrique Sée, *Nota sobre el comercio franco-portugués en el siglo XVIII*, Madri, 1930, p. 5.

Benedetto Croce, *La Spagna nella vita italiana durante la Rinascenza*, Bari, 1941, p. 27.

Mateo Alemán " Guzmán de Alfarache ", *La novela picaresca*

española, Madri, 1943, p. 168.

Francisco Rodrigues Lobo, *Corte na aldeia* (1ª ed. , 1619), Lisboa, 1945, p. 136.

Padre Antönio Vieira, *Sermoens*, 1ª parte, Lisboa, 1679, fl. 41.

Baltazar Gracián, "Criticón", *Obras completas*, Madri, 1944, p. 435.

第五章 / 热情的巴西人

Tarsila do Amaral
《食人》 (*Anthropophagy*)
1929

- 安提戈涅和克瑞翁
- 现代教育与反家族道德观
- 世袭制
- "热情的人"
- 对仪式的厌恶：在社会生活、语言与商业中的体现
- 宗教与对热情的过分推崇

国家不是小家的延展扩大，国家不依家国同构的原则建立，更不是由某些特征或特定偏好的群体组成的联合体，也非按照某些特殊意志进行社会整合的结果。当然，纵观历史，最有必要也最值得澄清的还是将国家比作一个"大家庭"这种观念。在家庭圈子（或"家族"）与国家之间并不存在次第阶进的关系，或言，国家实际上更是对传统家庭的消释，甚至可以说恰好站在家庭的对立面。掩饰或淡化家庭与国家的本质区别是一种天真同时也非常有害的做法，这种浪漫谬见在 19 世纪吸引了众多狂热的追随者。于他们这类空谈家而言，一个国家及其组成机构是按照自然家庭的模式组建演变而来的。而事实恰好相反：家庭与国家本质来讲属于两种迥异的社会秩序模式。实际上，只有通过违背家庭秩序和与其相关的亲属秩序（家族秩序），国家才得以诞生，普通个人也才得以在国家（或希腊式城邦）法律的保护与要求之下变成公民、纳税人、

选举人、被选举人、应征者和责任人。在这一转变中，平等普遍战胜了特殊例外，复杂的理性思维压倒了简单的物质得失，抽象理念超越了本能欲望。所以说，从以血缘维系的家庭到由陌生人群体组成的国家这一转变，并非一种单纯的进化过程，不是将自然原始的存在模式精神化、概念化的过程，更远非如亚历山大学派哲学家所言的那种诸多客观存在实体的续接排列。国家是人非自然甚至反自然的意志的体现，就其单纯形式而言，国家是超越的，是对原始初级家庭秩序的废止。

246　　将家庭与国家这两种原则互相对立的本质区别表现得最为生动且充分的，莫过于古希腊伟大剧作家索福克勒斯。在他以希腊神话为基础创作的悲剧作品《安提戈涅》中，象征着抽象且非个人城邦理性秩序的国王克瑞翁，在与家庭这一无处不在且最终博得普遍同情的、现实可触并激情可感的自然秩序进行外向斗争的同时也饱受了妻儿俱亡的内心煎熬。代表家庭自然秩序的女主人公安提戈涅不顾国王克瑞翁的禁令，安葬了她违背城邦法律的兄长波吕尼刻斯。而作为安提戈涅舅舅的国王克瑞翁在最终决定下令将她处以死刑时，所遵循的则是不应以特殊个体为转移、象征普遍公民意志与国家存续基础原则的城邦法律：

> 凡将亲友置于城邦之上之人，
> 我必会让他落空。

安提戈涅与克瑞翁的激烈冲突事实上可谓贯穿了由此以降人类历史的各个时代，时至今日频现不绝。在一切文化中，普遍适用于所有公民、法人、组织的一般法取代传统家族特征明显的特殊法的过程，都伴随着一些或深或浅、或长或短的社会变革危机，而对这些危机的研究则构成了人类社会史的基本课题之一。例如，只需将旧时代的法人团体和传统手工业行会制度与现代工厂的"工资奴隶制"加以比较，我们就很容易得到研究当今社会动荡的宝贵线索与资源。在昔日的团体或行会中，师傅和他的徒弟与帮工之间往往形成一种非常类似于血缘亲属自然秩序的亲密关系，一个集体的成员往往在一荣俱荣、一损俱损的同时还需要同甘苦共患难。而在现代工业体系制度之下，雇主与雇员只是职业身份，分工明确且不涉及个人私交，这使得现代工厂与公司内部不大容易产生越出公事公办的亲密氛围，而泾渭分明的上下级关系也极易催生阶级对立。此外，这种新的雇佣体制有时也非常便于资本家以微薄的薪水为报酬剥削雇工的辛勤劳动。

247

一位北美社会学家指出，对于现代雇主而言，雇员变成了简单的数字：旧有的人际关系消失了。大规模生产、密集劳动力组织以及为赚取巨额利润而设计的复杂体系机制，都凸显且毫无疑问加剧了参与生产活动人员的阶级分化，而这一切也不可避免地使往往处于上位的管理层对从事体力劳动的下层普通员工的生活缺乏昔日师傅之于徒弟的那种责任心。我们试将旧式学徒制（师徒在相同的工作环境中使用同样的劳动工具工作）与现代习常的公司制度加以比较便不难发现，在学徒制中，雇主（师傅）与雇员（徒弟或帮工）的关系往往是私人且直接的，无需任何中间机构；而在现代公司制度里，雇主（资产所有者，或股东）与雇员（劳动者）之间存在着主管、总监、总经理、公司总裁、董事会执行委员会和董事会本身等一系列中间机构。这样一来，一旦出现工伤事故、工资过低或工作环境卫生条件不当之类的情况，责任常常极容易淹没在由上至下繁杂的层级架构之中而变得难以追究。

248

以上强调的这种伴随工业劳动模式转型而来的危机，可以为我们理解废除旧家庭秩序时所一定要面临的困难提供某种不甚分明的启示：用一套建立在抽象原则基础之上的新制度和与之相伴的新型社会关系取代传统上由亲情与血缘维系的自然社会秩序时，所必须面对的困局。即使在今天，即便在大城市，那些坚持自我封闭于家族体系，服膺传统理念教导子女，以便使其终生仅仅忠心为家族利益效劳的"落后"家庭也仍然随处可见。当然，在现代社会全新生产生活方式的胁迫下，此类陈腐家庭正变得越来越少。在当今的教育学家和心理学家看来，家庭教育应关切与服务的不该仅有家庭生活，而更应该是家庭之外的社会生活。仔细研读现代理论我们便很容易发现，强调将"个体"与"个人"从家庭秩序和与其相关的亲属秩序（家族秩序）中解放出来，使其彻底摆脱传统上禁锢个体的旧"家族道德"，实际上是所有现代理论发出的最强呼声。可以毫不夸张地讲，这种将"个体"从传统"集体"中分离解放出来、给予个体参与公共生活最大限度自由的主张，实在是适应现代社会"实际生活"的根本也因而必不可少的前提条件。

所以说，在"个体"与"集体"这一问题上，现代科学教育所遵循提倡的理念与方法和旧式教育的重心恰好相反。如一位新式教育学家所指出的，作为传统教育基本原则之一的"顺从"或"听话"，在现代社会里，只有当受教育者对教育者（有更多特定领域社会经验的成年人）的观点和由此建立的行为准则有过充分了解且表示赞同认可时，才应当受到鼓励。他还特别强调说："受教育者（孩童）必须被赋予在教育者（父母）的观念或引导出错时不服从的能力。"在现代家庭教育中，帮助孩子获得并完善"个性"，应该被当作"家庭教育唯一适当的基础原则"。"如果年轻人在选择衣着、玩具、兴趣爱好和进行其他一般日常活动时都要受到父母的支配，那这年轻人将无疑会变成一个既没有社会生活能力也没有私人生活能力的'废人'，甚至有可能因此患上精神疾病。这种现象在我们周围简直司空见惯，所以也是绝不容被忽视或置之不理的。"因此，这位教育学家提议道："需要对此一事实保持警惕的，不光只有思维闭塞、传统守旧的父母，更包括那些自以为极其能干聪明的父母，因为往往正是这些的确可称得上聪明的父母才更倾向于过度支配孩子的一举一动。"这也就是为什么我们说通常意义上巨细靡遗的"好母亲"很可能往往比不负责任的"坏母亲"对孩子造成的伤害更大。

事实上，我们知道，凡是家庭观念（尤其父权家长制的家庭观念）被普遍推崇且根深蒂固的地方，现代社会的形成、巩固与发展就必不可能一帆风顺，换言之，以"个体"为基础的现代价值必须对抗顽固传统价值为其造成的严重阻碍。这样一来，个人对社会机制的适应危机在我们这个时代就显得尤为突出，而这毫无疑问是因为那些典型的、符合现代社会的、提倡个人主动精神且鼓励个体公民互相竞争的"反家族道德"（virtudes antifamiliares），实际上正是其在与传统的对抗中取得决定性胜利。

在我们巴西，过于亲密狭隘且常常具有很强压迫性的家庭关系对个体成年以后的生活所造成的众多限制，早在帝国时期就已经表现得相当明显了。当然，这种持久且普遍存在的张力同时也在社会上催生了许多针对顽固家族体制强加于个体身上的种种言行标准的纠偏机制。毫不夸张地讲，如果说巴西的高等教育制度，特别是自

250

1827 年于圣保罗和奥林达（Olinda）① 开始的法律课程，为培养出色公众人物做出过重大贡献的话，我们首先应当将这种成就归因于由教育制度为年轻人创造的一种新可能性：众多年轻人凭借受高等教育的契机，离开了故乡，离开了农村，也就因此顺势彻底摆脱了家庭的束缚，开始过上一种"为自己而活"的新生活。毋庸置疑，这种新生活的可能性所起的重要作用，丝毫不亚于教育机构为他们传授的知识。

脱离家乡在新环境开始新生活的年轻人，几乎无一例外不得不对自身于生命之初四五年间在传统父权家族中养成的性格加以调整，甚至彻底改变。为了能够更好地适应新环境和与之相伴的新型社会人际关系，这些年轻人必须认真检视自己旧有的兴趣、惯常参与的活动、长久信奉的价值，甚至非常个人的感受、态度与信仰。而这种至关重要且无可避免的检视，可以说往往是危险的，因为必须是激进且可能颇具颠覆性的。

只有通过这种方式，许许多多走出父母庇护、背井离乡，被史学家卡皮斯特拉诺·德·阿布雷乌称作"受惊的孩子"的年轻人，才有可能获得他们一直以来无缘体认的责任感。当然，远离故土的经历并不总是足以彻底消弭他们自幼浸融其中的父权家长制于他们的身心刻下的印记，那种经时历年养成的、受制于家族秩序的思维方式也不大可能一夜之间就发生翻天覆地的变化；尽管明眼人都知道，过了时的思想既与自由人社会的要求格格不入，也无法顺应人人平等的现代趋向。诚然，脱胎换骨不易，洗心革面需时，而这种

251

---

① 奥林达是巴西城市，位于该国东部的伯南布哥州。奥林达始建于 1535 年，旧城已被列入联合国教科文组织世界遗产名录。——译者注

状况也恰好导致了史学家若阿金·纳布科（Joaquim Nabuco）① 指出的那种巴西政治现代化过程中出现的特殊现象："有能力在我们的政治斗争与社会竞争中胜出、崛起并最终取得统治地位的人，往往不是孤儿就是弃婴。"

我们知道，一些国家近年来为创建覆盖面广泛的保险与社会保障机制所做的诸多努力，之所以受到批评的唯一原因就是，这样一套保底系统会让个体的行动空间因动力不足而大大缩小，换言之，普遍的社会保障会消除一切形式的公民竞争。而上述这套论证逻辑也不能不说是我们这个时代所独有的，因为恰是在当前这个时代，公民之间的竞争及其可能引发的全部结果才首次被正面且高调地提了出来。

诚然，我们当中很多人会不无理由地从自己的时空角度出发，用相似的理由谴责在他们看来过于狭隘苛刻的家庭秩序，指责此种生活环境过分限制了孩童视野与能力的发展。然而，严格来讲，我们也同样不该忘记，自然家族秩序只是到今天才变成了滋生和培养无能者与精神疾病患者的温床。在旧时代，家族秩序下成长起来的年轻人很可能拥有传统道德定义下的完美人格，从而恰恰有助于传统社会的长期繁荣并促进人与人之间的和谐共处。

事实是，处在新秩序即将取代旧秩序年代的我们，离个人传记

---

① 若阿金·纳布科（1849—1910）是巴西政治家、外交官、历史学家、法学家、演说家和记者，毕业于累西腓法学院（Faculdade de Direito do Recife），是巴西文学院（Academia Brasileira de Letras）的创始人之一。——译者注

252

中塞缪尔·约翰逊（Samuel Johnson）① 义正词严为体罚学生的正当性积极辩护的时代并不遥远。在詹姆斯·博斯韦尔（James Boswell）笔下的约翰逊看来，让"所有人都感觉恐惧"的教鞭无疑是最具效率的教具。似乎对约翰逊来讲，挨鞭子比对学生说"如果你这样或那样做，你就会是一个比你的兄弟或姐妹更值得众人尊敬的人"来得更灵验。因为，正如博斯韦尔所言，使用教鞭可以非常有针对性地做到就事论事，而不是将是非对错建立在人际比较和竞争的基础之上，教育方式如果鼓励竞争，必将导致兄弟姐妹互相敌视甚至仇恨。

在自古盛行原始父权家长制的巴西，以城镇的物理扩张、交通通信方式的便利和由此引发的大量农民迁居城市为代表特征的城市化进程，无可避免地造成了社会失衡，其影响至今仍然存在。

253 在此种社会历史背景下，要让公职人员理解私人领域和公共领域之间存在的根本区别是相当困难的。正如马克斯·韦伯定义的那样，观察一个社会，我们得分得清它的公职人员到底是"世袭"官员还是纯官僚。对于"世袭"官员来讲，参政从政只与他的个人利益息息相关，也即是说，此类官员担任什么职务，有多大职权，能获得或分到多少与之相关的福利，都仅与他的个人权利相关；而在公职专业化的官僚国家中，公职人员关注的是客观利益，努力的目标是确保每一位普通公民的个人权利受到法律有效保障。在世袭制主导的社会里，官员选拔与任命的标准往往是候选人与其出生背景

---

① 塞缪尔·约翰逊（1709—1784）是英国诗人、散文家、文学评论家和词典编纂者。他被认为是18世纪英国最重要的知识分子之一，也是詹姆斯·博斯韦尔（James Boswell）所著的人物传记《塞缪尔·约翰逊的一生》（*Life of Samuel Johnson*，1787）的主人公。

相关的个人信誉，而个人实际能力却常常被认为是次要的。维系世袭社会运转的纽带根本而言是人际关系，因此，这种社会缺乏官僚国家社会生活所特有的普遍的客观理性。一般而言，随着公权力的逐步分割与合理化，世袭社会有可能获得官僚国家的一些特征。然而，我们对两种体制的本质认识得越清楚，也就越能看出世袭社会归根结底远非由理性原则所主导的官僚国家。

纵观巴西历史，可以说我们只有在非常特殊的情况下才组建过真正的行政系统和一套纯粹以客观公共利益为基础并致力于持续为此利益服务的官僚体系。相反，在我们这里占统治地位的实际一直是个人的或个别的利益，由此，巴西社会长期被公私不分且不容客观理性原则介入的小利益圈子所控制。在这些小利益圈子中，家庭无疑是最频现、最明显也最易形成的那一种。家庭是个体所谓"主要社会关系"几乎唯一的来源，由无可撼动的血缘与日久生情的心灵维系。家庭秩序对巴西社会最无可争议的决定性影响之一，是以家庭生活为依托建立的人际关系模式，为所有巴西社会的非家庭团体提供了一种极富自发性和道德感召力，也因此几乎不容拒绝的固定范式。尽管尽人皆知，建立在中立和抽象原则之上的民主制要反对与根除的正是特殊主义，然而这套机制被移植到父权家长制思维模式根深蒂固且无处不在的巴西之后，难免就会变成一种徒有其表的空架子。 254

有人曾恰如其分地指出，巴西对世界文明的贡献就是"热情"：我们呈现给世界的是一个"热情的人"。待人亲热、大方好客、热心慷慨等此类到访过巴西的外国人一再称赞的美德，的确在某种程度上代表了巴西人性格的某些特征。我们这样讲并不是出于自满或傲慢，因为此类性格特征确实是农村环境与父权家长制下成长起来的人祖祖辈辈从其先人那里继承而来的久盛不衰且非常实用的基本人格特质。所以说，如果有人将巴西人"热情的言行"等同于文明人的"得体举止"，那就实在大错特错了。事实上，上述那些性格特征反映出来的，往往首先是巴西人极其丰富到可以说失控泛滥的充沛个人情感。而文明人的得体举止则究其根本首先是强制约束的结果：比如个人信奉的道德格言，或被社会集体认可且规范一切人的行为准则。众所周知，日本人的礼貌渗透在普通社会生活的方方面面，其被严格遵守的程度有时甚至让人怀疑有一种宗教情感混淆其中。比如已经有人郑重其事地指出过，神道教中敬拜神灵的外在仪式实际上与社会生活中人际互敬的方式本质来讲没有区别。

事实上，没有任何一个民族比巴西人更远离这种仪式化的生活观念了。或许表面看来颇具误导性，但毫不夸张地说，我们巴西人的日常社交方式就内心体验来讲与彬彬有礼恰好相反：以礼相待的处世态度根本而言是对自发热情的外在表达形式的一种刻意模仿，换言之，巴西人的热情源于对内心情感不加修饰制约的放纵流露，而真正礼貌的社会要求的则是对此种自然流露表达方式公式化的普遍遵循。确切来讲，即便在内心情绪与礼貌要求并不一致时，也一样能够保持理智且公式化地遵循仪式。但反过来说，这种在不利情况下仍旧能够保持理智的动力来源，实际上是个体对"个体"以及个体对每一位社会成员的"个人权利"发自内心的认可与尊重。此外，某种程度而言，礼貌其实也是个体在面对外部世界时所能动用的一种自我防卫机制，这是因为以礼相待是一种停留在表面的形式；也就是说，个体可以将礼貌作为保护自己真实情感不受外部力量侵犯的屏障。这种甚至可以被称为"伪装"的隔绝方式，可以让每个人都有可能确保自己的敏感与情绪完好无损。

将并不一定真实表达个体内心情感的"热情言行"，通过被普遍接受且遵循的外在形式固定下来的过程，也正是人的精神和理智战胜自身生物本能的过程。可以说，一旦拥有了这个理性"面具"，个体就有办法在面对群体时保持自己至高无上的个人尊严。毋庸置疑，一个人若真想持续做到有尊严且独立自主地在集体中存在，那他就必须有礼貌待人的能力。

对"热情的巴西人"来说，社会生活在某种程度上其实是一种让人舒坦的真正解脱，从我们无能应付的可怕的个人生活中解脱出来，原因是，个人生活要求个体有能力在一切生存环境中都做到真正独立自主，而这恰是巴西人非常恐惧且常常不愿意面对的。"热情的人"通过其不加自制反思的言行举止将自我扩展延伸到周围的环境及他人身上，这样一来，独立存在的重担就被部分地分派了出去。而当每个人都这样做时，现代价值所强调的"个人"或"个体"就从你我交融的社会中彻底消失了。像很多其他美洲国家的人一样，巴西人花精力去关注的不只有自己，更有自己周围一小部分的社会环境与同样生活在其中的自己的"邻居"。总结来讲，巴西人并不真愿意做他自己，而更愿意依附寄生在周围环境与他人之上。尼采也恰是要对这样的人发话，他说："正是你们对自身错误的怜爱，才使得你们将独立当成了囚禁。"

上述这种确保个体在社会中独立存在的必不可少的礼貌仪式，首先对个人提出的要求很多时候是拥有一种完整、坚强且和谐的稳定人格。然而，我们在周围看到的一个典型例子便恰如其分地进一步说明了巴西人的"热情"其实并非出于礼貌，相反，被公式化的礼貌恰恰是我们非常厌恶的社会仪式：巴西人通常很难长时间对某个或某种"上级"保持尊敬。这并非因为我们个性太强不甘居于下风，事实上，我们不问所以、心甘情愿唯马首是瞻的情况比比皆

256　是，但前提是，要我们尊崇的对象必须不能彻底超出可以让我们与其像家人一般亲热共处的限度。对其他民族而言非常正常的真正尊敬，在巴西是需要以与被尊敬者建立亲密关系的意愿为依托的。在此，如果回忆一下前文所述葡萄牙人对待贵族头衔与徽章的普遍态度，就不难理解在诸多方面受葡萄牙文化影响至深的我们为什么会有这种特殊的情感需求了。

　　举个例子，在语言学领域，这种特殊的情感需求似乎刚好也体现在我们对指小词的钟爱上。单就葡萄牙语构词法来讲，在单词结尾做微小变动后加"inho"，有助于表达说话者对自己提到的这个人或物的熟悉或亲热之感，同时也会让说话者在心理上感到放松。这种词语微调会使该词指示或形容的对象变得于说话者而言更有亲和力，也会让人本能想要接近他所言之人或物。这种语言使用习惯倒的确是我们巴西人自己的发明。葡萄牙人常常取笑我们太过频繁使用指小词的习惯，甚至说巴西人是在不可理喻地滥用词语；而我们则往往感觉卢西塔尼亚人过分焦躁、悲伤或苦涩的语言表达，同样一本正经到了荒谬的程度。仔细研究葡葡与巴葡的句法形式之差异，无疑会在这方面为我们带来更多宝贵的启示。

　　此外，社交称谓中省略姓氏的倾向也可以借来佐证巴西人的
257　"热情"并非出于礼貌。一般来说，巴西人更习惯于用洗礼时获得的个人名字来互相指称。我们知道，姓氏在基督教欧洲的流行始于中世纪，准确讲是 12 世纪以后。因此，我们可以为葡萄牙人在大多数情况下同样使用个人名字互称的习惯找到可靠的历史渊源。但是，若使用同一个欧洲历史渊源去解释巴西人至今固守的这一习惯恐怕就很欠妥当了。只有从自身文化出发去反思，我们或许才能得到更合理且站得住的原因：人际交往过分亲热到不知如何独立担起

个体身份去面对社会生活的巴西人，选择在日常交流中亲昵地忽略彼此姓氏，其实同样是为了满足我们先前提到过的特殊情感需求。也就是说，简略地使用个人名字互相指称可以消除交流对象实际上属于与自己不同的另一个独立家庭这一事实在巴西人心中造成的隔阂或距离感。这种通过抹消个体差异来满足情感需求的方式，刚好反映出这样一种事实：用德国社会学家斐迪南·滕尼斯（Ferdinand Tönnies）①的话来讲，长期生活在血缘、地域或信仰团体中的人，更倾向或更善于遵循共感同情与和气万事兴的原则，也几乎不出例外地会本能抗拒一切与初级自然秩序不甚相关的抽象理性原则。

确切来讲，巴西人的集体生活向来只受基于私人情感建立起来的伦理原则的支配，很少有外国人能理解我们对其他类型集体生活模式的陌生甚至抗拒心理，正因如此，他们也几乎不可能真正游刃有余地参与到我们的日常生活中来。我们这种极具特色的"热情"的共处方式，即便在以竞争为目标的公共活动中也一样发挥效用。如前文提到的，安德烈·齐格弗里德的一位费城商人朋友曾说过一个让他感觉惊讶无比的发现：要想在巴西与阿根廷赢得一个客户，首先该花心思的就是让自己成为这个潜在客户的朋友。

不仅如此，就连我们亲爱的天主教亦没能摆脱巴西人执着的情感需求对其提出的特殊要求：我们必须被允许用一种可以说近乎无礼的亲密态度对待圣徒。而这种要求对于任何一个真正虔诚的灵魂来说一定是难以理喻甚至想象的。圣利雪的德兰（Santa Teresa de

---

① 斐迪南·滕尼斯（1855—1936）是德国社会学家、经济学家和哲学家，为社会学理论研究与田野调查做出过众多贡献，以区分两种类型的社会群体（即共同体和社会）而闻名。他与马克斯·韦伯和《货币哲学》的作者格奥尔格·齐美尔共同创立了德国社会学学会。滕尼斯的主要著作有《共同体与社会》和《新时代精神》等。——译者注

Lisieux）之所以在巴西广受欢迎，很大程度上就是因为对她的崇拜不会让巴西人产生距离感，她被我们亲热地加以指小词称为"圣女小德兰"（Santa Teresinha），人们与她的关系几乎就是一种良善友爱的兄弟情义，而且也不强制附加各种烦琐的敬拜仪式。此外，巴西人对待圣婴耶稣的态度也与之相似。我们按照圣婴的形象制作孩童玩偶，而这些随处可见、触手可及的圣婴玩具让我们想到的往往也仅限于各种内容被精简甚至删改的幼儿版福音书里的耶稣，而非正典福音书中的耶稣。而且，在圣保罗参加过皮拉波拉耶稣圣人节（Senhor Bom Jesus de Pirapora）庆祝活动的人，都知道基督走下神坛与众人一起跳桑巴舞的故事。

有必要指出，这种起源于伊比利亚半岛的庆祝式敬拜活动，在中世纪的欧洲也出现过，而随之兴起，或说导致其兴起的原因，恰恰是超个人的、富丽堂皇的、信徒共同意志体现在宏伟哥特式纪念碑之上的传统宗教崇拜的衰落。一位历史学家曾指出，这一时期之259 后，欧洲出现了一种更世俗也更简单的宗教情感。每所住宅都附有各自的小教堂，人们可以很方便地向自己的守护神或保护神跪拜。基督、圣母和圣徒都不再以不食人间烟火、不受人情左右的超越形象出现。包括贵族庶民在内的所有人都想与神圣存在保持一种亲密关系，这样一来，就连上帝本身也似乎变成了一位熟悉亲密如家人的朋友，与早先被供养在幽深豪华宫殿中的、骑士路过必须像参拜封建领主般下马跪拜的那个上帝刚好相反。

如前已述，类似的情况之所以同样发生在巴西，是因为我们将社会生活中对距离感的恐惧这一至今为止所谓"巴西精神"最显著的特征延伸到了宗教领域。需要加以区别的是，巴西人的这种将风俗人情引入宗教崇拜的做法，与日本人宗教式面对社会生活的方式恰恰相反：日本人是让社会生活神圣化、严格化；而我们巴西人却将原本应该严谨的信仰活动人情化、随意化了。

不难理解，对严谨仪式的普遍反感使得巴西社会很难产生一种真正自觉自发的深厚宗教情感。圣约翰·亨利·纽曼（Saint John Henry Newman）① 在一次英国国教布道词中表达过一种"坚定的信念"，他相信，假如英国人的宗教情感更加迷信偏执，假如英国国教更愿意接受来自普通民众的影响，假如国教教义能够更直接地与信徒的心灵和想象沟通的话，最终获益的无疑将是英国人自己。然而，在巴西情况却截然相反。我们不愿为信仰承担任何义务，宗教于我们而言绝不能过于严苛，崇拜对象也必须有家人般亲密无间的亲和力，滑稽点不大确切地说，巴西人能接受的宗教信仰必须得讲"民主"。换言之，教徒不该被要求做任何额外努力，信仰不该让我们自我约束，更不能强迫我们做任何事。而这种松松垮垮的信仰态度，从一开始就从根本上腐蚀了我们的宗教情感。颇具讽刺意味的是，在 19 世纪下半叶著名的教会问题纷争中，那场旷日持久且震惊整个帝国的激烈争论竟主要是由奥林达主教维塔尔·玛丽亚·贡萨尔维斯·德·奥利韦拉（Vital Maria Gonçalves de Oliveira）顽固坚守自己"过多的宗教热情"所引起的。更加离奇的是，在那些指控奥林达主教的言行是不可饶恕罪行的人当中，很大一部分竟然是天主教徒，或认为自己是虔诚天主教徒的人。

260

---

① 圣约翰·亨利·纽曼（1801—1890）原为英格兰教会牧师，1845 年皈依罗马天主教，并领司铎品，成为天主教神父，1879 年被擢升为枢机，以司铎的身份获得执事级枢机头衔。他学问渊博，且勇敢讨论许多有关宗教信仰的问题（如理性、情感、想象力与信仰的关系）以深入探讨信仰本质及教义的发展。纽曼对罗马天主教的影响相当大，他的思想在梵蒂冈第二届大公会议期间尤具影响力，所以有人将该大公会议称为纽曼大会。——译者注

所以说，巴西人的宗教情感普遍非常肤浅，我们当然也会举行一些宗教仪式，然而比起仪式本身象征或代表的内在含义，更吸引我们的是它们花哨盛大的阵仗排场。此外，这种肤浅的宗教情感并不妨碍我们如葡萄牙人一样对现实世界具体事物近乎肉欲的执着，在没有意愿潜心领会何为真正宗教精神的同时，也不至于对宗教信仰彻底厌恶抵触。这种只注重现实得失而对抽象原则缺乏较真精神、得过且过的信仰态度，使我们很难真正虔敬严肃地对待任何有超越意义的信仰体系，也就是说，非常善于且随时乐意妥协的巴西人，谁也不会指望或相信某种社会道德能强大到产生持久实效的程度。在虔诚宗教情感缺失、仪式规戒无力的社会中，无论哪种信仰体系也无法真正将其倡导的秩序在此付诸现实。如此一来，任何倡导理性而依凭意志的政治建构要想在巴西站稳脚跟，就不得不与仅诉诸情感表露和感官刺激的宗教活动划清界限。所以说，难怪我们的共和国是由实证主义者或不可知论者创建的，而巴西独立也是共济会成员努力的结果。巴西第一任皇帝曾公开表示自己完全信任共济会成员，这却让有过前车之鉴因而深谙其中凶险的克莱门斯·冯·梅特涅（Klemens Wenzel Lothar Nepomuk von Metternich）①亲王本人感到惶恐不安。

---

① 克莱门斯·冯·梅特涅（1773—1859）是神圣罗马帝国出生的奥地利帝国政治家及外交家，曾出任奥地利第一任首相。他推动奥地利加入了第六次反法同盟并签署《枫丹白露条约》（*Traité de Fontainebleau*），该条约使拿破仑流亡。他是维也纳会议主席。作为保皇派，梅特涅热衷于保持权力平衡，特别是通过遏制俄国在中欧和奥斯曼帝国领土上的野心。随着奥地利、俄国和较小的普鲁士结盟，"梅特涅体系"持续了十数年，这是奥地利外交上的高峰。——译者注

自费尔南·卡丁（Fernão Cardim）① 神父时代以来，巴西信众　261
甚至女信众，对宗教信仰毫无虔诚可言的特点就让所有到访过巴西
的外国人看在了眼里。卡迪姆神父曾言，16 世纪伯南布哥的女人
的确"非常高贵，但都不太虔诚，她们不做弥撒、不听布道、不忏
悔，几乎什么宗教活动都不参加"。于 1822 年圣周（Semana San-
ta）② 期间到访圣保罗的奥古斯丁·圣—希莱尔（Auguste de Saint-
Hilaire)③告诉我们，当地教徒在举行宗教仪式时的漫不经心让他感
觉心痛不已。他叹息道："在他们当中的任何一个人身上都看不到
庄严盛典所该传达的高贵精神。"他补充说："当地显要和宗教人士
只是例行公事走个过场，而普通百姓则以为这根本就是一场狂欢。
圣周四这天的典礼上，绝大部分人都从主教手中接过了圣餐，然而
他们左顾右盼交头接耳连安静都不能保持。圣餐弥撒前就闲聊个不
停，之后便更加无所顾忌了。"他还说，街道"自然也人头攒动塞
得水泄不通，可人们窜来挤去往返于不同教堂之间也全只为了看个
热闹，丝毫表现不出任何宗教热忱"。

诚然，对于这种完全靠强烈感官刺激的宗教热情，我们不该也　262
不能抱任何期待，因为老话讲，要想毒害一个人的灵魂，首先必须
毒害他的眼睛和耳朵。基德（Kidder）牧师指出："且不说宗教仪
式原是以鼓励信仰、坚定正念为目标的，在喧嚣和混乱中，在所有

---

① 费尔南·卡迪姆（1549—1625）是葡萄牙耶稣会士。1566 年加入耶稣会后，他
　于 1583 年启程前往巴西，担任耶稣会在巴西的出访秘书期间，曾到访过今天属
　于巴伊亚州、伯南布哥州、圣埃斯皮里图州、里约热内卢州和圣保罗州的许多
　地区。——译者注
② 圣周又称受难周，在基督教传统中，是复活节之前的一周，用来纪念耶稣受
　难。——译者注
③ 奥古斯丁·圣—希莱尔（1779—1853）是法国植物学家及旅行家，曾在植物胚
　胎方面有过重大发现。——译者注

这些以狂欢和炫耀为目的的浮夸华丽庆典中，谁要是有能力静下心来虔诚敬拜，那我得说他必定有不凡的定力与热忱。"另一位 19 世纪中叶来访巴西的旅行家也曾对巴西社会能否最终形成某种真正的信仰体系深表怀疑。他曾惊叹道，据说连新教教徒到了这里也会马上堕落。他还不忘指出："巴西的气候也不适于任何北欧教派推崇严苛的特性，所以循道宗（metodismo）与清教（puritanismo）永远都不可能在热带地区有什么大发展。"

263　　我们知道，面对宗教改革派的攻势，特利腾大公会议为巩固信心、吸收信徒和澄清并宣扬天主教教义，对各种宗教活动形式做出了具体细致的规范。而这些新形式在与巴西人对热切情感的需求结合之后，竟不能不说找到了最适合的发展土壤，因为它们简直太符合典型巴西人的社会行为习惯了。在这片被首批欧洲探险家描述为"慵懒且有些忧郁"的土地上，人们厌恶一切种类的仪式是很可以被理解的。我们每个人心里都非常清楚，巴西人的生活是不需要用任何仪式去规范的，因为面对外在生活环境时，我们通常采取的并不是仅以防御为目的的守势。巴西人的私生活往往既没有凝聚力，也没有足够的纪律性，这使得我们根本无法掌控或操纵自己个体人格的每个方面，随意或偶然的情况屡见不鲜也因此没人觉得有什么不妥。而这种散漫的个性也让巴西人无法有意识地以独立"个体"的身份参与到社会生活中去。崇尚自由自在的巴西人并不真的在意任何外在规则，不愿被束缚的我们做好了随时妥协的准备。我们对生活中不断遇到的各种思想观念、行为准则与仪式规范都来者不拒，接受新事物毫不费力，放弃老传统毫不犹豫。

参考文献

F. Stuart Chapin, *Cultural change*, Nova York, 1928, p. 261.

Knight Dunlap, *Civilized life. The principles and applications of social psychology*, Baltimore, 1935, p. 189.

Margaret Mead, Ruth Shoule Cavan, John Dollard e Elea- nor Wembridge, "The adolescent world. Culture and personality", *The American Journal of Sociology* (Jul. 1936), p. 84.

Friedrich Nietzsche, *Werke*, Alfred Köner Verlag, Ⅳ, Leipzig, s. d. , p. 65.

André Siegfried, *Amérique Latine*, Paris, 1934, p. 148.

Prof. Dr. Alfred von Martin, "Kultursoziologie des Mittelalters", *Hand-wörterbuch der Soziologie*, Stuttgart, 1931, p. 383.

Fernão Cardim, *Tratados da terra e gente do Brasil*, Rio de Janeiro, 1925, p. 334.

Auguste de Saint-Hilaire, *Voyage au Rio Grande do Sul*, Orléans, 1887, p. 587.

Reverendo Daniel P. Kidder, *Sketches of residence and travels in Brazil*, Ⅰ , Londres, 1845, p. 157.

Thomas Ewbank, *Life in Brazil or A Journal of A Visit to the Land of the Cocoa and the Palm*, Nova York, 1856, p. 239.

第六章

新时代

Tarsila do Amaral
《圣保罗》(*São Paulo*)
1924

- 行为者的目标
- 法学学位主义
- 如何理解实证主义在巴西的成功
- 民主制在巴西的由来：一个误会
- 精神和爱神：我们的浪漫主义者
- 对书籍拜占庭式的执迷
- 扫盲的幻想
- 对现实的祛魅

上章结尾时提到巴西人那种适应新事物新环境的超强能力，对 **273** 构建任何社会公共秩序都绝非有利条件。一切超越个人的组织原则都会让自由散漫而喜新厌旧的我们感觉拘束难耐。受这种独特性格的影响，不但原本崇高神圣的宗教信仰极容易被我们迅速世俗化，就连在一切日常言行举止中我们也往往流露出对传统家庭环境塑造的人格特征的某种异乎寻常的眷恋。这样一来，我们几乎没有谁会太看重那些所谓一般性规则，而只热衷于能将一己从普通群体中区别出来的特殊主义原则，换言之，在社会生活中，比起人人平等，我们更在意如何让自己从周围环境与规范中脱颖而出。

因此，我们很少见到巴西人愿意将自己全副身心投入某一于切身实际不甚相关的对象或领域上。甚至即便是在逃避原则规范时，我们采取的也更常是一种简单的退缩绕道、搁置徘徊或疏忽放任的心态，而绝非那种需要动用人之为人的自由意志去调整或修改的积极态度。众所共知，巴西人厌恶一切刻板单调的活动，无论从事美学创作或自由度更低、创作主体必须服从既定工序的工匠艺术，巴西人都很难将个体人格置于一套要求严苛的纪律制度之下。一个常见的现象是，自诩知识分子的巴西人很容易同时接受好几种不同的学说，或同时持守多个各异甚至相互抵触的信念。无论学说抑或信念，巴西人更在意的往往不是其真确程度，而是那些能激起人华美想象的漂亮言辞或诱人论证。而他们对各学说理论间所必然存在的矛盾常常不以为意，甚至当有人提醒他们不该以同样的热情同时认可这些形式内容各不相同的理论的真确性时，他们不但会埋怨别人大惊小怪，甚至一些人还会因受质疑而发自内心感到愤慨。事实上，毫不夸张地讲，几乎所有才华横溢的巴西人都有一点这种倾向。

274　　可以说，巴西人在任何工作活动中所寻求的，是一种自身的满足感。工作的目的在于作为行动者的我们自己，而不是此种工作活动本身，也就是说，工作是以行为者为目标而非以行为本身为目标的活动。在巴西，职业仅被当作构成个人生活的事件之一，而在其他民族那里，职业常常被看作几乎神圣的，证据之一便是与特定职业相关的语汇甚至能激起从事这一职业的人的某种宗教般虔诚的情感。

即便在今天，巴西的医生、律师、工程师、记者、教师与公务员当中仅满足于从事本行业的人还是一样非常少见。我们经常能看到卡尔·赫尔曼·康拉德·伯迈斯特（Karl Hermann Konrad Burmeister)① 在巴西独立之初那段时日里观察到的情况："在这里，没人心甘情愿按部就班遵循某一工作既定的职业生涯，每个人都在寻求可以让自己一跃翻身到位高禄厚职位上的机会：重要的是这种越出常规的做法经常取得成功。"伯迈斯特举例说："正规军的少尉可以一跃成为民兵少校或上校，然后还可以带着新的军衔重新回到正规军任职。公务员竞相争取工程师的职位，而最有才华的军事工程师却选择放弃自己的职业去谋占海关征税员的职务。海军军官渴望穿上舰队队长的制服。同时挂名五六个职务头衔却实际什么都不做的情况也绝非罕事。"

我们的高等院校每年都有数百名的学生毕业，而这些拥有高学历的青年人在现实生活中却很少用到他们在校期间学到的知识。第三章中我们已经谈到过诸如律师、记者、医生、会计师、艺术家等自由职业（profissões liberais）在巴西人心目中的崇高地位和形成此种普遍观念的殖民史与农业经济史方面的原因，尤其是由乡村生活到城镇生活的突然转变，对旧庄园父权家长制文化下成长起来的人的影响。此外，需要指出的是，与一些人宣称的不同，自由职业地位特殊其实并非巴西独有的社会现象。例如，独立战争后那些年间，"法学学位主义瘟疫"对美国社会的影响就尤其显著：尽管清教徒已使出浑身解数尝试对抗欲图将人类制定的法律置于上帝律法

---

① 卡尔·赫尔曼·康拉德·伯迈斯特（1807—1892）是德国博物学家，于1850年前往巴西并在那里住了两年。在巴西期间，伯迈斯特被圣湖城（Lagoa Santa）洞穴学、考古学、植物学、生态学等领域的名声吸引，在丹麦古生物学家、动物学家和考古学家彼得·威廉·伦（Peter Wilhelm Lund）的陪同下，去米纳斯吉拉斯州的圣湖城考察了5个月。回欧洲后，伯迈斯特发表了三部记述巴西旅途见闻的著作：《巴西之旅》（*Reise nach Brasilien*）、《巴西景观》（*Landschaftliche Bilder Brasiliens*）和《巴西动物系统概述》（*Systematische Übersicht der Tiere Brasiliens*）。

之上的新英格兰法学家，法学学位在那一时期所具有的社会重要性仍旧是任何其他头衔或努力都无法比拟的。对那些斥责巴西是律师之国的人来讲，此一定义最好的证明便是，在我们这里，只有受过正规法学高等教育的公民才有可能升迁到最高的社会地位和政府公职。但不难看出的是，即使是在这一点上，巴西也并非一个古怪的个例：从职业上讲，美利坚合众国制宪会议的绝大部分成员都出身职业律师，即便到今天，律师也仍然占着美国各州立法机构和国会议员一半的名额。除沃伦·加梅利尔·哈定（Warren Gamaliel Harding）与赫伯特·克拉克·胡佛（Herbert Clark Hoover）之外，所有非将军出身的美国总统全都是受过正规严格法学教育的律师。这与巴西的情况恰好相同。无论在美国还是巴西，这种法学学位至上276 的情况都饱受各方批判。而这种美洲现实与大不列颠的情况却形成了鲜明对比：整整一个世纪中，从斯宾塞·珀西瓦尔（Spencer Perceval）到赫伯特·亨利·阿斯奎斯（Herbert Henry Asquith），没有一位英国首相是律师出身。

要说很大程度上是巴西与其他美洲国家所共有的一些经济社会因素使得自由职业受到推崇，其实是不准确的，因为我们不能忽略的是，类似的职业在宗主国葡萄牙本就享有极高的声望。在葡萄牙历史的几乎一切时代，学位证在谋求高级公职时所具有的威信力差不多和一份像样的推介信相同。如果《剽窃的艺术》（*Arte de furtar*）一书记录属实的话，17 世纪的科英布拉大学（Universidade de Coimbra）每年都要为上百名想要获取公职的人颁发学位，而这些申请学位的人此前甚至从未去过科英布拉也并不成问题。

此外，法学学位主义的恶习还清楚地体现了巴西人另外一种偏好，即过分推重个人人格价值的人格主义，认为一切个体境遇仅与人格相关，从不将偶然性等类似因素考虑在内。博士头衔所能赋予的尊严与地位足够一个人风风光光过一辈子，在一些情况下，还能使他轻而易举彻底摆脱日复一日地为生计担忧，为物质生活操劳向来被我们认为是有损个人尊严的。当然，今天的社会环境已经不再能像过去一样充分保障学位持有者的特权待遇和地位了，高学历的声望能为个体赢得的物质生活条件也无法和旧时代相比，而事实是，我们大多数人对学位所持的尊崇态度似乎仍旧与我们祖父母一代大致相同。应当特别强调的是，自由职业对巴西人的诱惑与我们对人格价值独尊的执念密切相关，因此，即便当前社会环境已不具备支撑或助长此种诱惑的物质条件，自由职业施加于我们身上的魔力也还丝毫没有减损。与此同时，巴西人对获得某种确定的、无需投入过多个人努力也能为我们提供安全与稳定谋生手段的强烈渴望，也是由于只有此类工作才能最大限度确保我们的个人人格不受限制。

懒怠思考与对理智抽象思维方式的厌恶，使我们更愿意将复杂且充满矛盾的现实生活用一套也许并不合适的僵硬形式，或所谓一般规律框定下来，并对那些违背我们主观意愿的"反常"情况刻意回避或置之不理，这几乎是巴西人最普遍且最无可撼动的性格特点。那些我们主动拿来框限现实的、貌似理性的体系或规则，实际上是我们为终止思考找来的借口；换言之，如同音乐节奏规范舞者身体必须按照特定规律摇摆一样，我们只接受有限度有范围的想象。长久以来，对书面文字、警句口号和简明但刻板思想的依赖，对模糊与不确定的恐惧，对迟疑犹豫的厌恶，以及对灵活不拘的畏怯都在无形中塑造着巴西人的精神：我们不善合作，视投入较真为近乎迂腐，宁愿放弃真正个人独立也要勉强保全所谓一己人格。一切需要费心耗神依情度势步步推进的脑力劳动，在巴西人看来都绝

277

非真正的智慧。于我们而言，只有那些明晰扼要、在头脑松弛状态下也能让人一目了然的思想，才是真正智慧真谛之所在。

278　　基于以上所述我们对思考与智慧的看法，不难理解为什么实证主义能在巴西以及智利、墨西哥等与我们有亲缘关系的国家取得巨大成功：奥古斯特·孔德（Augusto Comte）[①] 精炼清晰、言出必践而又不容置疑的思想体系，不给观望或思考留出半点空间。于孔德的忠实拥护者而言，这一宏伟体系之所以重要，就是因为它有抵拒现实生活游移多变、流转不定的强大能力。而这些人对孔德思想最终必能大获全胜所抱有的坚定信心也是颇值得玩味且引人深思的。于这些实证主义者而言，只需假以时日，整个世界都将不得不接受孔德体系，仅仅因为它是一套依托科学理性的制度，是完美到无可挑剔也因此无可置疑的系统，所以善良且明智的人都毫无疑问会支持并配合它。任何人或物都无法阻止，更不可能消除由全体人类不断向上攀升的命定需求所激发出的那种崭新精神。孔德的追随者坚信，实证主义先师留给人类的科学与智慧的财富，一定可以满足今后一切时代在所有地方都必将出现的、类似的人类现实需求。事实是，孔德主义的刻板信条并没能引起欧洲人太多的兴趣，反而是在遥远的巴西风靡一时，且直接改写了我们的历史，左右了我们传统的走向。

在设计将走向共和的巴西的政治体制时，我们的实证主义者当然也曾真诚想过将巴西的"既有现状"、自身特点及独有先例考虑在内。例如，在共和国刚成立两个月后的一份编号奥梅罗 102

[①] 奥古斯特·孔德（Isidore Marie Auguste François Xavier Comte，1798—1857）是法国著名的哲学家，社会学、实证主义的创始人。——译者注

（Homero de 102）的文件里，孔德的热带信徒们曾提议按两种类别划分巴西各州："一种是被政治体制组织联合起来的，由欧洲人、非洲人及土著印第安人杂居的'巴西西方州'（Estados Ocidentais Brasileiros），另一种是被历史传统组织联合起来的，由散布于共和国各地区的原始拜物教游牧民构成的'巴西美洲州'（Estados Americanos Brasileiros），联邦政府的职责仅限于一方面维护协调各州之间现存的友好关系，另一方面保障各州免受任何种类的武力侵犯。"

对某种思想或主义的神奇力量表现出如此坚定的信心，这难道 **279** 不正折射了实证主义者对我们国家现实状况的一种隐晦但深刻的不满甚至恐惧吗？在巴西，实证主义者一直是群自相矛盾却又自命不凡的否定者。可以说，他们实际上与奥古斯特·孔德在其《论实证精神》（*Discurso sobre o espírito positivo*）中赋予"实证主义者"这一词的各种含义全没半点关系。他们自我麻醉般固执相信自己掌握了真理，并毫不怀疑后世子孙终将意识到他们及他们同时代的同路人依照坚守的真理原则所做的或个人或集体的一切努力，都是绝对正确且意义非凡的。这种信念使他们在面对来自全国各地各方的反对声音时有保持泰然自若的定力，心安理得地退隐书斋傲视一切，毕竟，只有他们才是所谓真正有文化的人。在这些实证主义者留诸后世的著作中，我们可以频频看到"最终注定"这个词：那些不明事理的人最终注定会向他们求救，最终注定会接受他们的教诲，最终注定遵从他们的真理。在某种程度上，甚至可以说正是这些实证主义者构成了巴西的思想贵族，变成了我们的文化精英。他们是当时一些统治者最喜欢的智囊顾问，并扮演着与墨西哥独裁者波菲里奥·迪亚斯（Porfirio Díaz）喜欢的那些著名"科学家"类似的角色。

　　然而，这些深受法国思想界影响的巴西实证主义者身上似乎有一种古怪的、欲图否定一切的傲慢本能，这使得他们从未能对我们国家的公共事务做出什么建设性的、实证的贡献或启发。高举正直、诚恳、无私等道德旗帜的他们，从不用这些自己标榜的道德去对付那些过度活跃又过分轻率的政客。众所周知，被许多人誉为"巴西共和国创始人"的本杰明·康斯坦·博特略·德·马加良斯（Benjamin Constant Botelho de Magalhães）①，除了在君主制结束前的最后一年之外，从未直接参与过任何形式的政治表决。他虽然自愿持续为参与议员竞选的家族老朋友安德拉德·平托（Andrade Pinto）提供帮助，但却常常说他自己厌恶肮脏的政治。他的一位亲信向我们提到了他在新政权确立前夕的态度：本杰明·康斯坦当时是连报纸都不看的，这当然是因为他非常反感我们的公共事务。这位亲信继续说道：

　　　　无论是佩德罗②执政还是马蒂纽③掌权，也无论是自由派

---

①　本杰明·康斯坦·博特略·德·马加良斯（1836—1891）是巴西军人和政治思想家。他是实证主义者，深受奥古斯特·孔德的影响，是巴西实证主义协会（Sociedade Positivista do Brasil）的创始人，并在巴西推广共和制的观点。由于内部分歧，本杰明·康斯坦后来退出了巴西实证主义协会，但直到生命的尽头，他一直是孔德的热心追随者。——译者注

②　佩德罗指巴西帝国末代皇帝佩德罗二世（Pedro II do Brasil, 1825—1891）。佩德罗5岁继承帝位，1840年提前亲政。执政后，放手让自由派与保守派交替管理政务，自己保持最终裁决权。1840年，佩德罗宣布解放自己拥有的所有奴隶，1850年又颁布禁止贩卖非洲奴隶的法令。此外，他还鼓励外国人移居巴西，开发国内资源，促进工农业生产。在他执政期间，巴西铁路与电信网络建设也取得很大成效。他还特别注意发展教育事业，创建巴西历史—地理协会。理性温和的佩德罗二世同时还是一位非常有成就的学者，他的统治受到巴西社会各阶层的支持，为他赢得了"宽宏大量"的赞誉和"高尚者"（O Magnânimo）的称号。其在位期间推行的各项改革有力地推动了巴西现代化进程。——译者注

③　马蒂纽指巴西前总理马蒂纽·阿尔瓦雷斯·达·席尔瓦·坎波斯（Martinho Álvares da Silva Campos, 1816—1887）。——译者注

或保守派当政，对本杰明来说都无关紧要。因为在他看来，他们所有人都是平庸之辈。我曾多次因本杰明私下对待政治无动于衷的冷漠态度感到极其震惊，因为一般来讲，凡是受过高等教育的巴西人，绝不会对国家的政治前途不闻不问。当我问及原因时，他给出了让人感觉非常意外的答案。本杰明说自己的精神太高贵了，为政治这类区区小事操心简直是浪费。而且他也实在无暇过问或参与政治，因为他将几乎所有的时间都花在自己热心迷恋的数学研究上了。

　　话说回来，实证主义者其实只是巴西作为独立国家开始产生民族自觉以来受到追捧的多个群体当中的一个最具代表性的例子而已。在巴西立国初期政治与社会生活频遇困境的少年时代，对各类思想和主义所能具有的神奇力量的膜拜，仅仅是处于迷茫期的国人所有逃避现实的方式中最显体面的一种。我们从异国他乡带回了一套复杂而现成的社会体系模板，却不知道它在多大程度上适合巴西的现实状况，也没有考虑到这种具体的状况会给新体系带来哪些变化。事实上，民主自由主义的客观意识形态从未真正在巴西落地生根。追求自在而不喜受公共规则约束的我们，实际只是非常有限度且表面地接近并模仿民主自由的制度设计，其主要原因并不是我们对这套理念及制度的深刻理解与认同。准确来讲，我们只是将它的框架借来去否定那持续令人反感不安的统治权威，而这并不纯粹的出发点，不光证实了巴西文化对有序社会结构的本能畏惧，更允许我们以早已熟悉的特殊方式面对统治者。毋庸讳言，民主在巴西其实只是一桩令人颇感遗憾的误会。最初将民主制度引入巴西的是来自农村的半封建贵族，为的是将他们自己在旧世界中享有的、与城市资产阶级利益相冲突的权利与特权尽可能多地保留下来。因此，

281

一些似乎与时代精神最合拍、在各类印刷品和公开讲演中备受称颂与追捧的名言与口号，就被庄园贵族拿来做表面支持革新实则维护旧制的漂亮说辞，这样一来，看似具有现代性的概念词句就被换汤不换药地完美融入了根深蒂固的传统观念当中。

值得留意的是，巴西此类看似社会革新的运动几乎向来都是自上而下的：社会变革之所以开始，是因为社会上层受到了智识和情感的双方面启发。我们在脱离葡萄牙逐步取得国家独立的政治演变过程中攻克的所有阻碍实现自由的难题，几乎可以说全都是无心插柳的结果。普通巴西民众对这些自由成果往往漠不关心，甚至怀着一种对革新必然引发的社会动荡的敌意来看待它们。究其根本，这些一时间可谓丰硕的政治成果，并非源自广大民众特定的精神或情感向往，也远非以当时人们对某种一致期待的生活的成熟且明确的定义为向导。新思想的捍卫者们常常忘记，普通民众的生活方式终究不可能是一小部分人的个人意志的体现，它既不能由漠视差异的浅陋法令规定所"创造"，也无法被一刀切式的行政命令彻底"根除"。共和思想在巴西的接受与实践，似乎与广大民众无甚关系：经过一系列轰轰烈烈的宣传活动，共和思想的确赢得了受过高等教育的年轻人的支持与推崇，而为意识形态宣传活动做出过巨大贡献的阿里斯蒂德斯·洛博（Aristides Lobo）于 1889 年 11 月 5 日撰写、11 月 18 日发表于《人民日报》（*Diário Popular*）上那篇让人始料未及的大胆文章，则被认为标志着共和思想在巴西的最终实现。阿里斯蒂德斯·洛博这位杰出的新制度导师在该文章中写道："目前，军队掌握着新政府的实权，这没什么不对，应该是这样的，新制度是军人努力的结果，战绩自然也只属于他们。普通民众的参与几乎为零，他们或呆头呆脑或惊慌失措地目睹了那让他们百思不得其解

282

的一切，到头来完全不知道这一切究竟意味着什么。"

国家取得独立之前，自由思想在巴西的传播是由少数热心的实干家推动的，然而，他们的努力在民众中激起的反响却非常有限，而且无疑比历史教科书刻画的那种反响还要小很多。圣-伊莱尔（Saint- Hilaire）记录下了他那个时代去巴西内陆地区旅行的印象。他说，1月12日之前，里约热内卢一切有关自由主义的思潮与运动实际上都是由欧洲人倡导并参与的，其他地区的类似活动则是由一些当地有影响力的富裕家族的成员发起的。据他说："普通民众对一切无动于衷或一头雾水，甚至如童话中的笨驴一样问：难道我不用一辈子驮箩筐了吗？"

1808 年葡萄牙王室被迫移迁巴西后发生的一系列事件，使得 283 在巴西已经持续运行了几百年的旧殖民模式第一次受到了实质性威胁。尽管一些大城市日益盛行的世界主义思潮并没能撼动受传统和社会舆论护卫的土地领主的势力，也没有为他们至高无上的权威招致任何形式迫在眉睫的危险。但是，新思想的确开辟了新视野、萌发了新期望。随着时间的推移，这些颇具野心的新期望逐步开始扰乱一直以来水波不兴的乡村生活的安逸与闲适。当此之时，突然出现的社会变革，尤其是国家独立与摄政危机，让绝大多数已经习惯了旧模式的人完全无法理解和适应新的现实状况。也就是从这时起，那部分"有觉悟"的国人与大众之间的差距便初见端倪，而这种差距在日后一切有关国计民生的关键时刻都愈发明显地体现了出来。在几乎所有的书籍、报刊和讲演中，国家状况与人民的生活被越来越多地描述成一种深刻且悲惨的严峻现实。乡下与大自然共存的旧有生活方式，被一种突如其来的、抽象的、更加受人为规矩约束的城市生活所取代，而这种转变无可避免地在普通巴西人当中埋下了一种潜在且颇具毁灭性的危机感。那些最出色、最敏感的文化人开始毫不避讳地借用当时知识界流行的表达方式将城市称为"生命的牢笼"。可以说，即便是模仿拜伦、缪塞和埃斯普龙塞达，或是尝试创造一种实际上已经被夏多布里昂和库柏的作品从细微处完整刻绘过的所谓本土印第安主义，又或是将雨果式的高亢激昂的语句引入本国的诗歌书写，巴西的浪漫主义作品中也还是充满了我们当时那些精英艺术家们自己的真情实感，只是在处理某些具体的形式时略显做作。

与其他国家的浪漫派一样，巴西浪漫主义艺术家也竭力设法摒弃古典传统主义，而他们这一决心最明显的表达却是，在他们笔下，巴西的热带自然环境竟然不伦不类地披上了一层可笑的欧洲浪漫田园面纱。更多着眼于艺术家个人喜好与直觉的巴西浪漫主义运动，在那个应该上演翻天覆地变化的时代里，原本可以发挥更大的实际作用（换个角度看，或许还真起过不小的作用）。巴西浪漫派的创作灵感并非来自对人之存在幽深晦暗面的底层探索，而是满足于仅仅依靠艺术家们的即兴情思。这种看似紧接时代与世界前沿的艺术风格实际上并没为巴西艺术增添任何有价值的新元素：所探讨的主题无非围绕悲观主义与爱的消亡，或至多那些叫人不由潜然泪下却无从言清道明的愁绪与哀伤，而众所周知，用这些元素做文章正好也是我们从宗主国抒情传统那边早就继承过来的看家本领。然而，不巧的是，还没能彻底弄清国家刚刚取得的独立究竟于自身、于未来意味着什么的巴西人，此时此刻最该集中心力避免的恰恰是这类一发不可遏制、仿佛浸着冰凉海水般的阴柔情绪的刺激。

反过来讲，假使不赶巧的浪漫派给予巴西人心智的负面刺激强烈而深刻到能够引发我们对自身及自身所处时代环境的反思，那也不失为一件值得庆幸的事。但可惜的是，随浪漫主义蔓延而至的颓丧情绪和压抑氛围，实质上并没沉重到使人对未来彻底失去信心而有勇气掀去那挡在虚伪现实生活前面的幕布，也就是说，这股浪漫潮流不过依随了昨日之势顺流而下，丝毫没让水面泛起星点让人兴奋的浪花。但话说回来，这种点到为止的程度，很可能刚好也是对巴西现实并不了解，也或许并不真感兴趣的浪漫派艺术家们所真心喜见或想要呈现的。他们用笔在现实之外为自己和同伴构建了另外一个世界，没过多久，他们那份对文艺的热爱就变成了逃离对现实生活的恐惧的舒适避风港。巴西的浪漫主义并没有反抗现实，也没想要真正刻画或改造现实，反而以一种硕果累累的方式，持一种虚假的彻悟态度，将现实彻底遗忘，甚至直接站去了现实对面，不对它抱任何希望，也不与它发生任何交集。马查多·德·阿西斯（Machado de Assis）① 正是这种温室花朵的典型代表。

285

这一时期整个巴西文艺界都暴露出了思想单薄且软弱的特点，人们因为内心的恐惧原地打转迟疑不前，因为对整个社会的无望而彻底失去了关怀现实的基本兴趣。这样一来，任何美学理论或原则都可以被艺术家拿来当作置换实质的可用资源。我们可以用路易斯·何塞·容凯拉·弗莱雷（Luís José Junqueira Freire）② 评述哲学

---

① 马查多·德·阿西斯（1839—1908）是巴西诗人、小说家、专栏作家及编剧，擅长几乎所有的文体。他见证了巴西共和国取代帝国的政治变革，被认为是这一深刻社会政治变革的伟大评论员和记录者。——译者注

② 路易斯·何塞·容凯拉·弗莱雷（1832—1855）是巴西巴伊亚的本笃会修道士、教士和诗人。他的诗歌具有明显的宣言性质，涵盖了宗教与世俗的各类不同主题，通常被认为是巴西第二代浪漫主义诗人的代表。

的话来形容当时的巴西文艺界："大家只是操弄着一套华丽的新话语去谈论一成未变的老话题。真实是什么不重要，一切只求漂亮，情调形式远比具体内容关键，穹顶的精美远比地基的结实重要。"

即使在着手立法、安排组织机构或处理实际事务时，我们的思想家往往也有过分依赖某些理论和书籍的倾向：他们似乎永远走不出自己，走不出他们的梦想与想象。这使得我们在组建国家和处理公共事务时，不得不充耳不闻眼不见为净地将自己活生生的现实用一套严密的意识形态架构框定起来。而我们为构建理论描述的理想世界做出的所有努力的实际结果便是，我们不光证明了理论的失败，更使得原本可能充满活力的现实一蹶不振至窒息而死。与普通巴西人共享同一个现实的我们的思想家，似乎对自己脚下的土地并不十分感兴趣，大家好像都有意无意地认为，只要遵循一个被认为是科学的理论或主义，就可以凭空创造一个符合所有人期待与想象的新世界。某种程度而言，为我们这种忽视实际事务的自以为是背书的，其实还是巴西传统文化中人格至上的态度：高尚的人不该降尊纡贵为微不足道或不登大雅之堂的小事牺牲自己的人格。就像对自己的肉身感到无比羞耻的亚历山大里亚的普罗提诺（Plotino de Alexandria）① 一样，巴西文化中不顾甚至贬低现实的人格主义迫使我们最终将真正构成日常生活平淡无奇的基本事实遗忘了，而仅仅致力于更加崇高的目标：文字、修辞、语法和形式法则。

我们对书本拜占庭式的热爱如同对毕业戒指和学位证书的推崇

---

① 亚历山大里亚的普罗提诺是一位生活在公元 2 世纪的、讲希腊语的埃及哲学家。他是"新柏拉图主义"的主要代表人物之一。

一样，于我们而言，它们不仅象征着智慧，更是精神优越的见证。然而值得顺便一提的是，我们远远夸大了这些有形符号所能具有的实际价值：可以说，如果没有深入真实生活的勇气与经验，如果不凭借感性体会现实的甘苦、不通过理性思索现实的困境，读再多书我们也无法获得真正的智慧。佩德罗二世是他那个时代精英知识分子的典型代表，甚至有人曾不太公正地指出，他在书本上花的时间和精力比投入国家事务上的要多很多。一位研究佩德罗二世回忆录 287 的学者并无恶意地向我们提供了一个与此有关的有趣证据：

> 我们从博闻强识的拉米兹·加尔旺（Ramiz Galvão）① 那儿听说，皇帝曾说他喜欢的书必须满足人的五种感官需求：
>
> 视觉，书籍的外观及其给人的印象；
>
> 触觉，触摸纸张时感受到的光滑或粗糙；
>
> 听觉，翻页时发出的轻微声响；
>
> 嗅觉，印刷用纸或装订的精美皮革散发出的气味；
>
> 味觉，一方面指书籍所提供知识的智性味道，另一方面也指实际的物理味道，即人手指微触舌头翻书时感受到的那种味道。

佩德罗二世曾被人比作在天主教教堂里主持圣事的新教牧师，而事实上，在 19 世纪下半叶的巴西，像他这样的人物其实并不少见。就许多典型特征来看，甚至可以将他与前文提到的实证主义者相提并论：他们都热爱书籍，并且一致认为通过阅读找到了依照自 288

---

① 拉米兹·加尔沃（1846—1938）是巴西一位医生、教授、院长、语言学家、传记作家和演说家。——译者注

己的喜好与品味重建现实的有效途径。其实这种相似并不值得我们大惊小怪：即便是佩德罗二世，也只能属于他的时代与国家。当然，也是在佩德罗二世的时代里，巴西贵族阶级经历了一次深刻转变：殖民时代旧有的耕地领主贵族（即庄园主贵族）逐渐让位于新兴的城市贵族（即拥有才学文化的知识贵族）。

随着旧农村庄园制及其典型主导阶层的衰落，城市新兴精英阶层，即"精神"贵族，自然便成了填补这一社会空缺最合适的人群。让"精神"贵族脱颖而出的，是他们受文化熏陶的想象力和卓越的法语阅读能力，这使得他们成了最能满足巴西传统社会对贵族定义的群体。这些一般在无需为物质需求操心的青少年时代才能培养形成的品质本身，首先就说明了这一群体优越的贵族出身。

然而，出身贵族并非巴西知识分子群体唯一彰显其祖护旧庄园制的保守使命的特征。即便时至今日，一种普遍流传且被接受下来的说法是，真正的才华必定只能是天生且自发的，就像真正的贵族身份一般，因为一个人固然可以通过后天的学习与勤奋获取知识，但这种后天努力往往是单调而重复的，像所有那些长时间操持会使个人失去尊严与灵性的卑微职业一样。此外，主动与周遭现实世界疏离也是"精神"贵族另一个典型特征，为他们塑造了一种超脱的、不重实际功用的人格形象。在这里，我们有必要提及一种在知识分子当中常见但并不显而易见的隐性信念：才华与知识可以让其所有者超越终有一死的普通人而获得超凡的永生。因此，对"精神"贵族来讲，提升才干与获取知识的动力来源与其说是本能的求知欲，倒不如说是一种社会性的欲求，即赢得社会地位与保持一己

289

尊严的欲望。因此，他们有时也需要某些外在的形式支撑来凸显与佐证自己崇高的地位，最典型的例子就是某些特殊的称号或一些所谓有科学依据的学术头衔。另外，在撰文与讲话中频繁引用外语原文也起着这种标新立异的作用。然而，这些如宝石般璀璨发光的头衔与引语所起到的真实作用却往往是让读者与听众眼花缭乱但不一定知其所云。

"精神"贵族们常将一些充斥着难懂异国语词的理论挂在嘴边，恰是因为这种异域风情的迷人魅力正好符合上述他们对终极意义与社会性欲望两方面超凡脱俗的追求。此外，推崇理论的习惯也反映了这批知识精英一种特有的世界观，在他们看来，世间一切事务，无论如何复杂，都可以套用一种理论或模型简化至某种唯一重要或有效的核心问题或基础架构。此外，他们似乎还认为只要借助一套真正经典的理论，深度思考与逻辑分析甚至都是多余的。然而事实是，我们面对的世界极其复杂，解释复杂的世界尤其需要艰辛细致的脑力劳动。因此，真正关心现实世界的知识分子应该奋力抵拒那些被赋予了近乎超自然能力的语汇与公式的诱惑，因为没有任何一种理论能如魔杖般轻轻一挥就解决一切时空的现实问题。

我们当中有数不清的教育家将国家繁荣定为教育的最终目标，并对某些充其量只能说是包含了片面真理的、所谓绝对正确的解决方案情有独钟，甚至不惜把举国上下一致推行某种单一方案说成是国家取得进步必不可少且唯一的前提。一个非常典型的例子是他们 290 对国民识字率大幅提高后的一切美好想象。他们曾花大量的笔墨辞藻去论证，只要识字率提高、小学教育普及，巴西社会面临的所有困境与弊端就自然会马上得到解决。一些倾向于认为一种理论或模式可以解释一切的教育家甚至认为，如果巴西在识字率这个问题能做得同美国一样好，那么"20年后我们这儿就没有文盲了，这样一来巴西就会一跃成为世界第二或第三强国！"他们中的一位甚至说："我们可以设想，如果巴西21个州过去的政府拥有美国人的远见，为今天的巴西培养出了识字有文化的民众，并建立起了像美国各州都有的那种学校系统的话，那今天的巴西必定与美国不差上下。只要对比便不难知道，巴西所能取得的繁荣与进步一定是惊人的。私有企业修建运营的铁路网四通八达遍布全国，各州都有非常富裕的城市，农业产量与效率惊人，国民身强体壮且充满活力与希望。"

很难让这些鼓吹进步是发展教育终极目的的教育家相信，大幅度提高识字率并非解决巴西所面临问题必不可少的先决条件，甚至不是发展那种他们钦慕已久的、我们今天在北美找得到最完整模型的技术资本主义文化的必要条件。他们没有看到或更有可能故意忽视的是，单就这一点来讲，与其他并没有过分推崇"进步主义"的国家相比，有着600万成年文盲的美国实际上处于下风。前些年，一位美国教育界权威曾坦言，仅仅在中西部一个约30万人的社群中（顺便指明，还是一个自诩尊重文化事业，甚至自称是第二个波士顿的社群），不上学和不打算上学的适龄儿童的总数就比整个德意志帝国的失学儿童总数还要多。

应当补充的是，即便将文化传承与发展的理想暂置一旁，单纯大规模提高民众识字率或许也并不能带来什么无与伦比的好处。如果没有其他基本的教育要素与之配合，在某些情况下，扫盲或许可以和将枪支交给瞎子一样危险。

提高识字率或其他那些曾一度被极力推崇的灵丹妙药，不光从正面证实了其鼓吹者逻辑思维的严重缺陷，更从侧面反映出了他们在面对巴西所拥有的现实条件时感受到的那种不可克服的失望。尽管书写或演讲的语调与内容不尽相同，但他们想要表达的意涵与表达冲动的来源却惊人的一致。许多人都抱怨说在帝国时代，巴西社会蔓延着一种天真可笑又乏味无聊的包法利主义（bovarismo）①，然而这些喜欢置身事外对历史评头论足的人却往往忘记了这种病态的社会心理并没有随时间推移而减少，只是浸淫其中的我们自己对这一无所不在的思维方式已经麻木了而已。

在进行共和制的宣传时，人们的确认为，新政权必将引进一种更加符合所谓民族期望的制度：巴西终于可以仅为自己而存在了，而不是被当作荒诞不经或过时落伍的政治体制的美洲展台。然而，实际上，给予宣传者强大动力的却仍旧是一种否定性的煽动：巴西之所以应该走上一条全新的道路，是因为我们对自己国家各方面的现实都感到一种深刻的羞耻。那些为新生活而奋斗的人们很可能比他们的先辈更能代表这样一种观念，即不可放手任由一个国家按自己的节奏自然发展，换言之，新国家的形成必须是由外至内的，获得"别人"的认可是必不可少的。

正是在这一点上，可以毫不夸张地说，我们的共和国在很多方

①　包法利主义取自法国作家古斯塔夫·福楼拜（Gustave Flaubert，1821—1880）的小说《包法利夫人》（*Madame Bovarismo*，1857），指一种因强烈不满而将现实浪漫化和理想化的倾向。

面都比帝国走得更远。在欧洲人邦雅曼·贡斯当（Benjamin Constant）的中立权力（pouvoir neutre）[①] 理论中，协调权（Poder Moderador）被认为是一切政治组织的核心，也是宪法定义下国家元首所该持有的真正立场。然而在巴西的帝国时代，由于民众缺乏经验，作为君主制基础的协调权原则很早就被破坏了。当然，在父权土地制长期占主导地位的国家，这也是不难理解与料想的。按照英国模式，帝国的政治权力被两个党分占，与其说它们代表着不同的政治理念，不如直接说代表着不同的个人和家族。这种英式的政治分野则恰好非常符合我们自己对团结与斗争的根本需求。说到底，议会本身在帝国政治生活框架内履行其主要职能，从根本上正为这一团结与斗争相交的模式提供了一个可见的动态形象。

参考文献

Zechariah Chafee, Jr. , *"The law"*, *Civilization in the United States, an inquiry by thirty Americans*, Nova York, 1922, p. 53.

Miguel Lemos e R. Teixeira Mendes, *Bases de uma constituição política ditatorial federativa para a República brasileira*, Rio de Janeiro, 1934.

R. Teixeira Mendes, *Benjamin Constant, esboço de uma apreciação sintética da vida e da obra do fundador da República brasileira*, I, Rio de Janeiro, 1913, p. 88.

"Contribuições para a biografia de d. Pedro II", *Revista do Instituto*

---

① 中立权力由法国—瑞士哲学家和政治家邦雅曼·贡斯当（1767—1830）提出。中立权力依托君主立宪制，其中君主具有平衡与协调三个积极政治权力（即行政、立法和司法）的功能。

Histórico e Geográfico Brasileiro, *tomo especial*, Rio de Janeiro, 1925, p. 119.

Georges Sorel, *Introduction à l'économie moderne*, 2ª edição, Paris, 1922, p. 75 e 76.

Gilberto Freyre, "A propósito de d. Pedro Ⅱ", *Perfil de Euclides e outros perfis*, Rio de Janeiro, 1944, p. 132.

Mário Pinto Serva, *O enigma brasileiro*, São Paulo, s. d. , pp. 12 e 57.

A. J. Todd, *Theories of social progress*, Nova York, 1934, p. 522.

第七章

我们的革命

Tarsila do Amaral
《日落》(*Sunset*)
1929

如果说奴隶制的废除标志着农业主导巴西社会时代的终结，那 么次年组建的共和政体便必然要以适当方式对全新的社会局面做出回应。贯穿于废奴与建立共和这两个极具历史意义的事件和同时期其他诸多事件之间的，是一场并不显眼的缓慢革命，严格来讲，这场稳健且可谓全方位的革命是迄今为止巴西国家政治所经历的唯一真正革命。可以确定的是，这场巴西革命并不如其他一些表面看来大张旗鼓的典型革命那般轰轰烈烈，而史学家却往往一样因按捺不住纵观历史的激动心情，不免夸张地从各个细微角度详述民众生活展现出的多种变化。然而，与这场真正的革命相比，巴西共和时期发生的绝大多数政治动荡，如那些发生在西属美洲国家的类似政治事件一样，似乎至多只能被看作国家在正常政治生活轨迹上出现的微小偏航，很容易让了解欧洲史的人联想起他们耳熟能详的古代"宫廷革命"。

有人曾不失公正地指出，这些政治运动本质而言与美国的总统选举有相似的意义和作用，因而对巴西社会造成的冲击并不比总统选举对美国社会造成的影响更加深刻。一位美国学者曾坦言："无论从哪个角度观测，这些所谓革命招致的经济代价不可能比我们的总统选举更大，且发动革命本身也不可能比举办总统大选更加昂贵。"

伟大的巴西革命不是发生在某一精确时刻的历史事实，而是一个相当漫长的过程，延续了至少四分之三个世纪。穿插在这一历史过程中的标志性事件就好比一幅地形系统图上各种高低不一的标点。如果说在上章中我们曾将 1888 年确定为巴西整个国家发展史上最具决定性的时刻，那是因为从那时起，一些长久以来阻碍新事物出现的传统制动机制的停止运转终于不可避免地成为现实。正是仅在这一意义上，废奴法案才真正可以说是象征时代迭替的最显著的里程碑。

诚然，也就是从那时起，巴西社会才开始为迎接国家重心从农村转向城市的新局面做准备。若说在帝国时代，这场不断颠覆整个巴西社会赖以生存基础的运动远还没有最终结束，则无可争议的是，我们的确已经进入了这场变革最关键的阶段。我们在今天以及今后很长一段时间将要持续见证的，是这一伟大但缓慢的革命尘埃落定前最后的余音回响。于我们而言，巴西革命似乎意味着文化上的除旧迎新，亦即铲除伊比利亚文化根源并接纳开启一种新的文化风格；我们可能会幻想认定它就是美洲风，因为其影响正迅速席卷我们的南半球。尽管包括奥利韦拉·维亚纳先生在内的许多杰出学者都曾提出过反对意见，但在巴西，且不仅仅在巴西，人们总习惯将伊比利亚主义与农业主义视作无异。农村主导的社会体系业已分崩离析，并迅速屈服于城市系统的无情入侵，在此一新旧交替的时代，代表海洋文化的葡萄牙对巴西农村与城市的全方位影响也必定走向衰落，开始解体。

如果说今天巴西的文化风格仍大致保持着伊比利亚和卢西塔尼亚的形式，这首先应当归因于"美洲主义"的不足：到目前为止，于巴西人而言，美洲主义很大程度上来讲只表现为一种陌生意志的随处蔓延，更像是从外部强加于我们身上的各种影响，异域气息十足。换言之，美洲主义还没能根植于巴西人的内心深处。当代一位最卓越的诗人曾言："当下热血澎湃的美洲风仍然被巴西人的旧神经钳制着。"

必须着重强调的是，农业生产中心的衰落是城市蓬勃发展的决定因素。在旧时代仅作为农村的附属品而残喘存续的城市，终于荣耀宣告了自身生命的价值和其在新局面中至高无上的地位。事实上，我们可以借由整个巴西历史的演变去思考两个同时发生且相互交织趋同的运动：一个是城市群及其实力的逐渐扩大；另一个是农村影响力的日趋萎靡，最终变成了城市物资供应地（或言**城市殖民地**）。第一个运动之所以最后能取得实质成果，主要原因只有两个：一、从前凌驾于一切之上的农村主义的势力逐渐减弱直至消失；二、曾支撑农村强大的贵族阶层并维持其经济自主的非城市社会组

303

304

织的现实条件整体消亡。

值得留意的是，农村主义下生机勃勃的传统模式的日渐衰颓，恰巧与19世纪上半叶甘蔗种植园重要性下降且最后完全被咖啡种植业取而代之的过程相互吻合。历史学家海因里希·汉德尔曼在咖啡替代甘蔗成为巴西经济新支柱的过程中看到了两种截然迥异的生存方式：一方面，根植于殖民地经济模式的甘蔗种植倾向于并鼓励社会分层和贵族阶级的形成；另一方面，咖啡种植的生产模式更趋向于消除阶级差别进而促进社会平等。

这位史学家直言不讳地指出，与甘蔗甚至棉花相比，咖啡可谓一种"民主植物"：咖啡种植既不需要大面积圈地，也不用巨额资金投入，这样一来，随着咖啡种植的普及，分割地产与缩小种植园规模也变得更实际易行，这一切都有助于扩大整个社会的公共利益。

305　　然而，这段19世纪中叶的论述所反映的，似乎只是咖啡种植尚未后来居上占据巴西农业经济主导地位时期的情况。因为随即而来的事实是，至少在里约热内卢省，当然还有整个帕拉伊巴河谷（Vale do Paraíba）地区，种植咖啡的农场几乎总是严格因循旧时代甘蔗种植园的运作模式，每个农场各自为营形成一个个自主程度极高的独立单元。无需细推便可知晓，开辟并维持此种规模的农场自然同样需要庞大的资金投入，而这并非任何人都能轻而易举筹到或
306　拿得出手的。所以最终的现实情况是，除去那些因过度使用而贫瘠低产、回报率极低的地区，真正的地产或产业分割从未在巴西大范围推广。

可以说只有在圣保罗省的西部地区（当然，是 19 世纪 40 年代的西部，而不是 20 世纪 40 年代的西部），种植咖啡的农场才算从殖民地时代初期就延续不变的甘蔗种植园与"糖厂"的陈旧作业模式中解放了出来，获得了一些别具特色的产业个性。在这里，咖啡农场主摆脱了一些旧时代"糖厂主"的形象特征，开始逐步脱离传统、疏离土地，并发展出了属于自己的新常规。于是，农田不再是农场主个人世界的全部，而仅是他谋生的手段、他单纯的收入与财富来源。农场不像旧式种植园那般严格抵拒城市的影响，许多农民开始长期定居城市。这样一来，家族种植园式的手工业体系迅速解体，很多地方连长久以来确保种植园经济一定程度上自主独立的粮食种植也减少了。

此外，粮食种植的减少在一定程度上也与劳动力的普遍匮乏不无关系，奴隶贸易废除之日也正是咖啡种植业迅速扩张之时，此间出现劳动力短缺的现象也就不难理解了。我们知道，1884 年前后，里约热内卢省的一个奴隶必须照管约 7000 棵咖啡树。在这之前，一名奴隶至多只需要负责 4500 棵到 5000 棵，事实上也只有这样的工作量才允许他们腾出时间去养护道路，种植玉米、大豆、木薯、大米和番薯等。奴隶制废除之后，频繁出现的情况是，吸纳了绝大多数劳动力的咖啡种植业不光变成了咖啡产区最主要的财富来源，而且也越来越被看作唯一真正有尊严的获利行业。这就解释了为什么即便并不缺乏利润空间，那些以种植和销售粮食为生的农人还是会被轻蔑地称作"菜摊主"。

另一方面来讲，咖啡种植业在其兴盛初期就向人们展现了其不可估量的巨大财富前景，而这也正是农场主们持续扩大种植面积、尽可能多地吸纳劳工从而导致社会劳动力分布严重失衡的主要原因。早在 1858 年，在圣保罗的这种现象就引起了帝国参议员若泽·曼努埃尔·达·丰塞卡（José Manuel da Fonseca）的注意，他曾评论说：

> 甘蔗种植园改成咖啡种植园同样在圣保罗造成了食品价格上涨的情况。众议院中那些拥有自己榨糖厂的议员无疑可以出来作证。农民在种植甘蔗时，一样可以种植也确实种植了豆类，有些人甚至为了不妨碍甘蔗生长，以宽行距同时还种了玉米。起初护田翻土的工作当然都是为了甘蔗，但在甘蔗地里，一切作物都长得很好。只需稍加修枝，各种植物便能互不干扰各自茁壮：从前在土地肥沃且以甘蔗种植为主的坎皮纳斯（Campinas），人们就是这样做的，在其他那些向首府和别的一些地区提供粮食补给的地方，人们也是这样做的。然而，整个坎皮纳斯及其他那些过去的粮食补给地的农田，如今都已经被成片的咖啡所覆盖，这样一来，农民就没有办法在田里同时种植其他农作物了。当然，咖啡株还小，刚刚栽下去的时候，还是可以多少种些其他作物，可一旦长大些，就必须容许它们独霸天下了。而且，种过咖啡的农田甚至长不出粮食作物了，除非等待漫长的休耕期，否则真的永远也别指望会有什么收成。

咖啡种植独领风骚加上交通运输网的建设，尤其是明显围绕咖啡种植区发展起来的铁路线，强化且促进了农村地区与城市之间的依存联系。随着单一种植园模式的广泛普及，咖啡出产地的生产方式被高度简化，这样一来，过去种甘蔗时可以就地解决的很多生产与生活需求，现在全都被迫必须从城市销售商那里转手购得，而且所需数量逐年递增。其结果是，农村地区的经济甚至政治自主性逐渐消失，不再像是从帝王手中获赠的独立私家领地，在许多方面甚至更接近今天的工业发展中心。如果我们非要用历史学家汉德尔曼的"民主植物"一词去形容咖啡的话，只能说在这一种意义上还算贴切。在这种现实局面下，咖啡农场主与其说还是农民，不如被更恰当地直接称为城里人，因为对他们来讲，经营农场首先主要是一种谋生方式，他们只是偶尔才去乡下小住几日或参与些当地的娱乐活动。很多时候，丰收的诀窍也不再来自代代相承的传统或在田地里日日辛勤劳作的经验总结，而是从学校和书本里学到的。

可以理解的是，奴隶贸易的废除并没有对咖啡种植业造成太过严重的影响，这是因为咖啡农场的生产模式早已为接纳有偿工作的制度做好了准备，并很快适应了城市取代农村占据社会主导地位的深刻转变，为随之而来的大规模变迁开辟了道路。同一时期，北部各州的甘蔗种植园却已经被国际市场的糖价跳水拖入了泥潭，1888年5月13日，巴西摄政王伊莎贝尔公主签署批准的废奴法案则进一步将局势推向了无可挽回的地步。随着农村主义体系的解体，昔日的糖业大亨们别无选择，只能含怨忍辱适应新形势下的生活。东北小说家何塞·林斯·杜·雷戈（José Lins do Rego）通过他耐人寻味的笔触为我们详细刻画并记录了这一关键的历史演变过程：世代循袭浸渗一切的父权家长制因已不为时事所容而日趋溃败，无可救药地步步崩析走向灭亡。新式工厂取代了传统的榨糖磨坊，旧农业体系的声望与影响全面萎缩，大批按照城市工业模式构想和组建现代公司的企业主纷纷崛起，一切衰败与兴盛都毫无保留地指明了这一正在发生的历史演变的前进方向。

受废奴法案和同时期其他社会变迁致命打击的农村旧种植园主，因短时间无法适应新局面，非常轻易便被排挤在了新体制之外。毁灭传统贵族阶层并取而代之，创造了一个若坦言不讳完全可

308

309

被称为手握政治大权的富豪阶级的共和体制，彻底忽视了昔日神采奕奕的农村种植园主。在帝国时代，农村贵族引领并激励旧社会各类机制正常运转，为确保维持某种特定的、已成史迹而不复再现的农业社会内部和谐，有足够实力与能力的农村贵族轻而易举便可以翻云覆雨。然而，这些曾风光无限的旧贵族，在新时代只能任人摆布、听天由命地活在凄凉忧郁的沉默之中。旧局面与其说是君主制的结果，不如说是君主制本身所依附而现在已永久湮灭的社会结构的结果。由共和制代表并作为其外部补充形式的城市化，持续气势汹汹碾压一切进步主义地进行着，这种全新的社会现象摧毁了曾为君主制提供支撑的农村体系，但却至今未能组建任何新的可靠机制来替代它。换言之，在旧时代，农村体系的社会结构为君主制提供了结实的现实基础，而共和制却至多只是配合城市化这种社会现象而出现的一种政治理念或构想，并不拥有昔日君主制坚固的现实依托。准确而言，城市化背后正在形成的新社会结构并不必然与共和制互为能彼此应和统一的表里。

这种表里脱节的情况的悲哀之处恰恰在于，由配合旧社会结构的君主制所构建的政治架构，虽然在新时代已经失去了继续存在的现实理由，但它却因后补空缺仍旧保持着延续至今的固有威望，并且不惜扭曲现实且不无成果地尽一切可能不断尝试着自我维持。这样一来，巴西今天的政治体制便如惜存纪念遗物般保留着一些已经失去了存在基础的传统制度的外部形式：一种没有内核的外围。巴西的早熟，亦即对国家机器进行脱离现实的改造，也是上述情况的后果之一。

对巴西人而言，政府不需要也不应该是专制的，专制主义本质上与我们和悦的天性相悖。适合巴西个性的政府必须充满活力也知克制沉着，庄严高尚且极富热心，与此同时，若能颇具实力且值得尊敬就更好了，毕竟受人尊敬是我们的伊比利亚先辈教导给我们最为高尚的美德。一个备受敬重的政府还可以从国民生活各方面赢得一种惊人力量。但绝不可或缺的特征是，政府的各部门必须能够以某种优雅和谐的方式顺利运作，可以说帝国时代的巴西政府很大程度上的确做到了这一点。不管怎么讲，至今依旧环绕在巴西帝国周围的美好光环，几乎完全源于它确实曾在某种程度上实践过这种理想。

巴西人集体意识中设想与期望的国家形象时至今日也不能脱离此种帝国时代的巴西精神；按照这种理型构建的国家观念不仅适用于领土范围之内国民的日常生活，就算着眼于巴西在国际舞台上所应扮演的角色，我们也同样很难想象出另外一种可供投射的、非常不同的国家形象。无论明言与否，我们更愿意为巴西在国际社会中构建一个面对所有国家都一样温良可掬、品行高贵的大国形象。在这一点上，第二帝国的国际形象尤其已经从尽可能多的方面预见了这一构想，它与普拉塔河（Rio Prata）流域国家①之间达成的政策就指向了这一发展方向。第二帝国意图强加于自身的，是它为自己塑造的宏伟形象，最终之所以不可避免地诉诸战争手段，也只是为了赢得他国的尊敬，而非出于征服别国的野心。如果说第二帝国也有好斗的时候，那我们不能忘记它最缺乏的恰恰是军事精神。做出上述论断的曼努埃尔·德·奥利韦拉·利马（Manuel de Oliveira Lima）② 曾补充强调说："作为一种政治手段的对外战争一直

① 普拉塔河流域国家包括阿根廷、巴拉圭和乌拉圭。——译者注
② 曼努埃尔·德·奥利韦拉·利马（1867—1928）是巴西外交家、作家和历史学家，生于伯南布哥州累西腓，卒于美国华盛顿，1890年任职于巴西外交部，曾担任巴西与葡萄牙、比利时、德国、日本和美国之间的谈判官。1913年他移居美国，后被哈佛大学聘为客座教授。奥利韦拉·利马热衷于文学写作，尤其偏爱德国文学与哲学，曾参与创建了巴西文学研究院。——译者注

被巴西政府视为不合时宜且令人嫌厌的，甚至是罪恶的，在这个意义上，巴拉圭战争尤其如此。参与那场战争的志愿军实际上很少真正**出于自愿**。"

我们从不觊觎征服国所能获得的国际声望，也明确反对用暴力手段解决任何国际争端。我们希望成为举世最良善、言行最知克制的民族。与此同时，我们还不懈追求被普世认可为最温和且最理性的原则。我们是最早立法废除死刑的国家之一，而在实践操行中的真正废除甚至还远早于法律文字上的废除。我们从来都以被认为是最文明的国家遵守的，或至少看似遵守的行为准则来规范自己的一言一行，然后为自己找到了优秀的同伴而沾沾自喜。所有这些同时也是巴西政治机制非常典型的特征。我们甚至可以说巴西政治机制存在的主要目的，就是通过否定一切自然而必然存在的国民自发行为（espontaneidade）去消除社会上一切不那么和谐的声音。

312　　引致上述异常心态的是种明显但罕见的失衡，它当然也没逃过众多观察家的眼睛。一名杰出的记者在大约 20 年前就点明了这一矛盾，他直言道："政治与社会生活的分离在我们国家已达到了无以复加的程度。"由于严重脱离现实，我们的政治架构与话语已经攀至一种可谓荒谬的高度。这种对政治飘然出尘的荒谬诠释，不光迫使这个新国家的一切资源同每个个体都必须为推动与促进社会快速的繁荣进步献身，更凭空造就了一个完全多余、超凡脱俗但却与一切现实利益格格不入的奇怪阶级。其成员几乎总是怀抱最大的善意，激情饱满地描绘号称科学的社会公式和无限美好的发展图景，可实际上，所有这一切不外乎他们为获取并确保自身利益而不惜掀起社会斗争的光鲜借口。

面对这样的情况，我们的改革者迄今只找到两条同样靠不住且极具误导性的所谓出路。首先，现实经验已充分表明，如果社会上没有事先发生广泛全面且真正奏效的结构性变革，并随后受这种变革本身的激发而推进，单纯更换公权力的持有者至多只能是种偶然性极高的碰运气办法。313

另外那条其实也只是表面看来更加合理的出路，是试图依据那些已经由别国经验证明有效可用的制度、法律或规章来评判并左右巴西社会发生的各种事件，相信只要依循一套从书上读来的理论就可以对一个民族的命运产生实质性巨大影响。在我们这些读书人看来，法律本身的严谨性、不可渗透性和完美无缺的同质性似乎是构建良好社会秩序唯一必不可少的前提条件，除此之外，我们真的不知道还可能有什么其他更好的办法。

然而，我们却忽视了这样一个事实，即法学家们编著的成文法律并不是国民幸福与国家稳定最合理有效的保障。恰恰相反，良好的规章制度和人们对这些抽象规则的自觉服从实际上不过是一种表象，它象征的其实是一个成熟社会对政治教育、文化素养、文明习惯及其他一些优秀品质的养成。例如，若将拥有完备法律体系的巴314西人与没有成文宪法可依的英国人相比，受一套可谓混乱且往往不合时宜的法律体系管辖的英国人所表现出的，是一种其他任何民族都无法比拟的自发纪律能力。

当然，为保证公民间良好的互动秩序和社会整体运转稳定，有必要创建强制性法规和与之相应的制裁措施。或许在一个比我们当下这个时代更幸运的时代里，对普通公众而言，遵守这些成文法规并不需要像履行某种强加义务一样勉强且困难，或言，守法应该是简单轻松甚至浑然不觉的。对于我们称之为原始人的人来说，宇宙安全本身似乎取决于日常事件的规律性，此一规律的偶然紊乱往往被视为不祥之兆。后来，凭借发展成熟的抽象推理能力，对宇宙稳定规律的重视激发了人们开始制定法律规范，然而即便在制定抽象法规时，已经被普遍遵循的社会习俗也一样往往会被拿来当作主要参照，因为用来规范实际生活的抽象概念很多时候只能从对生活现实的仔细观察得来。那种与现实完全脱节、仅在理性绝对主义指导下创建的抽象法规，一旦严格执行起来常常会使实际生活因缺失现实理性而变得荒诞不经。事实上，只有将基于现实的抽象作为至高无上的原则时，换言之，只有将从观察分析与研究现实得来的抽象原则彻底同实际生活分割开来，并用它们创造出一套合乎逻辑、完备同质且超越历史的理性体系时，理性主义才有可能真正克服它自身的局限。

政客和政治煽动家们常犯的就是这个错误，他们往往呼吁人们关注方案、计划和制度，把这些很可能与实际脱节的抽象设计说成是唯一值得尊重的现实。他们真诚地认为，培养成熟的国民和建立完善的政府仅仅直接取决于法律的智慧，尤其是法律体系的一致性。

正是上述这种部分受法国大革命理想所启发的信仰，主导了伊比利亚美洲国家自独立以来的全部历史。从欧洲宗主国监护下解放出来的这批新国家，将当时流行的理念原则直接拿来用作其构建本国政治宪章的基础。自由、平等和博爱等迷人的字眼被立刻赋予了似乎更符合我们古老父权家长制和殖民社会体系的地道阐释，这样一来，这些颇具现代性的概念在我们这里所激发的改变与其说是实质性变革，不如说只是种充满炫耀性的表面声势。即便如此，我们仍旧被这种声势的宏大外表所蒙骗，多次毫不迟疑地试图把其中的某些原则激进地贯彻到底。因此，如果说极端的非人格主义民主制在南美国家找到了它最适宜的实践土壤，这也并不足称奇。

巴特列主义（Batllismo）① 时期的乌拉圭想要实现的，至少在理论上，正是现代民主理念指引下逻辑推理的结果，亦即让国家机制最大限度地自主运行，从而使间或可能出现的坏政府的错误至多只能在肤浅层面影响实际具体的国家事务。

被置于非人格主义民主制对立面的考迪罗主义②往往出现在探讨自由主义原则的思想圈中。考迪罗主义当然是以自由主义否定形式的面貌出现的，而如果考虑到人类历史从未给我们提供过一个"不包含其自身反面的社会运动"的实际案例的话，那在自由主义的讨论中同时涉及考迪罗主义也就不难理解了，因为对一种思想的否定必须以这种思想本身为依托。因此，社会契约论的创始人卢梭　317

---

① 巴特列主义是乌拉圭科罗拉多党（Partido Colorado）的一个分支，灵感来自20世纪初乌拉圭政治家何塞·巴勃罗·托尔夸托·巴特列-奥多涅斯（José Pablo Torcuato Batlle y Ordóñez，1856—1921）创造并提出的思想和政治学说。该学说提倡组建维持一个干预主义式的政府，强调政府必须通过国家垄断控制经济基本面，直接参与各类经济活动并尽可能减少外资企业对乌拉圭的影响。此外，巴特列主义还认为政府需要制定广泛且全面的法律法规，努力推进并参与国家财富再分配，以建立一个经济繁荣的中产阶级社会为目标。

② 考迪罗（caudilhos）指拥有军事和政治权力的个人主义领袖，掌握军事力量的独裁政客，或向追随者宣扬个人崇拜观念的政党领袖。该词经常与"军阀"或"强人"互换使用。此外，一般而言，被称为"考迪罗"的政治人物通常在任的时间比普遍预期或法定时间要长。考迪罗起源于西班牙殖民中央统治权威崩溃后，从拉丁美洲独立战争中解放出来的新国家。于1829—1832年，和1835—1852年之间，统治布宜诺斯艾利斯省的阿根廷军事和政治领导人胡安·曼努埃尔·德·罗萨斯被认为是拉丁美洲第一个考迪罗主义独裁统治者。——译者注

与利维坦国家学说的先驱霍布斯二人实际同宗，应该属于同一个思想家族。考迪罗主义最初虽然只是对受自由主义理念影响，在实证主义政治体系中形成的议会制的批判，但罗萨斯、梅尔加雷霍和波菲里奥·迪亚斯①没能意识到的是，起初目的仅在于否定自由主义的考迪罗主义，今天已被确定为属于欧洲法西斯主义的学说体系。所以，对于当下的我们而言，只有彻底摆脱究竟选择自由主义还是考迪罗主义这道非此即彼的二选一难题时，民主才有可能在我们这里取得质的飞跃与最终胜利。

318 但是，就巴西社会生活的现实来讲，只要人格主义的根基和即便表面看起来不像但却绝对无可否认的贵族主义传统的遗风一天不被彻底清除，民主的胜利就一天不可能实现。我们前文中提到过巴西社会正在经历一场漫长且深刻的伟大革命，并对这一伟大变革的关键阶段做出了论述。如果说我们当下见证的革命过程有某种明确的历史意义的话，那一定是因为它其实是对巴西自独立建国以来一直没有设法根除的陈渣遗迹的虽显迟缓但终归不可逆反的消释过程。更确切地讲，只有经历类似的过程，我们才能最终彻底摆脱旧时代的殖民秩序和父权家长制秩序，以及它们已经造成并持续带来的一切道德、社会和政治的副作用与后遗症。

---

① 胡安·曼努埃尔·德·罗萨斯（Juan Manuel de Rosas, 1793—1877）是阿根廷军人和政治家，曾任布宜诺斯艾利斯省省长并自称共和国总统。马里亚诺·梅尔加雷霍（Mariano Melgarejo, 1820—1871）是玻利维亚军人和政治家，从 1864 年到 1871 年担任玻利维亚第 18 任总统。波菲里奥·迪亚斯·莫里（Porfirio Díaz Mory, 1830—1915）是墨西哥军事家和政治家，曾在三个政治时期（1876—1911）担任墨西哥共和国总统，是该国历史上在任时间最长的总统。这三位历史人物都以其执政期间推进的政治独裁和民族主义为特征。

眼下这场革命或许并不必以灾难性的剧烈政治动荡的形式上演，或言，不一定需要严格按照某种事先制定的准则，借由一次致命打击去改变长久以来在我们当中已根深蒂固的价值观念。甚至可以说革命的某些高潮阶段很可能已经结束，只是我们还不能马上就对它们的深远影响做出准确评估。如若此言不差，则应当说处在此一历史阶段的我们实际上生活在新旧两个世界交替的关键时刻：旧世界已溃败消亡，新世界还在奋力成型。

60 年前，美国博物学家赫伯特·亨廷顿·史密斯凭借某种占卜式直觉，怀抱强烈的愿望，对未来做出了与当前现实惊人一致的宣言。受他那个时代和他在自己国家最受追捧的乐观进步主义所影响，史密斯的用词有时难免显得有些过分或夸张，但我们绝不该因此便将他预见性十足的话仅仅当成他个人的旧梦呓语，反而应该放下对辞藻的成见仔细将之思索一番。他说："南美洲所最需要的，或许是场革命。不是那种简单粗暴的横向革命，那种轻而易举就要成百上千无辜人性命的政治动乱，这个世界已经受够了。理想的拉美革命应该是一场善良而诚实的革命，一场纵向的彻底变革，为社会注入更加充满希望与活力的能量，将现在那些早已过时且严重阻碍社会进步的力量永远摧毁。"

这场革命将以何种方式进行？史密斯回答说：

> 我希望当它真要到来时，能够悄然不惊地到来，而其结局也应该是对自身利益各异的上层社会的融合，而非搞场政治大清洗。诚然，如社会其他阶层一样，上层社会也有其本身的不足与缺点，但不可否认他们当中一样也有为民族前途忧心的正

319

直之人。请一定记得，今天的巴西人正在为他们自己，尤其是他们父母犯下的过错赎罪。这片土地上的社会从其构成根源就已经可谓是畸形的。如果受过教育的精英阶层发现自己与社会其他阶层之间有种难以跨越的鸿沟，这不能说是他们的错，而更应该是他们的不幸。我不敢说，作为一个阶级，工人和小摊贩就一定优于骑士和大商人。事实是与后者相比，前者首先是无知、不讲卫生且举止粗俗的，对于任何一个与他们接触过的外国人而言，这再明显不过了。当然，体力劳作的确使他们的身体比后者更加强壮，而且如果得到有利的机会，他们在心智上也会变得更好。

上述这段话让我们不难想到，近几十年来不少拉美国家发生的事显然就是朝着史密斯说的这个方向发展的。在社会分层程度较高的国家这种趋势更为明显，比如，1917 年以来尽管几经犹豫中断但320 最终持续推进的墨西哥变革，当然还有 1925 年开始的智利改革。然而，似乎可以肯定，这场拉美运动绝非纯属偶然或仅限于局部地区，正好相反，它是随着一个预先设定的计划按步骤连贯进行的。

为了反对将这一运动进行到底，怀旧派很可能起来抵抗。此外，由于逝去的昔日美好被时空间隔蒙上了一层田园诗歌般的浪漫面纱，怀旧派的抗争还会变得越来越顽固。依其强度，这种抗争的具体表现可能以一种动人或神秘的书写背景的形式局限于文学领域内部，或稍稍溢出文学书写漫向其他一些领域。然而，我们不该疏忽大意，这股势力并非不可能最终成就大气候，一旦它普遍侵入到社会各个层面，那便绝对会限制甚至扼杀任何深刻变革的希望。

当然，巴西历史发展的特殊经验，实际已经为我们应对怀旧派势力的蔓延，塑造了一种任第二帝国和第一共和国的众多政治家持续极力宣扬法律精神也没能被丝毫改动的稳固心态：任何势力、思想或言辞，越与现实生活的事实脱节，就越会反过来强化那些它本想要弱化的力量。无论面对的是不是自由制度，这种心态都要求在政治建制的框架背后存在有血有肉欲求各异的人：宪法制定出来就是为了不被遵守，法律确立下来就是等着被违反，一切都得为个人利益或寡头利益开绿灯，这是在整个南美历史上持续而普遍上演的现象。即便是扬言信仰法律精神的政客，幻想自己或许能够对原则理念比对人世事功更感兴趣，也徒然只是瞬间出离的心灵慰藉：他们的实际行为本身就代表了对一切超越精神和理想的公然否认。

"再没有谁比保守党人（saquarema）更像一个掌权的自由党人（luzia）了。"奥兰达·卡瓦尔坎蒂（Holanda Cavalcanti）的这句名言为我们形象地总结了早就尽人皆知的真理，即君主制时代的两大政党本质来讲是极其相似的。事实上，除了党旗上的标识不同之外，几乎没有什么能将这两派人区别开来。因此，说实话，如果类似下述普拉塔河纷争的事，某天同样发生在巴西，我们也完全没有必要惊奇。阿根廷的罗萨斯虽然从来都大声疾呼反对**野蛮的大一统派（salvajes unitarios）**，但他实际干的却是违背联邦制原则的事。他竭尽所能地设法使各省服从布宜诺斯艾利斯地方政府独断专行的政治决策，强迫各省一致维护布宜诺斯艾利斯港的海关利益。实际上，罗萨斯不过是以当时已经在民众中取得广泛共鸣与支持的"联邦制"作为自己的施政口号而已，而这与其他一些人大摇更具魅力与号召感的"自由"旗帜来巩固自己实则独裁专制的实证主义政治统治的做法并无二致。将这种态度表述得最坦白直率的，还要数委 321

内瑞拉的考迪罗①，他曾在国会上公开表示：**"既然每场革命都需要一面旗帜，既然巴伦西亚（València）国民议会不肯用联邦宪法为自己制定的宪法冠名，那就由我们来用这个名号吧，否则，先生们，如果我们的反对者先用了联邦一词，我们就只能说集权了。"**

　　将私人便利置于社会整体利益之上的心态与做法，之所以备受诟病也还一向被普遍默许为常规，就是因为较理性而言，我们总更在意私人情感。无论我们如何不愿正视，真正团结一心的状态在现实中只可能在一个非常有限的范围内维持；无论我们承认与否，在任何一种理论、信仰或某政党赖以生存的特殊经济利益中，都不可能找到真正有效的理据或依托，为延续我们对私人情感和现实利益无比偏爱的传统背书。所以说，巴西社会中组不起真正意义上的政治党派，绝不像有些人天真认为的那样，是我们无法适应法制民主制的原因，相反，应当被看作法制与民主在我们这里水土不服的表征。当然，这种误判非常容易出现也的确普遍存在，比如，有关印

_____

① 此处指安东尼奥·古斯曼·布兰科（Antonio Guzman Blanco, 1829—1899），他于1870年至1889年的19年间担任委内瑞拉总统，是著名的独裁者。执政期间，他资助农业，发展对外贸易，兴修公共建筑物、铁路和学校，使加拉加斯成为电报、港口和公路网的中心。布兰科坚决取缔天主教会，镇压宗教团体，没收他们的财产。为了消除反对派，他曾多次采取相当野蛮的手段打压异己。布兰科限制公民自由和新闻自由，损公肥私，为自己与亲信积聚大量财产，却对普通人的生活疾苦漠不关心。执政期间，布兰科曾长期住在欧洲，出入上流社会。1889年国内发生政变，他被废黜。他一生的最后10年是在巴黎度过的。——译者注

度 1930 年宪法的《西蒙报告》（*relatório Simon*）[①] 就将印度社会未能组建正规政党的事实视为该国民主化的障碍之一。

无可否认的事实是，正如我们对各类形式主义的轻信本质来讲反映的是巴西社会本身缺乏自发形成的组织机制，我们对某个冠名科学的特定理论或公式能超越历史预见未来的无比信心，实际上也仅仅表明了我们实在是一个非常不善思辨的民族。只要有必要，我们可以二话不说为一个听起来崇高的理想发动运动、成立党派，甚至掀起大规模暴动。然而，崇高理想很快被人格主义吞噬几乎是所有政治运动躲不过的宿命。在巴西，就像在其他拉丁美洲国家一样，没有人会否认，比起让一个人的人格主义战胜另外一个人的人格主义，我们更急迫需要的，是让某种理念原则取得超越所有人格主义的真正胜利。

当然，在我们的政治生活中，人格主义在许多情况下的确可以是一种积极的力量。而这种时候，伴随人格主义周围的自由民主等

① 约翰·奥尔斯布鲁克·西蒙（John Allsebrook Simon，1873—1954），即第一世西蒙子爵，英国政治家。他在第一次世界大战伊始至第二次世界大战结束期间一直担任高级别内阁职务，是英国历史上少有的几位同时做过内政大臣、外交大臣和财政大臣的政治人物之一。此外，他还曾出任英国法律体系最高级别的大法官。1919 年的《印度政府法案》（*Government of India Act*，1919）引入二元制来管理英属印度各省。印度方面要求英政府对这种管理形式进行重新审定。依据《法案》，10 年后英政府将任命一个委员会实地调查情况并制定进一步的管理改革计划，该委员会就是由约翰·西蒙爵士担任主席、7 名议员组成的"西蒙委员会"。委员会于 1928 年抵达英属印度，开始研究英国最大且最重要的海外领地的宪法改革。此处《西蒙报告》指的就是此次调查成果的汇总文件。此外，日后成为工党领袖的克莱门特·艾德礼（Clement Attlee，1883—1967）也是西蒙委员会成员之一，他此后一直致力于协助印度赢得自治权。——译者注

口号，纯粹只被当作装饰性的华丽外衣或号召力强大的宣传手段。事实是，类似的崇高理念从未能在我们这片土地上扎下根来。

这就是为什么在我们这里，广而言之在所有拉丁美洲国家也一样，维持表面政治稳定的一个非常有效的手段就是放手大搞某位政客的人格主义，或作为个人人格主义在时空上延续的寡头主义，只有当人格主义战胜自由派的抵抗时，政治稳定才可能被名并不符其实地延续。对智利人来讲，迭戈·波塔莱斯（Diego Portales）通过毫不掩饰的寡头权力将国家从无政府状态的危险中拯救出来的30年政权，恐怕仍然是这个国家历史上最幸福的时期。即使在今天，哥斯达黎加小共和国之所以显得比她那些喧闹的中美洲姐妹更加稳定，很大程度上也是出于相同的原因。然而，这些实则只是特殊情况下的表面稳定，很容易让我们忘记将一个国家政府的自由裁量权交给某个"由神选择的"、无需为自己言行负责的领导人手中是件多么危险的事，即便这位领导人算得上英明，这种政权充其量不过是社会混乱的粗暴掩饰，而不是它有效的替代品。可惜的是，逾越一切个人之上的理念，作为一种形而上的超越存在，比实际具体的人更有能力主宰一个民族的命运这种观念，于拉丁美洲人而言是难以理解甚至无从想象的。

尽管我们常常幻想自己渴望或正在追求民主和自由的原则，但实际而言，我们要么是在为一种人格主义而战，要么就是在奋力反抗另一种人格主义。长久以来，盘根错节的政治体制与扑朔迷离的选举机制所隐瞒的，正是我们有意无意设法回避的这一事实。但当利于形成人格主义的法律不被质疑，或受到普遍遵循的传统的佑护时，任何一种人格主义都不需要再遮遮掩掩或尝试用崇高的概念伪装自己了。众所周知，在巴西的君主制时代，报纸和舆情会严厉针砭批判的，主要是民选的众议院成员，而那些直接由皇帝委派的参议院成员则往往可以免受大众监督。

即便如此，丝毫不留余地地断言我们与民主绝对不能相容也必定是不公允的。实际上，要在这些崇高理念与我们民族形成的现实条件之间找到某些交汇之处或激起一些共鸣也并不那么困难。以下列举三个与民主契合的文化因素：

1. 作为欧洲殖民者和土著印第安人后裔的美洲人，反对一切　325
理性的等级制度，排斥任何可能严重阻碍个人自主的社会结构；

2. 不能有效抵制至少直至最近还被认为是自由民主理念的天然盟友的新事物（例如，城市生活提供的优越条件和世界主义思潮）的影响；

3. 相对较弱的种族歧视与肤色偏见。

此外，法国大革命的核心理念很容易在我们民族气质的典型心态中找到支撑。性善论与我们此前阐述过的"热情"的概念特别契合。相反，性恶论与将社会生活理解为一切人对一切人的斗争的观　326
念则无疑会让巴西人感到极其不适与厌恶。正是在这一点上，我们"热情的巴西人"有可能找到自身情感偏好与自由民主原则之间的可靠联系。

当然，如果说我们以上的分析没有停留在巴西国民生活的外部表现，还深入到了它潜在的特殊模式的话，那必须承认，在我们试图理解的两种心态间找到上面那些共同点实在是纯属巧合。事实上，自由主义中人性本善的观念无非一个单纯的论据；若非要说这一观点是建立在对人这一物种特有的某种偏颇的好感或同情之上，无论意旨每一个具体的个人抑或将人类作为整体而言，则毫无疑问都是不成立的。性善论在这里本质而言只是一个中立的、排除一切情感因素的论据，提出来为的只是逻辑论证的顺利进行。

需要进一步澄清的是，我们在各类提及人性本善的理念之间所发现的共同之处，与前文试图定义为"热情的"巴西人特有的社会行为方式，与其说本质相同，不如说只是表象相似。所有的自由民主思想都可以用边沁的名言来概括："最大多数人的最大幸福。"不难看出，受这种观念主导的人际相处模式，与任何基于"热情"价值观的社会共处方式根本而言是对立的。"热情"价值观照下的人际之爱毫无疑问源于偏爱，换言之，爱某人就意味着爱他胜过爱其他人。这种偏爱的单一指向性与自由主义所依据的法律面前人人平等的中立性是截然对立的。在这一点上，民主式仁爱与现代社会陌生人间的彬彬有礼非常相似，共同导向一种以寻求平衡不同社会成员各自私心为目标的社会行为。民主式仁爱最理想的境界可以说就是人道主义，而提倡人类价值的人道主义却很显然必须是非个人的：对人类最深刻的爱就是面对最大多数人的爱，这种爱对数量的要求明显先于质量。

毋庸置疑，一旦跨越自身狭小范围就会窒息而死的爱，绝不能被拿来当作构想任何大规模人类组织的基础。单纯以巴西式热情之爱为前提，不可能延展出任何普遍适用的有效原则。我们需要的是一种更加稳固且具普遍性的情感基础，源于国民与生俱来的心灵也好，甚至由某一强权凭空植入人们心中也罢，总之只有这样我们的社会生活才有可能真正升华。不少人相信专制政权所用的强制手段不可能长久改变一个社会，而这不过是众多过分夸张的自由主义神话之一，实际上历史也总是不断向我们提供反例。当然，改变有好有坏，自由主义的信奉者很多时候也的确对自由理想抱有一些不切实际的幻想，然而，这并不构成任何人反对自由主义的理据，因为，毫无疑问，除专制暴政之外，我们的确还有其他更加可行的办法来巩固与维持社会与国家整体的稳定。

328

需要强调的是，无论采用何种政体或信奉哪个主义，最重要的是将那些看起来完美无比、听起来万无一失的公式与原则的施行领域和强度降到适当的范围之内。那些在 1817 年不希望以任何方式改变黑奴境况的巴西国父和共和国先驱们，虽然没有为解放黑奴做出努力，但至少他们的言行一致是真诚的，而这种政治真诚此后再不曾在我们国家出现过。继他们而来的，全部都是寄希望靠一套主义治天下的所谓政治家，即便他们当中那些最谨小慎微的，对某种被理论描绘为完美和谐的政治组织方式所必有的不足与弱点也只字不提，不止嘴上不说，连在行文或笔战中也不会提及。他们任何时候都不怀疑良好的政治源于人固有的理性与道德。因此，当施政现实呈现出其丑恶且令人不安的一面时，他们所做的非但不是反思理论关注现实，而是想尽办法编套说辞将丑恶与不安掩饰起来或直接选择视而不见，躲在那被奉为时代伟大导师们描绘过的、正向他们招手的理想世界中继续自我陶醉。为了避免看到国家现实的可憎景象，他们为自己插上了飞向理想世界的翅膀。

此外，我们还会经常遇到一些在政治上依照纯粹的现实主义或哪怕只是机会主义原则做事的人，同时不忘试图使自己的言行看上去符合广泛接受的道德标准。这样的人若被告知某些道德上值得称赞的行为，一旦被不分时间场合地普遍施行起来，是很有可能徒劳无益甚至弊大于利的话，他们一定会因发自肺腑感觉受到了冒犯而表现得异常震惊。言行霸道专横却自认为在为民主事业而奋斗的独裁者从来不乏其人。

巴西政客的这种态度与现代欧洲面对不同社会现实兴起的众多"开明考迪罗"式政治家的态度并无大异。因此，尽管众所周知意大利的法西斯主义宣扬暴力，但要它在我们这里取得广泛拥护也绝非天方夜谭。现在，法西斯主义的忠实信徒已经明显意识到，他们有足够巨大的能力在一个社会启动并推进包括整个道德与价值观体系在内的全体民众精神大改造。毫无疑问，从某种角度来看，他们所做的努力是一种改变社会进程的主动尝试，试图将国家从所谓解体威胁中拯救出来。法西斯主义者在维持依靠强权与暴力塑形的社会结构而组建的全部国家机器并为之辩护时，理据却是从各种反对法西斯主义的学说中找来的，而这也正是该政权创建者最喜欢拿来称道的骄傲之一。这套政治制度显然赋予了法西斯主义者同时击溃自由主义和左派革命企图的胜利者尊严。

然而，谁会感觉不到法西斯改革本质而言其实是一种巧妙的反改革呢？谁又会怀疑改革派其实早已将他们为自身存续所需物质基础的正当性做辩护的意图也一起融进了他们给出的那些发动改革的直接原因当中？这意图难道不是有时甚至会被直言不讳指出来吗？无需非凡的机敏便能看出，改革派的大部分精力其实都花在了这种需要做得看起来合情合理天衣无缝的诡计之上。而且，事实上，这一切同他们起家之初所倡导的哲学理念一样，是一种被美化过的对改革本身有组织的否定。

预想法西斯的巴西会呈现一派怎样的景象并不困难。同样不难 **330** 想到的是，初期意大利本土的墨索里尼主义几乎不含任何侵略性成分。同早期的墨索里尼主义理论一样，在巴西"一体化主义者"的原初概念中，并没有狂野愤怒、肆无忌惮到近乎世界末日最后一搏的斗争欲望。而这种暴力欲却在法西斯的意大利和德国一再被如此真切地付诸了实践。法西斯政权目空一切的残暴统治，成了那些对法西斯主义抱有好感的巴西知识分子最终幻想破灭无奈悲叹的缘由。历史也以相似的方式戏弄了我们当中那些坚定信仰共产主义但拒绝执行第三国际"二十一条"的知识分子。马克思主义之所以引起了这一派学者的兴趣，是因为他们在其中找到了对巴西困境的一种充满希望的解释方式，即他们向往的理想未来到来之前社会所必经的紧张局势，同时，马克思主义还为这些信仰者反对资产阶级价值观、资本主义剥削和帝国主义提供了理论支持。换言之，这一派巴西知识分子之所以倾心共产主义，是因为它所描绘的未来恰好契合巴西人长久以来或隐或显的"无政府主义心态"，而不是因为他们赞同第三国际在莫斯科强硬要求共产主义支持者严格遵守的条款纪律。就法西斯主义而言，经过巴西学者的阐释之后其实也发生了一些变化：为扩大公权力的辩护从一种旨在强化公共机构、道德组织和宗教团体至高无上声望的纯粹保守理论转而逐渐变成了现实中当权派维护自身权力的有效手段，自然同样也是他们任意行使既有权力的漂亮借口。事实上，一切迹象都表明，巴西的"一体化主义"将越来越成为一种与不肯妥协的反对派理论相反的、善于包容迁就的理论，一种持续有系统地支持秩序（即宪政权力）的理论。在学术圈，尽管很少公开承认，但"一体化主义"对自己完全无足轻重的存在并不感到不满，仅是偶尔带几分近乎炫耀的、让人惊讶费解的沉着向外界袒露自己真实的意图，即取得民政当局监察之后予以加盖的"无碍通过"（nihil obstat）① 的印章。一体化主义者的这种态度，延续了巴西政坛从不允许代表与主流相异的利益或意识形态的反对党真正行使其应有职能的伟大传统。

331

　　如果说在我们的政治和社会领域中，对自由主义原则的热情从来只是一场无用且代价巨大的空欢喜，这并不能说明假使我们当初追随了某一别的精妙理论，就必定终有一天能与巴西的现实相遇。我们当然可以严格按照明智且已由他国实践有效的社会计划尝试组织安排巴西眼下杂乱无章的现实，然而，无论这种宏伟计划对别国来讲多么切实管用，它总不可能对我们产生同样的效用；换言之，无论选择哪种现成的计划，总会有巴西社会与生俱来的某个部分或某种特质被排除在这种程式化的、脱离现实的伟大发明之外。无视这部分被排除在外的现实，就相当于用刻板机械的图纸打乱巴西社会自然发展的路径，用虚假的和谐掩盖历史终不可能允许我们回避的苦难。无数历史教训已向我们证明，仅着眼于某种所谓精神或理想而组建的国家政体必定是反对自然秩序、有违自然规律的。而解决这一矛盾的唯一办法就是让政治体制与社会现实对应起来，使二者能够有效结合并相互配合。事实上，只有着眼于经济发展，我们才有可能促进政治体制与生活现实的完美结合，其他任何人为的计

---

① nihil obstat 是拉丁语，字面意思是"没有任何障碍"。纵观历史，在图书出版受审查的年代，审查员常常会使用这一短语来表示一部作品获准发行。

划或部署都不可能真正帮到我们。假使不能为国民的实际生活服务，假使不与提高国民生活水平的目标对应，任何一种理想或精神都不该被拿来当作规范社会的准绳。社会的上层形式（即体制）必须仿照社会既有的实际结构来设计，并使之紧密配合自发的社会活动：上层形式应该在不断配合与适应社会需求的过程中被逐步完善，而非遵照某些人为的任意选择。然而，总有一个肆意妄为又自命不凡的魔鬼想要遮住我们的眼睛，让人看不到这些简单的事实。在他的蛊惑下，我们也会忘乎所以地认为自己无需尊重人类的现实境况，无谓生出很多莫名的偏好和古怪的憎恶。

参考文献

D. H. Lawrence, *Studies in Classic American literature*, Londres, Martin Secker, 1924, p. 88.

H. Handelmann, *História do Brasil*, Rio de Janeiro, 1931, p. 361.

Caio Prado Júnior, "Distribuição da propriedade fundiária no estado de São Paulo", *Geografia*, Ⅰ, São Paulo, 1935, p. 65.

C. F. van Delden Laerne, *Rapport sur la culture du caféen Amérique*, *Asie et Afrique*, Haia, 1885, p. 254.

Anais do Senado, Ⅳ, Rio de Janeiro, 1858—Sessão de 26 de agosto, p. 253.

Graf Hermann Keyserling, *Südamerikanische Meditationen*, Sttutgard, 1932, p. 200.

Oliveira Lima, *Aspectos da história e da cultura do Brasil*, Lisboa, 1923, p. 78.

Alberto Torres, *O problema nacional brasileiro. Introdução a um pro-*

grama da organização nacional, Rio de Janeiro, 1914, p. 88.

Kurt Breysig, *Die Geschichte der Seele in Werdegang der Menschheit*, Breslau, 1931, p. 39 .

Lisandro Alvarado, "Los delitos políticos en la historia de Venezuela", *Revista Nacional de Cultura*, 18, Caracas, maio 1940, p. 4.

译后记

　　西西女士曾在《我城》的开篇序言中写道："一部小说，有时真像一棵树。初生时，它虽然在原地生长，却时而想突破限定。经过季节的变换，它落了一些叶子，有时落得很多很多；然后又另外滋长一些，而且劲头到来，天时地时恰好，它茁长得连自己回过头来也吃了一惊。"的确是这样没错，而且，会如许生长的，其实也不止小说。正如一位书写者会随其个人经历与岁月更迁有所改变，一部作品，即便被公认是"浑然天成的经典"①，同样可能在一段足够长的时间内呈现出多种不同样貌。

　　本译文依据的是 2016 年 Companhia de Letras 出版社为纪念塞尔吉奥·布阿尔克·德·奥兰达这部最为人所知的经典作品问世 80 周年而出版的珍藏纪念版《巴西之根》（*Raízes do Brasil*，Companhia de Letras，São Paulo，2016）。据译者查阅的资料，自 1936 年 José Olympio 出版社的《巴西之根》第一版面世至今，这部作品，包括多个周年纪念版和意、西、日、英、德等多语种版本在内，已拥有

① 巴西著名社会学家、文学评论家安东尼奥·坎迪多赞《巴西之根》语。

超过 45 个版本，其中 1936—1969 年间在巴西出版的前五版都经过作者奥兰达亲自更正、补充或修改，而促使他 30 多年坚持精益求精的，除了一位伟大学者拥有的严谨治学态度，与西西女士提到的"季节的变换"和"天时地时"也不无关系。

在一年多的翻译过程中，译者时刻谨记葡英翻译大家格里高利·拉巴萨（Gregory Rabassa）所言，译者必须是"一部作品最细心也最挑剔的读者"。虽然 2016 年 80 周年纪念版的文字与 1969 年第五版的文字并无区别，但为了更加忠实地传达作者奥兰达的原意，译者认为有必要花些精力去了解这部作品的"成长"历程，因为只有这样，才能在这项无论从文字客观拘囿或译者主观能力来讲都无从避免局限性的工作中，尽可能地推敲斟酌，以最大限度接近作者想要传达的意涵。这样做自然占去了一些时间，迫使整体翻译进度延后不少，但译者也意外从中获得了很多"原来如此"的趣味。故此，译者决意在接下来的篇幅里，为感兴趣的读者挂一漏万地寥叙一下《巴西之根》的"成长简史"，若恰好能满足部分读者的好奇心，那便再快慰不过了。

1929 年，27 岁的奥兰达经由时任《日报》（O Jornal）总董事、人称巴西"公民凯恩"的阿西斯·夏多布里昂（Assis Chateaubriand）的推荐，得到了一个外派柏林的工作机会。彼时正逢所谓西方世界"咆哮的 20 年代"的魏玛共和国，拥有开放、多元、丰富但同时复杂且不乏尖锐矛盾的社会文化环境，这不仅激发了 17 岁起就不断在《圣保罗邮报》（Correio Paulistano）等刊物发表文艺评论，波西米亚式地游走于里约街头咖啡馆、音乐酒吧、艺术沙龙及各类报社杂志社之间的奥兰达的想象力，更为这位博学且已在国内颇受瞩目的年轻知识分子提供了一个隔海跨陆回望观测本国的有利基站，一个撑得起他多年积累的文学、历史、社会、哲学等多领域知识与思考储备的阿基米德支点。而《巴西之根》一书的酝酿及初稿便成型于奥兰达旅居德国的这几年间。

归国后不久，奥兰达应邀开始在烜赫一时的联邦区大学（Universidade Federal do Distrito Federal）教授比较文学及近代经济史等课程。工作之余，他将从德国带回的手稿悉心整理，几经考究并在彼时学界"重新理解巴西"的时代召唤下，最终决定以《巴西之根》为名，交由被誉为"一整代巴西知识分子精神象征"的 José Olympio 出版社于 1936 年在里约热内卢出版。

同 José Olympio 出版社的合作本身即具有非凡的意义。与 19 世纪 70 年代那批重点关注巴西国家形成过程中受到过的消极影响及其负面结果的知识分子不同，20 世纪 30 年代的巴西学人，将注意力转向了研究与讨论作为一个整体的"巴西社会"及"巴西民族"的特殊性如何使其在国族林立的世界舞台上能脱颖而出。在这种氛围中，José Olympio 因其只看重作品质量不考虑作者出身或地域的理念，备受知识分子及普通读者的赞许。由该出版社出品，吉尔贝托·弗雷雷，即 20 世纪 30 年代另一部经典著作《华屋与棚户》的作者负责主编的"巴西文献丛书"（Coleção Documentos Brasileiros）也就成了当时巴西最受瞩目的系列书籍。而弗雷雷不但亲自为奥兰达的《巴西之根》作序，还将这位年轻助理教授的第一本著作选作丛书出版的首部作品，赋予他的重视与期冀可见一斑。

1948 年，José Olympio 出版了《巴西之根》第二版，这也是奥兰达对原文做出最多改动的一个版本，并在书页下方和每一章之后添加了很多第一版中没有的新注释及文献资料。在该版的作者前言中，奥兰达写道："按原样重版，不做任何润色，意味着重新发表其中许多我已不能感到满意的思想和见解。如果说我有时确实会为贸然对原文做一次真正彻底的修改实际上无异于写一本新书的问题而担忧，那么，在那些我认为有必要纠正以使得表述更加准确或需要扩展段落内容的地方，我毫不犹豫地做了大量修改。"其原因是"近10年来发生的一系列事件"。

奥兰达笔下的"一系列事件"，当然指的是第二次世界大战。为了在"二战"的遗留阴霾中进一步明确自己反对专制、反对独裁、支持民主的政治立场，被前总统费尔南多·恩里克·卡多佐（Fernando Henrique Silva Cardoso）在大使馆中文版的序言中冠以"始终如一的民主思想家"名号的奥兰达，从第二版中删去了不少可能会让同样共情民主的读者读来太嫌守旧或程式化的段落与表达。正如他在该版前言中提到的，为了竭尽可能避免类似事件再次发生，"绝对有必要检查原来文本中的某些特殊问题"，因为这些看似普通甚至可能被一些读者有意无意忽略的问题表述，也许会为"在我们当中建立独裁政权的专制野心"创造环境。此外，奥兰达还将第一版中名为"昔日农业"的一章拆分加工成了两个不同的章节，即现在的第三章"农村遗产"和第四章"播种人与铺路人"，原因是"这样的安排更加符合现在这本第二版的实际内容"。

1956年，《巴西之根》第三版问世。其中最明显的改动出现在首章关于"被流放于祖国土地上的异乡人"的阐述。奥兰达在新版开篇想要着重强调的是：经过了几个世纪的发展，葡萄牙人与西班

牙人最初打算将伊比利亚文化移植到新大陆热带美洲的尝试最终事
与愿违以失败告终了。换言之，伊比利亚人期待中的新大陆文明交
响乐在被搬上了陌生且险阻重重的舞台后，不得不说早已荒腔走
板，且时间拖得愈久，各种不协调、不相称和那些叫人啼笑皆非不
知所措的矛盾与冲突也愈分明，因而更无从回避或忽视。

除对原文的修改之外，第三版中还出现了另一个与阐释奥兰达
主要观点直接相关的重要细节：他与知识分子、诗人卡西亚诺·里
卡多（Cassiano Ricardo）讨论第五章核心词"cordial"（热情的）
的互通信件被收录该版，并持续收录在了日后巴西出版的几乎所有
版本当中。在给里卡多的回信中，奥兰达指出，"cordial"一词，
无论从词源学或从其在当代巴西葡萄牙语语境中所传达的基本含义
来讲，都与"心"相关，更准确点讲，关系着人的"情绪"与
"感情"。然而，"感情"的真实流露可以有好与坏、恰当与不恰当
之别，所以，这一他从诗人里贝罗·科托那里借来的词与其名词形
式"cordialidade"，不该被读者想当然地当作"bom"（好的，善
的）或"bondade"（善良，仁慈）的同义词。

奥兰达用"homem cordial"这一表达想要阐明的，是巴西人因
自幼受父权家长制的社会文化影响而形成的一种独特的待人接物、
自处处世的人际交往模式，亦即巴西人那种将一切人（甚至神灵）
家人化、族人化的倾向。奥兰达在第五章中特别举了日本人惯于遵
循普遍的社交规范、陌生人间保持一定社交距离的人际关系模式的
例子，来与巴西人的"cordialidade"做对比。他指出，日本人有礼
貌的"冷淡"，更利于在现代城市公共生活中维持公事公办、陌生
人间互相尊重对方的个体自由与权利。而巴西人那种非要将陌生人

变成亲近亲密甚至必须不拘小节的"自己人"或"同类"才能达成人际互信与共处的社交习惯，不但往往使得为方便现代城市生活而立的规范与法律只能停留纸上形同虚设，更无可避免地妨碍了巴西人个体意识的建立和对他人自由与权利的尊重。

在纠正词义的同时，鉴于里卡多在信中花了大量篇幅为巴西人独有的善良举证，奥兰达在结尾前特别申明："我不大相信你所谓巴西人本质的善良（bondade）。我不是说我们比其他民族更好或更糟，而是任何类似的讨论都注定要迁就一些根本靠不住的主观评价标准，因此不可能得出有效的结论。"

需要顺便指出的是，上述这些奥兰达对自己有关"cordial"的看法所做的解释，也正是译者决定将本书这一核心词译为更容易使人联想到"感情"与"情绪"的"热情的"，而非在中文语境中更常与"诚恳"或"善良"等特质相关的"真诚的"的原因。

1963 年，也就是第三版问世后的第七年，《巴西之根》第四版在国家的新首都巴西利亚出版。这个版本的重要性更多体现在其历史的象征意义上。时任巴西总统的若昂·古拉特（João Goulart）与其团队推出了一套多面相的、名为"基本改革"（Reformas de Base）的社会结构性改革方案。其中有关高等教育的条款规定，教育机构将被赋予更广泛的自主权，进一步完善大学自治和学术自由的现代大学制度，建立院系制，取消教授推荐制等。此次高等教育改革的主要推动者是名著《巴西人》（O Povo Brasileiro）的作者、人类学家达西·里贝罗（Darcy Ribeiro）。在他与同伴的努力之下，1960 年，巴西利亚大学（Universidade de Brasília, UnB）作为示范院校落成，1961 年，巴西利亚大学出版社（Editora da Universidade de Brasília）开启了"巴西基础图书馆"（Biblioteca Básica Brasileira）的书库项目，包括《巴西之根》第四版在内的 50 部旨在向巴西人介绍巴西历史与文化的经典著作陆续出版。

若昂·古拉特的"基本改革"虽然取得了一些可喜的成就，也因日后被当作巴西 1988 年宪法的灵感来源（部分内容甚至直接被纳入宪法）而取得了重要的历史地位，但这套改革并没能被推进到底。1964 年 4 月，军队通过精心策划的政变推翻了总统若昂·古拉特的统治并开启了为期 21 年（1964—1985）的军人独裁统治。1969 年，为声援受独裁政府颁发的《第五号机构法》（Ato Institucional n. °5, AI-5）影响而被迫害或流放的同事，奥兰达辞去了已担任 10 多年的圣保罗大学教授的职位。也正是在这一年，José Olympio 出版社不畏险阻高调推出了《巴西之根》第五版，这也是作者奥兰达生前亲自修订的最后一个版本。

除作者对原文进行的少量修辞与装饰性的改动之外，此版另一个亮点是坎迪多名为《〈巴西之根〉的意义》的前言。在这篇前言中，坎迪多精确描述了 20 世纪 30 年代巴西思想界由弗雷雷、奥兰达和《当代巴西的形成》的作者小卡约·普拉多形成的三足鼎立的璀璨局面。此外，在独裁政府的统治严重侵犯巴西人权的历史背景下，在彼时的知识分子群体对 30 年代以来本国学界一系列重要思想成果开始抱持怀疑态度的消极氛围中，坎迪多通过为第五版作序，坚定重申了《巴西之根》及其作者反对独裁专制、支持民主的一贯立场。这篇日后被称作"《巴西之根》不可分割的一部分"①的前言，被持续录入了所有随后陆续在巴西出现的版本当中。

　　以上便是译者想要与读者简要分享的《巴西之根》"成长简史"。1982 年秋，塞尔吉奥·布阿尔克·德·奥兰达，这位 9 岁开始创作音乐剧、17 岁驰骋文坛、懂六门语言、拥有国际知名学者所能拥有的几乎一切头衔，却在需要做自我介绍时往往只分外认真地讲"我是音乐人希科·布阿尔克（Chico Buarque）的父亲"的巴西文化史上公认的思想巨匠，因术后肺部并发症于圣保罗去世，享年 80 岁。而这部奥兰达心系一生的《巴西之根》，也被认为是任何一个想要了解巴西的人的必读之书。

　　最后，非常感激社科院拉美研究所的郭存海老师的信任与推荐，同时也感谢这一年多来王立刚编辑的支持、帮助和耐心。文中涉及一些西班牙文、意大利文、法文、拉丁文方面的段落与表达，在翻译过程中，译者得到了好友 Caio César Christiano 和博士项目导师 Eduardo de Almeida Navarro 的慷慨相助，在此谨致谢意。

　　《吕氏春秋》有言："败莫大于不自知。"拙译中疏误不当之处，敬请广大读者多多赐教，不胜盼祷。

---

① 社会学家佩德罗·梅拉·蒙泰罗（Pedro Meira Monteiro）和历史学家莉莉亚·莫里茨·施瓦兹（Lilia Moritz Schwarcz）语。

著作权合同登记号　图字:01-2023-4578

图书在版编目(CIP)数据

巴西之根/(巴西)塞尔吉奥·布阿尔克·德·奥兰达著;陈晨译. —
北京:北京大学出版社,2024.4
ISBN 978-7-301-34731-7

Ⅰ.①巴…　Ⅱ.①塞…②陈…　Ⅲ.①巴西—历史　Ⅳ.①K777

中国国家版本馆 CIP 数据核字(2024)第 005259 号

@ 1995 by Espólio de Sérgio Buarque de Holanda

Published in Brazil by Companhia das Letras, São Paulo

书　　　名	巴西之根
	BAXI ZHI GEN
著作责任者	[巴西]塞尔吉奥·布阿尔克·德·奥兰达
	(Sérgio Buarque de Holanda) 著 陈 晨 译
责 任 编 辑	王立刚 李 澍
标 准 书 号	ISBN 978-7-301-34731-7
出 版 发 行	北京大学出版社
地　　　址	北京市海淀区成府路 205 号　100871
网　　　址	http://www.pup.cn　新浪微博:@北京大学出版社
电 子 邮 箱	zpup@pup.cn
电　　　话	邮购部 010-62752015　发行部 010-62750672
	编辑部 010-62750673
印 刷 者	北京九天鸿程印刷有限责任公司
经 销 者	新华书店
	880 毫米×1230 毫米　A5　9.125 印张　237 千字
	2024 年 4 月第 1 版　2024 年 4 月第 1 次印刷
定　　　价	69.00 元